职业教育·铁道运输类专业教材

Tielu Xingche Anquan Guanli Shiwu
铁路行车安全管理实务

曾 毅 李 嵘 主 编
王淑娇 王 帅 副主编
夏 栋 主 审

人民交通出版社股份有限公司
北京

内 容 提 要

本书为职业教育铁道运输类专业教材。全书共分7章,主要内容包括铁路行车安全管理概述、铁路行车安全保障体系、铁路行车事故预防、铁路交通事故管理、铁路行车安全系统分析、铁路行车安全系统评价、高速铁路运输安全技术保障体系等。通过本书的学习,读者可以认知铁路行车安全管理的重要意义和管理保障体系,掌握行车事故的预防措施和调查处理程序,了解铁路行车安全系统分析和评价,了解高速铁路的安全保障体系。

本书可作为职业院校铁道运输类专业教材,也可作为铁路成人职业教育培训和铁路运输职工自学用书。

* 本书配有教学课件,读者可加入职教铁路教学研讨 **QQ 群**(教师专用 QQ 群号:211163250)获取。

图书在版编目(CIP)数据

铁路行车安全管理实务/曾毅,李嵘主编. —北京:
人民交通出版社股份有限公司,2020.8
ISBN 978-7-114-16416-3

Ⅰ.①铁… Ⅱ.①曾… ②李… Ⅲ.①铁路运输—行车安全—交通运输管理—高等职业教育—教材 Ⅳ.
①U298.1

中国版本图书馆 CIP 数据核字(2020)第 044554 号

职业教育·铁道运输类专业教材
书　　名:**铁路行车安全管理实务**
著 作 者:曾　毅　李　嵘
责任编辑:袁　方
责任校对:孙国靖　宋佳时
责任印制:张　凯
出版发行:人民交通出版社股份有限公司
地　　址:(100011)北京市朝阳区安定门外外馆斜街 3 号
网　　址:http://www.ccpcl.com.cn
销售电话:(010)59757973
总 经 销:人民交通出版社股份有限公司发行部
经　　销:各地新华书店
印　　刷:中国电影出版社印刷厂
开　　本:787×1092　1/16
印　　张:15
字　　数:346 千
版　　次:2020 年 8 月　第 1 版
印　　次:2023 年 5 月　第 5 次印刷
书　　号:ISBN 978-7-114-16416-3
定　　价:45.00 元

(有印刷、装订质量问题的图书由本公司负责调换)

前　言

铁路是国家战略性、先导性、关键性重大基础设施,是国民经济大动脉、重大民生工程和综合交通运输体系骨干,在经济社会发展中的地位和作用至关重要。国家铁路局集团有限公司(国铁集团)出台的《新时代交通强国铁路先行规划纲要》指出:到2050年,全面建成更高水平的现代化铁路强国,全面服务和保障社会主义现代化强国建设。

铁路行业坚持以习近平新时代中国特色社会主义思想为指导,深入贯彻落实习近平总书记关于安全生产的重要指示批示精神,牢固树立安全发展理念,围绕加快推进交通强国建设,突出高速铁路和旅客列车安全,落实企业安全生产主体责任,健全完善铁路安全监管体系,推动高速铁路沿线环境安全综合整治,有力维护铁路安全持续稳定的良好局面。铁路运输的根本任务是安全、有效地完成客货运输,必须把安全生产摆在首要位置。国铁集团新时期的铁路精神是"安全优质、兴路强国",铁路运输企业、铁路从业人员都应该牢固树立"安全第一"的思想,确保客货运输的安全生产。

本教材是在深入铁路生产一线调研的基础上,通过对岗位职业能力分析,根据铁路行车工作岗位群的任职要求,结合职业教育学生的认知能力编写。本教材以《铁路技术管理规程》《铁路交通事故调查处理规则》为依据,将新设备、新技术、新方法等纳入本教材,体现"以就业为导向、以能力为本位"的特点,具有很强的职业性、实践性。

本教材共分为七个部分,主要内容包括:铁路行车安全管理概述;铁路行车安全保障体系;铁路行车事故预防;铁路交通事故管理;铁路行车安全系统分析;铁路行车安全系统评价;高速铁路运输安全技术保障体系等。通过本课程的学习,可以认知铁路行车安全管理的重要意义和管理保障体系;掌握行车事故的预防措施和调查处理程序;了解铁路行车安全系统分析和评价;了解高速铁路的安全保障体系。

本教材由武汉铁路职业技术学院曾毅、李嵘担任主编,王淑娇、王帅担任副主编,夏栋担任主审。曾毅编写第一章第一、二、三节,第三章第一、二、三、四节,第四章第一、二、四节,第五章第一节;李嵘编写第二章;王淑娇编写第一章第四节,第五章第六节,第六章第三、四节;王帅编写第五章第二、三、四、五节,第六章第一、二节,第七章第一、二节;魏扬编写第四章第三、五节。

本教材在编写过程中,参考了铁路运输的规章,得到了有关铁路局、站段的大力支持和行业专家的热情指导和帮助,在此表示衷心感谢。

由于编者水平有限,书中难免存在疏漏和不足之处,恳请读者批评指正。

编　者

2020年7月

目 录

第一章 铁路行车安全管理概述 ... 1
  第一节 铁路行车安全概述 ... 1
  第二节 铁路行车安全管理的基础工作 ... 8
  第三节 铁路行车安全重点管理 ... 25
  第四节 铁路安全风险管理 ... 32
  复习思考题 ... 38

第二章 铁路行车安全保障体系 ... 40
  第一节 铁路行车安全影响因素分析 ... 40
  第二节 铁路行车安全法律法规体系 ... 46
  第三节 铁路行车安全技术保障体系 ... 52
  第四节 铁路行车安全心理保障 ... 70
  复习思考题 ... 76

第三章 铁路行车事故预防 ... 77
  第一节 铁路行车作业人身安全 ... 77
  第二节 接发列车作业惯性事故的预防 ... 86
  第三节 调车作业惯性事故的预防 ... 97
  第四节 设备施工条件下的行车安全 ... 110
  复习思考题 ... 118

第四章 铁路交通事故管理 ... 119
  第一节 铁路交通事故认知 ... 119
  第二节 铁路交通事故调查处理 ... 131
  第三节 铁路交通事故救援 ... 139
  第四节 铁路交通事故应急处理 ... 147
  第五节 铁路交通事故应急预案 ... 150
  复习思考题 ... 168

第五章 铁路行车安全系统分析 ... 170
  第一节 铁路行车安全系统分析概述 ... 170
  第二节 排列图分析法 ... 171
  第三节 因果分析图法 ... 173
  第四节 安全检查表分析法 ... 174

    第五节　事件树分析法 178
    第六节　事故树分析法 183
    复习思考题 197
第六章　铁路行车安全系统评价 199
    第一节　安全系统评价概述 199
    第二节　安全检查表评价法 202
    第三节　作业条件危险性评价法 204
    第四节　概率安全评价法 206
    复习思考题 209
第七章　高速铁路运输安全技术保障体系 210
    第一节　高速铁路运输安全保障技术体系 210
    第二节　高速铁路安全监控技术 218
    复习思考题 225
附录 226
    附录一　铁路交通事故档案材料内容 226
    附录二　铁路交通事故认定书 227
    附录三　安监报1——铁路交通事故(设备故障)概况表 229
    附录四　安监报2——铁路交通事故处理报告表 230
    附录五　安监报3——铁路交通事故基本情况表 231
参考文献 232

第一章 铁路行车安全管理概述

学习目标

1. 理解铁路行车安全的意义、铁路行车安全与效率的关系。
2. 理解铁路行车安全生产指导方针、铁路行车安全管理制度。
3. 了解铁路行车安全监察与管理机构。
4. 熟悉班组安全管理的理论和方法及安全管理的手段。
5. 掌握行车人员重点管理的内容及作业安全重点管理的内容。
6. 理解铁路安全风险管理的实施程序。

第一节 铁路行车安全概述

一、铁路行车安全的意义

铁路运输安全是运输生产系统运行秩序正常、旅客生命财产无险、货物和运输设备完好无损的综合表现,也是在运输生产全过程中为达到上述目的而进行的全部生产活动协调运作的结果。铁路运输生产的根本任务是把旅客和货物安全、及时地运送到目的地,其作用、性质和特点,决定了铁路运输必须把安全生产摆在各项工作的首要位置。

安全第一,这是任何交通运输装备技术发展都要首先考虑的重要问题。保证铁路行车安全,是铁路运输工作的重中之重。铁路行车安全是指在铁路运输过程中,维护铁路正常的运行秩序,保证旅客及铁路员工生命财产安全,保证运输设备和货物完整性的全部生产活动。铁路行车事故所造成的不良社会影响和经济损失是巨大的,不算间接经济损失,我国铁路仅每年的直接经济损失就以千万元计。同时铁路行车安全水平又决定了铁路运输与其他运输方式的竞争能力、声誉和经济效益,所以,安全始终与铁路运输产业自身的发展和生存息息相关。

铁路运输的产品是旅客和货物的位移,实现位移的必要手段为列车运行,我们把列车的组成和运行工作统称为行车工作。行车工作是铁路运输的主要工作,也是最容易产生不安全因素的工作环节,铁路运输中大部分不安全现象出现在行车工作中。因此,保证行车工作安全的同时也就是保证了铁路运输的安全。

1. 行车安全的政治意义和经济意义

现代化的大生产离不开现代化的交通运输工具,铁路运输是我国主要的运输形式,其货物和旅客运输周转量占总周转量的大部分。作为国家的基础运输设施,铁路运输安全既保证了国家重点物资、重要工程建设、重大科研基地及军事运输的需要,也为地方区域经济开发、招商引资和科技发展带来了生机和活力。铁路运输安全保障了人民生命财产不受伤害和损失,提高了广大人民群众的生活质量。如果铁路发生事故,特别是重大、大事故,将会给人民群众带来不幸,给国家造成巨大损失。事实证明,铁路运输安全的可靠程度不仅直接关系到我国社会主义市场经济的健康发展和改革开放的进程,而且直接影响社会生产、社会生活和社会安定。随着我国对外贸易总额的不断增长,涉外运输业务将有较大的发展,保证运输生产的安全,特别是保障旅客运输安全,就显得更加重要。

从经济上说,实现安全生产是使生产能顺利进行、完成和超额完成的重要保证;实现安全生产也是搞好增产节约、增收节支、提高经济效益的有效措施。安全与生产是密切相关的,有生产就有不安全因素,不抓安全就会影响生产。我们只有对生产中的不安全因素采取及时的、必要的组织措施和技术措施,加以防止或消除,才有可能保证生产的顺利进行。否则,就会发生各种事故,不仅使人民群众的生命财产遭受损失,铁路职工和运输设备受到危害,而且铁路运输生产本身也要遭受损失。

2. 行车安全是铁路运输产品的质量特征

运输生产的全部意义就在于有计划、有目的、有成效地实现旅客和货物空间位置的移动。运输产品的数量以吨公里、人公里计算,产品的质量特性包括安全、准确、迅速、便利等,其中安全最为重要。就货物运输而言,任何企业的产品只有从生产地安全运送到消费地后,才能实现其使用价值,运输产品"位移"的质量和社会价值也同时得到实现。如果在发站、到站或运送途中因安全得不到保证,导致货物毁损后,受到损失的不仅是物质生产部门,铁路部门也会因无法向社会提供运输产品而造成巨大损失,必然使铁路自身的经济效益下降。如果发生人员伤亡,其后果将更加严重。特别是在各种运输方式竞争激烈的今天,安全迅速地运送货物和旅客是增强铁路运输竞争力的关键。

3. 行车安全是铁路运输各部门工作质量的综合反映

铁路运输的特点是车站多、线路长、分布广。运输生产系统是由车、机、工、电、辆等单位构成的,它犹如一架规模庞大的"联动机",昼夜不停地运转,自然条件复杂、作业项目繁多、情况千变万化。行车安全贯穿于铁路运输生产的全过程,涉及每个作业环节和人员。无论是行车设备还是工作人员,任何一个部件出现问题,任何一个人员工作疏忽、违章作业、操作失误,都有可能造成行车事故或人身伤亡事故。因此,在运输生产活动中,各级铁路管理部门,都应坚持"安全第一"的原则,把行车安全作为衡量工作质量的首要指标。

4. 行车安全是加快铁路改革与发展的重要保证

加快铁路改革与发展,必须要有一个稳定的运输安全局面。如果安全形势不稳,不断发生事故,势必打乱运输秩序,干扰总体部署,分散工作精力,社会舆论也会反映强烈,铁路运输工作就会处于被动状态,铁路改革与发展就会失去重要前提与基础。因此,稳定运输安全局面是一切工作的前提。没有良好的运输安全环境,一切改革和发展都无从谈起。为保证铁路改革与发展顺利进行,必须把安全工作作为首要任务来抓。

5. 行车安全是法律赋予铁路运输的义务和责任

《中华人民共和国铁路法》(简称《铁路法》)是保障铁路运输的重要法规。为了保证铁路运输的安全畅通,避免事故的发生,《铁路法》制定了一系列法律规定和措施。其中,有关条文明确指出:"铁路运输企业应当保证旅客和货物运输的安全,做到列车正点到达。""铁路运输企业必须加强对铁路的管理和保护,定期检查、维修铁路运输设施,保证铁路运输设施完好,保障旅客和货物运输安全。"这就从法律意义上规定了保障客货运输安全是铁路运输企业应尽的职责和义务。

从法律角度看,旅客和货物托运人(当事人)与铁路运输企业之间是合同关系(合同形式是客票和运单)。当事人支付费用后,铁路运输企业向其提供运输产品,彼此的权利和义务对等。如果铁路运输企业因人为事故不能保证旅客和货物运输安全,不仅违背了当事人的意愿,损害了他们的权益,而且违反了《铁路法》和《中华人民共和国合同法》的规定。对有关运输安全方面的法律,全路广大职工应知法守法,树立"遵章守纪光荣、违章违纪不容"的思想,并结合事故案例教育,真正做到忠于职守、安全生产。

【案例1-1】 "9.25"浩吉铁路货物列车脱轨铁路交通较大事故

2020年9月25日23时14分,73644次货物列车运行至浩吉铁路韩城北站至集义站间集义隧道内,与从1号竖井横通道涌出、侵入线路的卵石土相撞,造成机车及机后1至18、40至45位车辆脱轨,列车停于隧道内K474+075处,中断浩吉铁路行车47小时16分,造成直接经济损失3083.51万元。

做一做

以小组为单位,通过互联网搜集国内外近十年发生的铁路典型事故案例,整理分析后制作PPT,在课堂上进行展示。

二、铁路行车安全工作情况

铁路行业按照党中央、国务院的决策部署,坚守"发展决不能以牺牲安全为代价"这条不可逾越的红线,以高铁和客车安全为重点,严格落实安全生产责任,加强安全风险管控和隐患排查治理,深入开展安全生产大检查,强化安全基础和能力建设,铁路安全生产实现了持续稳定。

铁路运输企业将保障人民生命财产安全作为首要责任,持续深化安全生产专项整治,采取有力措施维护铁路运输安全。中国国家铁路集团有限公司及所属企业突出铁路和旅客安全,健全企业安全管理规章制度,严格安全风险源头防控,加强安全生产过程控制,完善安全考核和责任追究,安全管理基础进一步夯实;强化安全生产过程控制和应急处置,实施高铁、客车安全"红线"管理和岗位退出机制,推进动车组运行故障图像检测系统(TEDS)、客车故障轨边图像检测系统(TVDS)全覆盖监控,加强非正常情况应急处置工作,安全风险控制能力得到进一步加强;加强外部安全环境隐患治理,积极应对自然灾害,持续推进站车视频监控和线路全封闭,严格危险品检查制度落实,有效防范和处置突发事件,运输安全外部环境得到改善;针对钢轨防断监测、客车径路设备隐患、列车占用丢失等开展专项整治,解决了一批安全难点问题。持续优化人力资源配置,加强安全保障投入,不断提高职工队伍素质,建立完善职业健康管理制度,安全生产综合保障得到加强。近年来,铁路各部门、各级领导和广大干部职工为运输安全生产付出了许多的心血,做了大量艰苦细致的工作。从图1-1和图1-2可以看出,近年来我国铁路运输安全生产工作取得了很大的进步。铁路运输安全是一个长期而艰巨的任务,还需要在努力完成运输生产任务的同时,居安思危、坚持不懈、抓紧务实,做好各项安全工作。

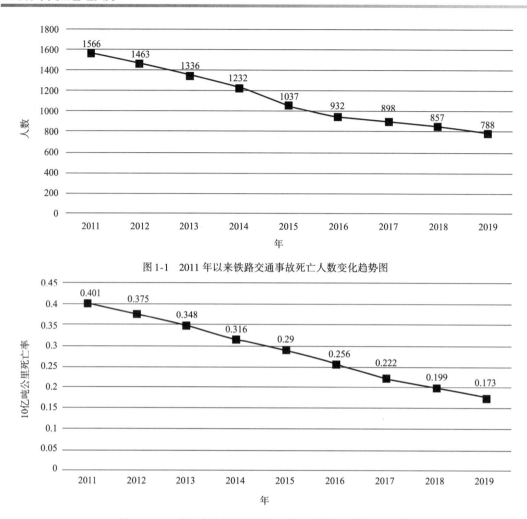

图 1-1　2011 年以来铁路交通事故死亡人数变化趋势图

图 1-2　2011 年以来铁路交通事故 10 亿吨公里死亡率变化趋势图

【知识链接 1-1】　TEDS——动车组运行故障图像检测系统

动车组运行故障图像检测系统(Trouble of moving EMU Detection System, TEDS)是动车组运用安全保障的重要辅助设备。其工作原理是利用轨边高速摄像头对运行动车组车体底部、侧部裙板、车端连接及转向架等部位进行图像采集,通过数据传输、集中处理、自动识别等信息化技术手段,将动车组检测图像数据实时传输至铁路局集团公司监控中心,进而对动车组底部及侧下部运行技术状态进行实时检查分析,对异常情况进行及早判断并处理。运行故障图像检测系统如图 1-3 所示。

【知识链接 1-2】　TVDS——客车故障轨边图像检测系统

随着我国铁路客车运行速度的不断提高,客运量及列车开行密度不断加大,使得列车检查难度不断提升,传统的以人为主的列检方式越来越难以满足检车作业要求。客车故障轨边图像检测系统(Train Coach Machine Vision Detection System, TVDS)采用了自动控制、图像采集、图像识别等信息化技术,利用安装在轨边的高速摄像头检测运行客车转向架、制动部件、车端连接及车体下部悬吊件等可视部位图像,实时传输至室内监测终端进行分析并预报故障。TVDS 的应用提高了列检作业质量和作业效率,提升了列检安全保障能力,有利于提高质量管理水平和安全管理能力,实现安全责任可追溯。

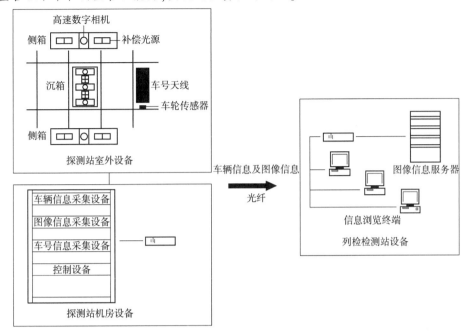

图1-3 运行故障图像检测系统

三、铁路行车安全的普遍性和特殊性

1. 安全的普遍性

作为伴随生产而存在的安全问题,对于所有的技术系统都具有普遍的意义,铁路运输系统也不例外。

(1) 安全的系统性

安全涉及技术系统的各个方面,包括人员、设备、环境等因素,而这些因素又涉及经济、政治、科技、教育和管理等许多方面。特别对于像铁路运输这样的开放系统,安全既受到系统内部因素的制约,也受到系统外部环境的干扰。而安全的恶化状态(即事故),不仅可能造成系统内部的损害,而且可能造成系统外部环境的损害。因此,研究和解决安全问题应从系统观点出发,运用系统工程的方法进行综合治理。

(2) 安全的相对性

凡是人类从事的生产活动,都有安全问题,所不同的只是发生事故的可能性有大有小,危害程度有轻有重而已。安全是相对的,不安全是绝对的,系统发生事故的可能性始终存在。但是,事故是可以预防的,可以利用安全系统工程的原理和技术,预先发现、鉴别、判明各种隐患,并采取安全对策,从而防患于未然。

(3) 安全的依附性

安全是依附于生产而存在的,它不可能脱离具体的生产过程而独立存在,只要存在生产活动,就会出现安全问题。另外,安全是生产的前提和保障,安全工作搞不好,生产便无法顺利进行。因此,需要持久地抓好安全工作。

(4)安全的间接效益性

要保证生产安全,必须在人员、设备、环境和管理方面有相应适时的安全投入,但安全投入所产生的经济和社会效益却是间接的、无形的,难以定量计算。因此,安全投入往往被人们忽视,只有发生了事故造成了损失之后才会意识到安全投入的必要性和重要性。事实上,安全的效益除了减少事故的直接和间接经济损失外,更重要的是体现在提高人员素质、改进设备性能、改善环境质量和加强生产管理等方面所创造的积极的经济和社会效益上。

(5)安全的长期性

人们对安全的认识在时间上往往是滞后的,不可能预先完全认识到系统存在和面临的各种危险,而且即使认识到了,有时也会由于受到当时技术条件的限制而无法予以控制。随着技术进步和社会发展,旧的安全问题解决了,新的安全问题又会产生。所以,安全工作是一个长期的过程,必须坚持不懈,始终如一地努力抓才行。

2. 铁路运输安全的特殊性

由普遍性与特殊性的关系可知,普遍性寓于特殊性之中,特殊性离不开普遍性。可见,铁路运输安全除具有上述安全的普遍性外,还有其特殊性。

(1)铁路运输安全的动态性

机车车辆在固定轨道上的定向运动,是铁路运输最显著的特点,一系列铁路运输安全问题,例如轮轨作用、弓网作用、列车速度控制和进路控制等都是围绕机车车辆或列车在轨道上的定向运动而展开的。

(2)铁路运输安全失控的严重性

处于高速运动状态的列车,一旦发生设备异常或人为操作失误,可供纠正和避免事故的时间很短,可供选择的应急方式也很有限。加之铁路线路、机车车辆等硬件设备的成本很高,列车对旅客和货物的承载量很大,事故不仅造成巨大的财产损失、人员伤亡和环境破坏,而且由于运输中断将波及路网,打乱运输秩序,影响社会生产和运输的全局。更重要的是,铁路事故损失涉及广泛的社会因素,极大地损害铁路的形象甚至政府的威信,其社会影响的严重性难以估量。

(3)铁路运输安全问题的反复性

铁路运输生产具有连续性、周期性和季节性的特点,伴随着生产的各种事故和不安全状况常常都是重复发生的,我国铁路年复一年的春运、暑运、防洪、防寒、防暑等安全问题反复存在。由于受总体技术和管理水平的制约,各种事故和不安全状况的产生也具有一定的"惯性"和反复性。

(4)铁路运输安全对管理的依赖性极强

铁路犹如一台"大联动机",是复杂的人机动态系统,其运输生产过程是由车、机、工、电、辆等多工种联合的多环节(如货物运输的承运、保管、装卸、运送、途中作业、交付等)作业过程,涉及设备数量庞大、种类繁多,设备布局的网络状态和作业岗位独立分散,使各工种和各环节的协同配合都离不开严格有效的管理。因此,铁路运输安全在很大程度上取决于管理的效能。

(5)铁路运输安全的复杂性

铁路运输安全受外部环境的影响很大,难以预测和控制。铁路运输生产是在一个开放的环境中进行的,自然环境,如雨、雾、风、雪等,对运输安全均有不利影响;社会环境,如社会治安、社会风气及社会政治经济状况等，均与运输安全状况密切相关。因此，铁路运输环境安全的综合治理涉及面广、难度大。铁路安全技术的发展，包括设备安全性能改进、人员安全素质提高、环境安全质量改善和安全管理水平提高，都是以上述对安全的普遍性和铁路运输安全的特殊性的认识为基础的。

铁路运输安全与其他安全相比有何特殊之处？

四、铁路行车安全与效率的关系

铁路运输与其他运输方式竞争日益激烈，如何在保证安全的前提下，提高运输效率，进而提高运输效益，是关系铁路运输生存与发展的关键问题。

牢固树立"安全第一"的思想是正确处理安全与效率、效益关系的根本保证。运输生产的目的是不断满足国民经济发展和人民生活水平提高的需求，安全没有保证或效率低下都不能实现这一目的，所以应力求达到安全与效率的辩证统一。要将安全和效率看成是一个统一的有机整体，良好的安全形势为提高效率创造了条件，效率提高后又能更好地为安全提供物质保障。

铁路运输中安全与效率的辩证关系主要体现在以下两个方面。

1. 安全是效率的基础

在铁路运输生产过程中，安全与生产效率是相辅相成的统一体。安全是生产效率的前提、基础和保证。生产效率寓于安全之中，没有安全，生产效率就无从谈起。一旦发生重大事故，不仅意味着人民的生命和社会劳动成果的丧失，而且也使铁路运输的具体劳动成为无效劳动。生产效率是安全的目的，安全是实现这一目的的手段。

一方面，从确保铁路运输畅通无阻、充分发挥运输能力的角度看，安全是最基本的效率。我国铁路要解决运能运量矛盾，不仅要靠增加投资扩大运输能力，更重要的是要靠安全正点、畅通无阻，保证铁路运输的正常运转，向安全要效率、要运能。如果发生事故，造成行车中断，则会造成运能大量浪费，运输效率下降。另一方面，即使在运能需求比较平缓的情况下，同样要保证安全。因为一旦发生事故，不仅造成设施设备的破坏，还要投入大量的人力和物力予以救援；并且还会打乱运输秩序，造成列车晚点甚至停运，给铁路运输市场信誉造成无法估量的损害。

可见，安全是最基本的效率。没有了安全，就没有铁路运输的高效正常运转，就难以充分利用运力资源，更谈不上生产效率。

2. 效率是安全的目标

运输的最终产品是人或物的位移。铁路运输需要固定资产、人力、材料、能源的大量投入。提高运输生产的效率，有利于降低运输成本，加快设备的利用效率，使铁路运输在市场竞争中更有竞争力。安全是运输的前提，只有保障运输生产的安全可靠进行，才能提高效率。

提高运输能力，降低综合成本，安全、高效是铁路运输一贯追求的目标。保障行车安全，则是提高运输能力和效率的先决条件。离开效率，片面地讲运输安全就失去了应有的意义。运输生产富有效率，才能更好地完善和改进生产过程和生产设施，更好地强化安全。

想一想

为什么当安全与生产发生矛盾时,生产要服从安全,更要坚持"安全第一"的位置不动摇?

第二节　铁路行车安全管理的基础工作

一、铁路行车安全生产指导方针

"安全第一,预防为主,综合治理"是我国铁路运输安全生产指导方针。"安全第一"就是要求运输企业在组织生产、指挥生产时,坚持把安全生产作为企业生存与发展的第一要素和保证条件。"预防为主"就是要求运输企业以主动积极的态度,从组织管理和技术措施上,增强运输安全保障系统的整体功能,把事故遏制在萌芽状态,做到防患于未然。"综合治理"是一种新的安全管理模式,它是保证"安全第一,预防为主"的安全管理目标实现的重要手段。

（一）"安全第一,预防为主,综合治理"是一个不可分割的整体

"安全第一,预防为主,综合治理"的安全生产方针是一个有机的统一体。"安全第一"是"预防为主、综合治理"的统帅和灵魂,没有"安全第一"的思想,"预防为主"就失去了思想支撑,"综合治理"就失去了整治依据。"预防为主"是实现"安全第一"的根本途径。只有把安全生产的重点放在建立事故隐患预防体系上,超前防范,才能有效减少事故,实现"安全第一"。"综合治理"是落实"安全第一、预防为主"的手段和方法。只有不断健全和完善综合治理工作机制,才能有效贯彻安全生产方针,真正把"安全第一、预防为主、综合治理"落到实处,不断开创安全生产工作的新局面。

（二）贯彻"安全第一,预防为主,综合治理"指导方针的原则要求

我国《铁路主要技术政策》明确指出:铁路运输生产必须坚持"安全第一"的原则,依靠先进技术和装备,保障行车安全。以行车安全为核心,以保障旅客运输安全为重点,系统配套发展铁路安全技术与装备,制订、修订有关行车安全的规程、法规和标准,加强安全管理,完善行车安全保障体系。

1. 牢固树立"安全第一"的思想,强化"安全第一"的责任意识

（1）牢记行车安全是铁路运输工作的永恒主题

各级调度指挥部门在编制列车运行计划、组织指挥运输生产时,要把行车安全放在首位;班前布置生产任务,班中传达计划,运输职工在进行接发列车和调车作业,班后总结分析运输工作时,都不能离开行车安全这个永恒主题。做到任何时候、任何情况下,坚持"安全第一"的思想不动摇。也就是说,"安全第一"的思想人人讲、事事讲、天天讲;要班前讲、班中讲、班后讲,特别是在节假日、暴风雨天气的关键时刻,在施工、停电等特殊情况,对机车乘务员、调车作业等关键岗位,对情绪有波动、家庭有困难、身体不适、精神不振的关键人员,不但要反复强调安全,而且要针对不同情况,采取不同措施,确保行车与人身安全。

(2)牢记行车安全是铁路运输工作的生命线

铁路是国家重要的基础设施、国民经济的大动脉、交通运输体系的骨干。铁路在运输速度上不如航空,在运载重量上不如海运,在"门到门"运输和机动灵活方面不如公路,运输成本不如管道。铁路在运输市场竞争中,主要凭借行车安全好、环境污染少、运输能力大而占有较大份额。据统计,每百万吨公里(人公里)的行车事故率、人员死亡率,铁路均比其他运输方式低。由此可见,行车安全是铁路运输赖以生存的重要条件,是铁路运输的生命线。

(3)坚持"安全第一"是铁路运输发展的内在需求

据统计,我国铁路营业里程约占世界铁路的6%,但完成了世界铁路运输量的22%,运输密度达到每公里3378.5万换算吨,居世界第一位。在行车高密度、大重量、高速度条件下的铁路,一旦发生行车事故,轻则中断行车,打乱正常的行车秩序,造成大量列车运行晚点,重则车毁人亡,给人民的生命财产造成严重损失,甚至造成不良的社会影响。

2. 坚决贯彻"预防为主"的方针

隐患险于明火,防范胜于救灾,责任重于泰山。"预防为主"的方针体现了安全生产的前置性和有效性,要依照客观规律树立"安全第一"的重要思想,就必须深刻理解预防的重要内涵。

"隐患险于明火",指明了安全生产必须从事故的根源抓起,必须消除隐患。安全生产的经验教训证明,任何一件行车事故都是由于人员素质、设备质量、环境条件或管理制度等方面存在的隐患和漏洞没有得到及时消除而酿成的。由于这些隐患具有很强的隐蔽性、扩散性和破坏性,所以它比"明火"更危险。"预防为主"就是要求我们采取一切有效措施,消除这些隐患,把各种行车事故消灭在萌芽中。

"防范胜于救灾",指明了抓好安全生产必须坚持"预防为主"的科学方法。在铁路行车安全管理方法上,超前预防和事后"消防",是两种截然不同的做法,其结果也完全不一样。抓防范是治本,可以防患于未然,工作是主动的;事后"消防"是救灾,工作是被动的。

随着铁路运输生产和科学技术的发展,只靠作业人员之间的自控、互控,只靠人的觉悟、精力来保障行车安全是远远不够的。因为人的精力有限,容易受到各种因素的影响,总有疏忽、失误的时候。比较理想的预防措施是采用新技术、新设备,从设备本身的功能上来保障行车安全,即使操作者一时疏忽,也不致造成事故。例如车站联锁设备,当信号开放、行车进路锁闭后,道岔就无法扳动,保证了行车的安全。因此,预防行车事故,保障行车安全必须依靠先进的技术装备和管理创新。

"责任重于泰山",指明了抓好安全生产的关键是强化责任。因为保证行车安全是人命关天的大事,所以与行车有关的作业人员、指挥人员尤其是各级管理干部,其责任重于泰山,都应该把确保行车安全视为天职。

落实安全责任,是规范行车安全管理的关键所在。各单位的"一把手"是安全生产的第一责任人,对安全生产负全面领导责任,分管安全的领导负具体领导责任。有关业务部门要加强专业指导技术管理和技术监督,对行车安全实行部门负责制。铁路运输生产过程复杂,车、机、工、电、辆等许多部门上百个工种参与,具有各工作环节紧密联系等特点,把每一个生产环节的工作方法、作业程序和安全责任落实到每一个岗位上,实行岗位责任制,这是行车安全管理的落脚点。只有这样,才能形成人人关心安全、人人管理安全的齐抓共管局面,才能把行车安全管理工作落到实处。

总之,"隐患险于明火,防范胜于救灾,责任重于泰山"是一个有机的整体。消除隐患是"预防为主"的要害所在,加强防范是根本方法,落实责任是关键环节。

3.认真做好综合治理工作

综合治理就是要正确处理好安全与政策、与发展的关系,当两者发生矛盾时,应服从安全。"安全第一"还应体现在安全生产与政绩考核"一票否决"上,从而真正树立起"安全第一"的权威。

综合治理要以人为本,抓好教育培训工作。综合治理就是要领导干部、企业职工、广大人民群众树立起安全意识,高度重视安全生产工作,学会如何做才安全。

综合治理就是要狠抓责任制的落实。要严格落实各级领导、各类从业人员的安全生产责任,全面落实"一岗双责"责任制。让人人都懂得自己的安全责任,做到安全工作有人做,安全工作有人管。对安全生产工作进行全员、全方位、全过程的综合管理,真正做到各司其职、各负其责,彻底消除各类安全隐患,确保安全生产。

综合治理就是要制定好防止事故措施、事故应急救援预案,建立应急救援平台体系,切实做好安全组织措施和技术措施,确保没有安全措施的事不做,没有安全保障的事不为。

综合治理就是要有严格的工作制度。安全生产制度体系和安全生产操作规程的完善和落实有助于预防和减少事故的发生。

综合治理就是要推广安全性评价。安全性评价也是"预防为主"的一种形式,是安全管理现代化的一项重要内容,是企业在安全生产上改善微观管理的一个重要手段,通过安全性评价可以预防事故的发生。

二、铁路行车安全管理体制

铁路行车安全管理体制一般是指行车安全的管理体系和工作制度。它是铁路管理部门和广大干部及职工通过实践,经过多次比较和选择得出的符合客观规律的结论。铁路行车安全管理体制不是一成不变的,随着经济、社会、科技和铁路的发展,原有的安全管理体制可能出现不适应的情况,到了一定程度,就需要加以改进或完善。

铁路行车安全管理体制是与铁路行车管理体制一脉相承的。《铁路法》规定:"国务院铁路主管部门主管全国铁路工作,对国家铁路实行高度集中、统一指挥的运输管理体制,对地方铁路、专用铁路和铁路专用线进行指导、协调、监督和帮助。国家铁路运输企业行使法律、行政法规授予的行政管理职能。铁路沿线各级地方人民政府应当协助铁路运输企业保证铁路运输安全畅通,车站、列车秩序良好,铁路设施完好和铁路建设顺利进行。"这就从铁路行车的内部关系和同地方人民政府的外部关系两个方面,确定了铁路行车管理体制。所有这些规定对铁路行车安全管理体制的形成和发展都具有重要的导向作用。

1.国家铁路实行高度集中、统一指挥的行车安全管理体制

国家铁路实行高度集中、统一指挥的行车安全管理体制是由铁路行车生产特点和规律决定的。国家铁路行车生产具有"大联动机"的性质,技术性和时间性强,管理程序复杂,作业环节众多。通常一个运输企业不能独立完成旅客和货物安全运输任务,需要其他铁路运输企业的通力协作与配合。无论是远程货物列车还是长途旅客列车,时空跨度大,沿途有为

数众多的铁路职工按照统一的行车法规和作业规定为列车安全运行服务,任何一个作业环节违章操作,都会影响"大联动机"的正常运转。在现行铁路行车体制下,中国国家铁路集团有限公司、各铁路局集团公司对基层生产单位的行车调度指挥工作以命令形式下达,各基层站段必须服从。

中国国家铁路集团有限公司与各铁路局集团公司在安全管理上有下列关系:

(1)统一下达行车安全目标、任务、规则和要求,保证铁路运输企业完成行车安全目标任务所需的经费、设施和物资。

(2)帮助统一制定行车安全法规,建立行车安全管理体系或网络。

(3)审查批准重大安全技术和管理科研项目,以及重大安全技术设备改造计划。

(4)审查批复铁路行车企业对重大事故的处理结果等。

2.中国国家铁路集团有限公司对地方铁路、专用铁路和铁路专用线的行车安全进行指导、协调、监督和帮助

《铁路法》规定,铁路行车安全必须遵守的技术管理规程和有关作业标准,由国务院铁路主管部门制定,实行行业统一归口管理,这是社会化大生产的客观要求和选择。地方铁路、专用铁路和铁路专用线因主管部门和工作性质不同,在行车生产规模、行车技术设备、管理方法和人员素质等方面远不及国家铁路强大,需要国家铁路在行车安全生产上给予技术政策和咨询及信息等方面的指导,在安全技术问题上协调处理好各种铁路之间的关系;监督各种铁路执行《铁路法》《铁路技术管理规程》(简称《技规》)及作业标准情况;在人力、财力、物力上力所能及地支持地方铁路、专用铁路和铁路专用线,包括帮助培训行车业务干部、进行技术改造等。通过指导、协调、监督和帮助,使其他铁路不断提高安全管理水平和安全行车的可靠程度。

3.铁路沿线地方政府协助铁路企业做好行车安全工作

铁路线路穿越南北,横贯东西,四通八达,这就使得铁路运输企业比其他一般企业更多地需要取得地方政府的支持和帮助。实践证明,凡是行车畅通无阻、治安秩序好的区段,都是和地方政府积极支持、整顿秩序、教育群众分不开的。因此,地方政府协助铁路行车安全工作是铁路行车安全管理体制的重要内容。

三、铁路行车安全管理制度

铁路行车安全管理制度是行车安全管理体制不可缺少的组成部分,是把行车安全法规和作业标准落到实处的重要保证,是使安全管理行为规范化、高效化、科学化的集中体现。各级领导、干部和管理人员应该认真学习、加深理解、接受监督、自觉遵守、身体力行。长期以来,我国铁路一直在执行行之有效的安全监察制度、安全教育制度和安全生产检查制度等,并随形势的发展和变化,开创性地制定了许多切合实际、富有时代特征的分层管理、逐级负责制及安全工作落实机制等。

(一)逐级负责制

依据"职责明确,权责统一,重点突出,明确具体"的原则,各铁路局集团公司安全生产实行逐级负责制。通过实践,对实现"规范管理,强基达标"和"有序可控,基本稳定"起了积极作用。

安全生产问题主要是管理问题。各铁路局集团公司之间的安全生产情况为什么不平衡,关键差在管理上,差在责任是否落实、工作是否到位、管理是否有效上。抓管理关键在于抓责任,没有责任制就没有管理。因此,必须认真抓好安全管理逐级负责制的落实,这是实现安全管理规范有序最基本的要求。

贯彻逐级负责制,主要应抓好以下几项工作:

1. 安全管理责任界定的要求

(1)要重点突出

要突出主要领导对安全管理负全面责任,副职按照分工和权限,对分管系统内的安全管理负责。班子成员既要按照分工各负其责,又要互相协作配合,这样才能围绕一个共同的安全目标,形成抓安全的整体合力。

(2)要明确具体

要以做到"项项工作都有人负责、不出现管理上的空当"为原则,把每一项工作由谁负主要责任、由谁负特定责任明确地界定清楚,而且要尽可能做到能一个人或一个部门负责的事,就不要由两个人或两个部门来负责,避免出现多头负责和结合部管理出现问题。确实需要由几个部门共同负责的,要明确一个牵头部门,其他部门密切配合。

(3)要从实际出发

不要把责任制的覆盖面搞得太宽,要让那些对安全确实负有责任而又能真正负责的人负责安全管理。

(4)要有实践基础

安全责任制要有实践基础,要实事求是,办不到的事情就不要定,定了就要坚决执行,不打折扣。

2. 安全管理责任

(1)铁路运输企业安全管理的责任

铁路运输企业是劳动安全管理的责任主体,对本企业劳动安全监督管理全面负责。

①贯彻执行国家和中国国家铁路集团有限公司有关劳动安全的法律、法规、规章、制度、措施和办法,并监督检查落实情况。

②制定并落实劳动安全培训规划,按规定组织开展安全管理和特殊工种人员劳动安全培训教育工作。

③开展安全风险管理,定期分析安全工作情况,研判安全风险,落实管控责任。

④定期组织考核评估工作,开展劳动安全专项检查,发现和整改劳动安全工作中存在的问题。

⑤参加对新建、改建、扩建工程项目中有关劳动安全措施项目的设计审查和竣工验收。对不符合安全卫生设计标准和安全技术规程的,应制止施工和投入使用。

⑥依据事故调查规定,按照相关权限和程序,负责从业人员伤亡事故的报告、调查、处理和统计等有关工作,制定并落实防止和减少伤亡事故的措施。

(2)铁路运输企业下属单位安全管理的责任

铁路运输企业下属单位是劳动安全工作实施的责任主体,对本单位劳动安全负直接管理责任。

①贯彻执行有关劳动安全的法律、法规、规章、制度、措施和办法,健全和完善劳动安全规章制度,并组织实施。

②制定本单位年度劳动安全目标和工作计划,明确保障措施和负责人员,并及时进行总结。

③组织开展劳动安全风险的辨识、研判、控制和整治;组织开展劳动安全检查和攻关活动,不断采取新技术、新方法,解决生产过程中劳动安全隐患和问题。

④按规定制订培训计划,组织对从业人员进行劳动安全培训、教育和考试工作。

⑤及时、如实报告从业人员伤亡事故,并依据事故调查权限和程序,配合或组织事故调查处理工作。

⑥制订从业人员伤亡事故应急处置预案,并定期组织应急演练。

(3)按照"五定""三率"考核干部作风,落实安全管理逐级负责制

以"五定"为载体,以"三率"为考核指标,对干部进行安全管理定期考核,是落实安全管理逐级负责制的有效手段。

"五定"是指干部在安全管理上定时间、定地点、定项目、定数量、定标准。通过"五定",明确干部在安全管理上应尽的职责,把安全管理逐级负责制落到实处。

"三率"是对干部在安全管理上"五定"的考核内容,即"五定"计划兑现率、检查发现问题率、解决问题率。"三率"的计算公式为

$$\text{"五定"计划兑现率} = \frac{\text{实际检查次数}}{\text{计划检查次数}} \times 100\%$$

$$\text{检查发现问题率} = \frac{\text{检查发现问题次数}}{\text{计划检查次数}} \times 100\%$$

$$\text{解决问题率} = \frac{\text{解决处理问题件数}}{\text{检查发现问题件数}} \times 100\%$$

干部每次进行安全检查都要认真如实填记被检查的单位、地点,检查的时间、内容,发现的问题,解决的措施或处理的结果,作为"三率"考核的主要依据。"五定""三率"主要是对铁路局集团公司、站段有关业务处和科室干部在安全管理工作上的考核,一般采取上级对下级、同级正职对副职进行考核。

(二)安全教育制度

1. 行车安全三级教育

铁路运输系统对刚参加工作的新职工和新调入行车有关工种岗位的人员要进行入路教育、车间教育和岗位教育,并经过安全考试,专业技能鉴定合格后,方能上岗。

(1)入路教育

入路教育一般由基层站段安全教育科室负责,主要介绍铁路运输的特点,讲解行车安全的重要性和行车安全知识,学习《技规》《铁路行车组织规则》(简称《行规》)、《车站行车工作细则》(简称《站细》),参观站场设备,观看一些典型事故的安全教育片,使新职工对本站段的设备和行车安全情况有所了解。

(2)车间教育

新工作人员(含新转入行车岗位的人员)分配到车间或段管车站以后,由车间或段管车

站负责进行安全教育,主要内容包括本部门行车设备和行车安全情况,劳动纪律、作业标准、作业纪律、作业环境以及行车安全存在的主要问题和应注意的事项。

(3)岗位教育

新职工(含新转入行车岗位的人员)进入生产岗位前,由车间或段管站指定专门人员负责指导,并对其进行岗位职责范围、操作规程和行车、人身安全知识等方面的教育,使其尽快熟悉和掌握本岗位的安全操作技能。

经过三级教育的人员,站段教育或人劳部门应将教育的内容、时间、主讲人姓名记入职工本人的安全教育卡(表1-1),以备查考。当工作调动时随其他关系一并转至新单位。

安全教育卡　　　　　　　　　　　　　　　　　　　表1-1

姓　　名			性　　别		年　　龄		参加工作时间	
工　　种			本工种工龄		所在部门			
教育培训记录									
年	月	日	教育培训内容				本人签名	主讲签名

2. 专业技术教育

铁路运输系统历来对行车、机务等部门中技术复杂、操作规程严格、直接关系到人民生命财产安全的主要工种,如机车乘务员、车站值班员、调车长等,实行"先培训,后上岗"和"变招工为招生"的就业准入制度。中国国家铁路集团有限公司和各铁路局集团公司都建立了不同培养层次的职工教育培训基地,此外,对机车乘务员、车站值班员、车站调度员和列车调度员等还提出了学历方面的要求。

按照中国国家铁路集团有限公司规定,行车主要工种每两年应进行一次不少于10天的脱产专业技能适应性培训。职工经过专业技术培训、教育、考试后,站段教育或人劳部门应将有关内容填入职工教育登记卡(表1-2)。职工参加政治、文化、专业学习情况也应填入职工教育登记卡。

职工教育登记卡　　　　　　　　　　　　　　　　　表1-2

姓　　名		性　　别		出生年月		入路年月	
籍　　贯		政治面貌		文化程度		毕业学校	
工　　种		职　　务		技术职务			
职务变动情况							
年	月	职名及等级			实际技术业务能力		

续上表

技术业务学习考核登记			
顺　　号	何时至何时	学习方式	学习工种或职名	成　　绩

注：上表为5列合并显示

技术业务学习考核登记				
顺　　号	何时至何时	学习方式	学习工种或职名	成　　绩

政治、文化(专业)学习考核登记				
顺　　号	何时至何时	在何处参加什么学习	成　　绩	备　　注

奖惩记录		
年　月　日	奖惩情况	附　　注

3. 岗位技能达标培训

新录用人员进入铁路运输企业后，并不意味着可以终身在这个岗位上工作，随着科技进步、设备更新、操作规程的改变，必须通过职工教育、岗位练兵，不断提高操作技能，才能适应铁路技术发展和岗位技能标准的要求。

职工素质的高低直接影响行车安全。一些基层站段十分重视职工培训，以提高职工素质，特别是对行车主要工种人员进行岗位技能达标培训，可使他们不仅能适应正常情况下的行车工作，而且能适应施工、停电、设备故障等特殊条件下进行的接发列车和调车工作，并能根据具体情况采取应急措施，从而保证行车安全与人身安全。

(1) 狠抓基本功训练

基本功训练要做到站站有练功房，月月有安排，全员参加，十几年、几十年如一日，常抓不懈。

(2) 典型引路

如某车务段以某车站"全员建站、全员练功"改变安全落后面貌为典型，全面推行"比、考、验、订"的练功比武法。每月在岗位间开展比武竞赛，奖优罚劣；定期进行业务考试，成绩纳入本人技术档案；对考试题进行复验，巩固学习成绩；职工、班组、车站制订争先创优保安全计划，提出奋斗目标。

(3) 拉开分配档次，重奖安全业务尖子

实行工人技术等级制度，进行职业技能鉴定，建立以岗位工资为主的分配制度，完善落实工人技师和高级技师津贴制度，激发职工岗位练功、参加培训、经常学习技术业务的积极性。

站段设立安全技术比武竞赛专项奖金，重奖安全标兵、技术能手等业务尖子。

(4) 培训方法灵活多样

坚持脱产专业培训与业余学习、岗位练兵相结合，班前提问与抽查考试相结合，理论考试与实作考核相结合，岗位对口比武竞赛与观摩学习交流相结合，采取灵活多样的培训方法。

4. 安全教育

(1) 安全教育的内容

根据铁路运输的特点,行车安全教育的内容一般包括"安全第一,预防为主,综合治理"的思想教育,有针对性、季节性的行车安全、人身安全知识教育,新技术、新设备安全操作教育和典型事故案例安全教育。

基层站段要善于利用其他站段的行车事故案例,结合本站段安全情况实际,对职工进行安全教育,吸取教训,预防同类事故发生。传达事故通报时,决不可把事故当故事讲,决不可轻描淡写、无的放矢。

(2) 安全教育的形式

安全教育的形式可以多种多样,可以每年定期开展安全月、百日安全活动,组织安全展览,创建安全教育陈列室,召开安全经验交流会、安全现场会、安全知识讲座,利用音像、图片、黑板报、广播等形式,利用职工中典型的人和事,在表彰、奖励先进或批评、惩处违章违纪、事故责任人的同时,对职工进行教育,使"安全第一,预防为主,综合治理"的方针深入人心。

(三) 安全生产检查制度

行车安全生产检查是以各种行车法规为准绳,通过有计划、有目的、有步骤地查思想、查管理、查设备、查现场作业,发现和消除隐患及危险因素,总结交流安全生产经验,推动行车安全工作深入开展。

安全生产检查制度是对安全生产检查的内容、形式和整改要求所做出的切合实际的规定。按照工作需要进行的定期性、专业性、季节性和经常性安全检查,不仅要大兴调查研究之风,增强为现场服务的观念,而且应与干部考核挂钩,使安全检查真正起到鉴别、诊断和预防作用,使检查结果成为领导决策的重要参考依据。

检查是手段,整改才是目的。对安全检查中发现的好经验应及时总结推广,对暴露出来的矛盾,特别是领导不重视、制度不健全、设备不可靠及安全意识淡薄等问题,要定措施、定人员、定期限整改,并做到条条有交代、件件有着落。

四、铁路行车安全监察与管理机构

从铁路运输安全生产角度看,建立健全运输安全法规与监督检查其执行情况同等重要。我国早在1950年5月就设立了铁道部行车安全总监察室,负责有关行车安全工作的计划、行车安全规章制度的贯彻执行及事故发生时的指挥处理。同年9月,在全路行车安全会议上,确定了监察工作的业务方针、性质和行车事故处理程序与方法,为各级监察机构配备了专职监察人员。几十年来,我国铁路安全监察工作在安全管理中发挥了重要作用,取得了显著成绩。随着铁路"两个根本转变"和现代化建设步伐的日益加快,加强行车安全监察工作显得越来越重要。

(一) 行车安全监察组织机构

2013年国务院撤销铁道部,新成立国家铁路局集团公司和中国铁路总公司。2019年6月18日,经国务院批准同意,中国铁路总公司改制成立中国国家铁路集团有限公司。国家铁路局集团公司隶属交通运输部,在安全管理上履行政府铁路行业安全监督职能;中国国家铁路集团有限公司履行铁路企业内部运输生产安全的主体责任。

国家铁路局集团公司下设安全监察司和7个地区铁路监督管理局;中国国家铁路集团有限公司下设安全监督管理局和6个安全监督特派员办事处;各铁路运输企业设监察室。

各级行车安全监察机构除设领导人员外,按车务、机务、车辆、工务、电务、供电、客货运等专业配备监察人员,同时配备负责路外、劳动安全、综合分析、教育等方面业务的监察人员。

(二)各级行车安全监察机构的任务和职权

铁路安全监察机构的任务是贯彻"安全第一,预防为主,综合治理"的方针,对行车安全工作实行严格的监察,维护行车安全法规,保证安全正点、优质高效地完成运输任务。

铁路局集团公司行车安全监察机构对其行车有关单位人员执行行车安全法规的情况有权进行监督,发现有违反行车安全法规的情况,应如实地提出意见,加以纠正;如有关领导不给予正确解决,则有权向上级行车安全监察机构报告,请求处理。

各级行车安全监察机构和行车监察人员有以下职权:

(1)发现作业上违反行车安全法规时,有权加以纠正;对危及行车安全者,有权立即制止,必要时可临时停止其工作并责成有关单位议处;对不适合担当行车工作的人员,有权责成有关部门予以调整。

(2)对危及行车安全的技术设备,有权向有关部门提出意见,要求限期解决;情况严重确有发生严重事故可能时,有权采取临时扣留、封闭措施,并责成有关单位紧急处理。

(3)发现有关规程、规范、规则、细则、办法、设计文件和施工方案违反《技规》和其他行车安全法规时,有权通知有关单位予以纠正,必要时可停止其实施。

(4)调查处理事故中,确定性质和责任上有分歧意见时,由各级行车安全监察机构提出结论性意见。

(5)有权建议对违反行车安全法规或发生行车事故的责任人员和领导干部给予处分;建议对在安全生产工作中做出成绩和防止事故发生的有功人员给予表彰和奖励。

在上述职权中,由于对事故的定性和定责事关重大,行车安全监察机构提出结论性意见时,应积极慎重对待铁路局集团公司的意见;如果对领导的决定有不同意见,可以向上级行车安全监察机构反映,请示予以复查处理;若上级行车安全监察机构发现下级单位或下级行车安全监察机构对事故性质和责任的确定不符合规定、处理不当时,有权加以纠正。

行车安全监察人员在行使职权时,对所发现的问题除向当事人进行帮助教育外,必要时应将存在的问题填写在"行车安全监察通知书"(一式三份,格式见表1-3)中,交当事人所属单位领导两份,并提出具体要求和改进意见;对于存在严重隐患和比较重大的问题,由行车安全监察机构向有关单位领导下发"行车安全监察指令书"(一式三份),送有关单位两份,限期改进。"行车安全监察指令书"的格式与"行车安全监察通知书"基本相同,但填发的权限不同;通知书是在检查发现一般问题时,由行车安全监察人员签发;指令书是发现严重隐患和比较重大的安全问题时,需由行车安全监察室主任(副主任)签发。有关单位领导接到"通知书"和"指令书"后必须认真对待,及时研究改进,并将改进情况填记在"通知书"或"指令书"中,回复填发单位。必要时填发单位应派人进行复查。

行车安全监察通知书 　　　　　　　　　表 1-3

×铁安监通(20   )第   号

_____：
　　经检查发现下列不安全问题,须立即采取措施进行克服,并于   月   日前将改进情况报本安全监察室核备。

发现问题：	
改进意见	改进情况
安全监察　　　　　　　　　　　　(签章) (公章) 　　　　　　　　　　　　　　　年　月　日	单位负责人　　　　　　　　　　　(签章) (公章) 　　　　　　　　　　　　　　　年　月　日

　　各级领导要大力支持行车安全监察人员的工作,保证行车安全监察人员正常地行使职权、履行职责,做好监察工作。任何人不得妨碍行车安全监察人员行使职权。如发现对行车安全监察人员有打击报复行为者,必须严肃处理。要保证行车安全监察人员必要的工作条件,以使行车安全监察人员顺利开展工作,及时迅速地了解事故情况,积极有效地组织抢修、救援工作,准确果断地确定事故性质和责任。除为行车安全监察人员提供交通、通信、食宿等条件外,还要配备必要的检测仪表、工具、用品和其他备品,逐步采用先进的检测手段。行车安全监察部门有权参加或召集有关安全会议,查阅有关部门和单位的案卷、记录、表报,借用必要的工具及仪器,要求指派适当人员协助工作等。

(三)行车安全监察人员的素质要求和工作准则

　　行车安全监察是原则性、政策性、科学性和权威性很强的安全管理工作,各级行车安全监察机构按规定职责范围所做的一切工作都关系到消除事故隐患,预防事故发生,切实保护国家、企业、职工利益。其工作成效主要取决于安全监察队伍的整体素质和工作作风,因此,提高行车安全监察人员的素质是各级行车安全监察工作的重要前提和保证。

　　《行车安全监察工作规则》规定:"各级行车安全监察人员必须身体健康,具有较高的政治思想水平,熟练的技术业务素质,丰富的实际工作经验,大专以上文化程度,较强的独立工作能力。"随着安全科学管理要求和安全技术装备现代化程度的不断提高,面对复杂的社会环境影响,各级安全监察人员应不断提高自身素质,增强使命感,掌握铁路科技新知识,以适应形势发展需要。

　　为了认真执行《行车安全监察工作规则》,各级行车安全监察人员必须遵守以下工作准则:

(1)坚决执行党的路线、方针、政策和国家的法令,维护行车安全法规的严肃性。

(2)预防为主,防患于未然。

(3)执法严明,刚正不阿。

(4)秉公办事,不弄虚作假。

(5)坚持原则,遵守法规。

(6)积极钻研业务,技术上精益求精。

(四)站段安全室的工作职责

(1)检查监督站段各部门、各车间执行安全生产方针、政策、法令、规章制度及上级领导的有关指示的情况。

(2)参与制订站段的安全规章制度、细则、办法和各种作业标准,并检查执行情况。参与审查、制订站段施工方案和安全措施,并监督实施。

(3)监督检查站段内各种行车设备、防火防爆设备、机械动力设备及压力容器等的维修保养情况和使用安全。发现有危及行车安全等问题时,及时向有关部门反映。

(4)监督检查行车人员的培训教育、任职提职、技术考核鉴定和身体检查。

(5)参加调查分析站段发生的一般行车事故、人身和路外伤亡事故、设备事故和严重事故原因,对事故提出定性、定责意见。在处理事故时要做到"三不放过",即事故原因不明、责任不清不放过,没有防范措施不放过,事故责任者和群众没有受到教育不放过。

(6)经常深入地方厂矿企业、居民村落进行保护铁路运输设施和防止路外伤亡的宣传工作。

五、班组安全管理

(一)班组在铁路安全生产中的地位和作用

1.班组是铁路运输生产的基本单位

班组是保证铁路运输安全生产的最基本、最基层的活动单位,是铁路运输安全生产的落脚点。我们的运输生产活动正是以班组为单位展开的,安全生产的目标归根到底要在班组实现,安全生产的记录归根到底要在班组创造。

2.班组是铁路运输安全管理的基础

生产班组是由最基本的生产工人组成的,他们是铁路运输安全活动的实践者。安全管理制度只有以基本工人群众的经验、素质、积极性、创造性为基础,才能更加符合安全生产的客观要求,并且具有得以贯彻落实的可靠保证。

班组的基本功能就在于通过自己的生产实践活动完成站段或车间下达的运输生产任务。生产班组既是落实安全生产管理制度的终端,又是检验安全管理制度合理与否的实践场所。铁路运输中的各项技术指标、作业过程、规章制度,都要在班组实施,而作为制定安全管理制度的大量原始记录、统计台账等,都要由班组提供。同时,班组在第一线从事生产实践,最了解安全生产的关键所在,最清楚安全管理上存在的问题和薄弱环节,这些关键问题也最容易在生产班组反映出来。这样,生产班组为制定安全管理制度提供了实际依据、实践场所和检验手段,成为铁路运输安全管理的基础。

3. 班组安全形势对全局有重大影响

铁路运输的点多、线长,参与运输生产的部门多、工种多,这些特点决定了它是高度集中统一的、联动性的社会化大生产。虽然各工种、各个班组生产活动是分散的,但绝对不是孤立的分散,各个班组是组成铁路运输安全生产链条上不可缺少的环节,任何一个环节的断裂,都会使一定范围乃至全局的正常运输秩序遭到破坏。比如,某调车组在调车作业过程中发生车辆脱轨事故,使正线行车中断,不仅影响本站的接发列车作业,而且影响整个区段的列车运行。在繁忙的干线上,甚至打乱全局、全路的列车运行秩序。班组的安全成绩,直接影响站段和全局的安全形势。

(二)充分发挥班组长和安全员的作用

为了保证班组安全生产,班组长和安全员应当发挥更大的作用。

1. 班组长在安全生产中的作用

(1)班组长是安全管理的组织者。规章制度的实施、基础资料的积累、班组成员的考评等都必须在班组长的组织领导下进行。

(2)班组长是班组安全运输生产活动的指挥者。铁路基层站段的安全生产一般实行站(段)长、车间主任、班组长三级管理,班组长是最基层的安全生产指挥者。

(3)班组长以普通工人的身份参加安全生产实践,并在安全生产实践中发挥表率作用。

2. 班组长在安全生产中的职责

(1)在车间主任的领导下,对本班组安全生产全面负责,直接指挥本班组的生产活动。

(2)搞好本班组的安全管理,正确填记本班组的各种原始记录和台账簿册。

(3)落实岗位责任制,将班组的安全生产和收益分配挂钩。

(4)及时处理生产中的各种问题,组织班组开展技术业务学习,提高班组成员素质。

(5)主持召开安全生产总结会、民主生活会等,加强思想政治工作,保持班组正常的生产和工作秩序。

3. 班组长在安全生产中的权限

(1)对班组的安全管理和安全生产有组织指挥权,对上级违反规章制度的指令有拒绝执行权。

(2)在有利于安全生产的前提下,有权合理分配本班组工人的工作,对生产成绩突出的个人,有权进行表扬和建议上级表彰;对影响安全生产的人员有权提出批评,必要时可暂时停止其工作,并有权建议上级给予处分。

(3)有权按照经济责任制的相关规定,对本班组的安全生产奖金进行分配。

(4)参与本班组工人的考评工作,对本班组工人的转正、晋级拥有建议权。

4. 安全员在安全生产中的职责

班组安全员的设立,是组织班组职工参加安全生产方面的民主管理的一种好形式,它可以使安全生产有更为可靠的组织保障和更为广泛的群众基础。

(1)安全员是遵章守纪的检查员。安全员在班组长的领导下开展工作,他要检查全体成员遵章守纪、安全生产的情况,检查安全生产的各项制度、措施落实的情况;检查班组成员的人身安全和劳动保护条件是否得到保证;检查班组成员在安全生产方面的正当权益是否得到保护。在检查的同时,制止一切违反安全生产的行为。

(2)安全员是提高业务技术水平的教练员。班组安全员应该是班组中办事公道、积极热心、业务熟练、技术过硬的生产骨干。这样,安全员可以配合班组长组织学习文化、学习技术,进行岗位练兵,以熟练掌握本职本岗应知应会的内容,不断提高业务技术素质,增强安全生产本领。

(3)安全员是提供安全生产情况的信息员。建立安全生产信息的记录、统计分析和反馈制度,是加强班组安全管理的一项重要的基础工作,这项工作主要由安全员负责。

(三)培养班组群体安全意识

为了保证安全生产,生产班组需要去做很多工作,但做这些工作的根本在于培养起一种氛围、一种舆论、一种共同信念、一种向心力和凝聚力,这就是群体安全意识。

1. **群体安全意识的含义**

群体也叫团体,两人以上为了达到共同的特定目标,相互依赖和相互作用,就构成了群体。其特征为:

(1)各成员互相依赖,在心理上彼此意识到对方,即意识到群体中的其他个体。

(2)各成员在行为上互相作用、直接接触、彼此影响。

(3)各成员具有团体意识,具有归属感,彼此有共同的目标和追求。

群体安全意识属于社会舆论和集体感受,是一个班组内所有成员个人共同感知、认同和遵守的信念、意识。

2. **群体安全意识的作用**

班组群体安全意识,一般不是明确规定的,但往往比正式规定的规章制度更有约束力,它往往是不成形的,但它在班组的整个安全生产实践中无时无处不在。它就像威力很强的凝结剂,使班组规章制度、思想教育、组织建设等各种手段结合、凝聚、统一在一起,产生合力,从而提高整个班组成员统一奋斗目标,产生一种个人得失与集体成就休戚相关的心理。因此,培养班组群体安全意识,将有力地促进班组安全生产。

3. **群体安全意识的培养**

班组群体安全意识的形成是一件难度很大的工作,它不仅需要一定的时间,还需要采取正确的方法。

(1)开展正面教育

正面教育就是多鼓励、多引导,用正面道理使受教育者提高认识。要经常、反复地向班组成员宣传"安全第一"思想,讲清楚搞好安全生产与自身的主人翁地位、与对国家的贡献、与对班组的集体荣誉、与个人的利害得失的关系,从而调动班组成员的安全生产积极性。使班组成员认识到,有些最基本的意识和信念就是在不断地重复中扎根于人们思想深处的。这种反复的正面教育是我们常用的一种基本教育方法。

(2)进行强化激励

激励,就是激发与鼓励。强化就是对人的某种行为给予表扬、肯定和鼓励,使该行为得以巩固与保持,或对某种行为给予批评、否定和惩罚,使其改正、减弱与消退。

(3)典型示范

"榜样的力量是无穷的。"企业的每个车间乃至最基层的生产班组,都有安全生产方面的先进典型。我们要善于调查研究,总结经验,树立典型,使全班组都有比学榜样、赶超对象,从而达到安全生产的目的。

这种方法运用了心理学中关于模仿的原理。当一个人感知别人的行为时就会产生实现同一行为的愿望,随之而来的便是模仿。这就是说,别人的行为影响和制约着自己相同行为的产生。这些人在自己的心目中威信越高,其影响和制约作用也就越大。这就是通过典型示范来进行安全生产教育效果显著的原因所在。

(4)利用从众心理

从众心理是一种与模仿有紧密联系的心理学现象。人是在群体中生活的,因而也接受群体的影响。不仅行为有感染力,而且认识和观点也有感染力。个体受群体影响而改变其行为的现象就是从众。从众起源于一种团体压力,只要团体存在,就存在着团体压力。团体压力是通过多数人一致的意见形成一种压力,去影响个人的行为。团体压力虽然没有强制人执行的性质,但它在个体心理上所产生的影响有时反而比权威命令大,更能改变个体的行为。在安全思想教育的过程中,我们要自觉地利用这种心理现象。对于班组中个别安全思想不牢固,尤其是刚刚补充到班组中来的新成员,我们要充分发挥班组优良传统作用和光荣历史荣誉等有利条件,加大团体压力,改变个别成员的不安全思想和行为,以促进班组安全意识的形成。

六、安全管理手段

在运输安全中,人是决定因素。运输安全管理的根本任务就在于依靠科学技术和科学管理,有效地保护和调动人的主观能动性和积极性,预防事故发生,确保运输安全。

处于社会大环境中的铁路运输系统是一个开放系统,系统中的人—机—环境之间关系十分密切。而人是能动的、有思想的,人与人之间、人与群体之间、群体与群体之间及领导与群众之间的关系比较复杂。随着经济和社会的发展,人们的主体意识和价值取向呈多元化趋势,利益格局的变化使客观存在的各种矛盾对铁路运输安全工作产生前所未有的深刻影响。为保障运输安全,并在安全基础上提高作业效率、经济效益和社会效益,迫切需要各级领导和职能部门采取有效的管理手段和方法,努力提高职工队伍整体素质,保护和调动广大职工安全生产的积极性和创造性,使广大干部和职工在充分认识安全是铁路运输生命线的基础上,想安全所想,急安全所急,通过自身努力把安全工作落实到实际行动中去。

一个运行稳定、安全可靠的运输生产系统,其主要构成因素之间的关系必定是相对协调平衡的。但在铁路运输生产中,人们对待本职工作、集体利益、预防事故的态度、行为及其结果存在差异,从而使得人与人之间的政治关系、经济关系、工作关系及感情关系都变得复杂起来,需要有相应的调节手段促使不协调、不平衡的关系向协调、平衡方面转化,以保证运输生产安全稳定。铁路运输安全管理方法,实质上是对职工安全生产积极性和创造性的保护、调动的方法和手段,同时也是对不安全的人和事进行制约和限制的手段,总之,是人与人、人与事之间关系的调节手段。铁路运输安全管理手段主要有经济手段、行政手段、思想政治工作和法律手段。

(一)经济手段

经济手段是当社会生产力发展水平不高、人们的思想觉悟和道德水准尚未达到高标准要求时,普遍用来协调平衡社会关系的一种重要手段,它是通过经济杠杆的作用,即利益分配和实行奖惩来调节的。在铁路运输生产中,每个人对完成生产任务和实现安全目标所付出的劳动、作出的贡献是不同的。一旦人为事故发生,造成损失或影响生产任务完成时,这种差异会有质的区别。对在运输安全生产中成绩显著或防止事故有功的人员,以及违章违纪、或因违章违纪导致事故和事故苗头发生的人员,均应按照《铁路运输安全奖惩办法》的规定,或给予精神和物质奖励,或给予经济上的处罚。例如,近年来在全路推行的《责任事故个人有限赔偿办法》,就是一项考虑到干部、职工的承受能力,坚持过错与责任相当、干部与职工平等的限制性政策。实践证明,这些政策和办法对减少职工"两违"和干部安全管理失职行为、强化现场作业控制起到了积极作用。

经济上的奖励和处罚不是目的,主要是让人们从中明辨是非、对照比较、调整自我,使优良的风范得到鼓励和发扬,不良的风气受到批评和抵制,促使消极的因素转化为积极因素,从而使人们之间的关系和运输生产系统运作不断在新的起点上趋于相对平衡,使安全和生产处于良性循环状态。实事求是、严肃认真、客观公正地用好经济调节手段,有利于促进广大职工自觉遵章守纪做好本职工作,激励他们勤学苦练,不断提高业务素质,形成人人尽心、个个尽责保安全的主动局面。

(二) 行政手段

行政手段是通过一定的行政隶属关系,从上而下地对铁路运输生产活动中个人、群体和管理行为表示肯定(应该做什么,怎么做,做好怎么办)和否定(不该做什么,做了怎么办)的认可,以协调人们之间的关系,保持相对平衡的一种重要的调节手段。它主要依靠行政领导机关的职能和权力,采取行政命令、指示、规定、决定(表彰或处分等),规范人的行为,指导和干预铁路运输安全生产。铁路运输是在全运程(旅客及货物由发站运到到站的全部运输里程)和全过程(基本生产和辅助生产中各部门、各单位、各工种的全部作业过程)中进行的,因此,在时间和空间上必须有严格的规定和统一的标准,有关铁路行车组织的命令、指示,运输安全管理条例,规章制度及政策性指令等,因事关运输安全正点和任务完成,广大运输职工必须无条件服从。由此可见,行政手段有明显的强制性和权威性。

安全在管理,管理在干部。在铁路系统中普遍实行的干部安全管理失职行为追究制度,及基层站段干部对安全工作实行"五定"(定时间、定地点、定项目、定数量、定标准)制度,对增强干部管理好安全的责任感和紧迫感、密切干群关系、解决干群矛盾、提高干部的威信具有很大的促进作用。

为使行政手段发挥好应有效能和作用,各级领导和基层干部应大兴调查研究之风,使决策民主化、科学化,并通过落实安全责任制,把管理、监控、服务三者有机结合起来,为政令畅通、确保安全提供较为宽松的内部环境。

(三) 思想政治工作

思想政治工作是铁路运输安全管理最经常运用的方法和手段。在我国铁路行车安全工作中,出现过许多先进的安全典型,他们当中有的人几千天、甚至几十年如一日坚持安全运输,未发生过责任行车重大、大事故。在他们的成功经验中,有一个共同的特点,即领导班子团结过硬,思想工作深入细致,带出了一批又一批觉悟高、作风硬、技术精、干劲足的职工队伍。然而,从现有的铁路运输事故原因分析也可以发现,除自然灾害和故意破坏外,国内外的大多数铁路运输事故都是由于少数人违章违纪造成的。究其原因,主要是认识上的模糊和思想上的松懈,而这与思想政治工作削弱密切相关。

(四)法律手段

法律是统治阶级意志的一种表现形式,用它来规定人们必须遵循的行为准则,具有明显的规范性、相对的稳定性和严格的强制性。法律手段是法制社会中普遍用来调整社会关系的一种刚性手段。

法律手段通过法定的行为准则来判定是非并强制执行裁决,以使社会关系趋于平衡,保证社会安定。铁路运输安全管理的法律手段是在其他调节手段已不起作用或无法取代的情况下,用来解决比较复杂的关系和矛盾的。它是通过贯彻执行有关法律条文,规范人们安全生产和保护运输安全的行为,以达到维护法律尊严、保证生产安全的目的。铁路运输安全管理运用法律手段的范围主要有两个方面:

1. 用法律保护铁路运输企业的合法权益

因在运输生产中,人为破坏铁路设施和正常运输条件,危及行车安全的恶性案件时有发生,如有的违反规定携带危险品上车,有的偷盗铁路通信器材,有的关闭折角塞门,有的拆卸鱼尾板等。这些破坏性行为严重危及铁路行车安全,必须依法整治。《铁路法》规定:"公民有爱护铁路设施的义务。禁止任何人破坏铁路设施,扰乱铁路运输的正常秩序。"用法律的形式明确了每个公民都有保护运输安全方面的义务和责任。

2. 对严重危害运输安全的违法行为,由执法部门依据法律规定执行相应的惩处

如少数职工玩忽职守,对本职工作极不负责,违反有关法律规定或规章制度,不履行或不完全履行自己的工作职责,致使重大事故发生。《中华人民共和国刑法》规定:"从事交通运输的人员违反规章制度,因而发生重大事故,致人重伤、死亡或者使公私财产遭受重大损失的,按情节轻重追究刑事责任。"

对重大事故的肇事者或责任人依法严惩是"从严治路"的一个重要方面,也是一种教育方式。1978年12月16日,368次旅客列车进入陇海线杨庄车站时,因司机打盹,机车失控,闯过红灯,冒进出站信号与对向进站的87次旅客列车侧面冲突,造成死亡106人、重伤47人的惨重事故,为此,原铁道部将每年12月16日定为全路安全教育日。事故责任人受到了法律制裁,负有领导责任的原铁道部副部长兼郑州局局长,受到国务院记过处分。

法律手段是在特殊情况下采用的安全管理手段。经常、大量的安全工作是要培养职工高度的使命感和责任感,坚持高标准、严要求,令行禁止、听从指挥。对此,只能加强,不能削弱。

(五)各种手段的综合运用

综上所述,运输安全管理手段可分为两类:一是柔性调节手段,如思想政治工作(包括情感手段、心理手段、奖励、表彰、晋级、提升等);二是刚性调节手段,如经济处罚、行政规定和处分、追究刑事责任等。经济、行政、思想政治工作和法律等手段有各自的功能和作用,但也有使用上的局限性。以经济手段为例,它是通过让职工在经济上得到实惠或受到损失,激励他们关心并做到安全生产。但这只对那些有较高物质利益要求的人起作用,对一些期望值超过奖励数额较多及对物质利益不太关心的人来说,就起不到应有的鞭策和

激励作用。操作不当还会使一些人只顾眼前利益而忽视长远利益,这就需要其他调节手段相配合。从调节的作用看,各种管理手段都不是孤立的,更不是互相排斥的,而是紧密联系、相辅相成的。因此,在运输安全管理工作中,要实事求是,综合运用好各种管理手段,理顺各种复杂关系,化消极因素为积极因素,让广大铁路职工的安全生产积极性和创造性得到更充分的发挥。

第三节 铁路行车安全重点管理

为了保证运输安全,一方面要认真做好安全基础管理各项工作;另一方面应根据实际需要和生产规律,对影响安全的关键因素进行重点管理,才能点面结合更好地把握运输安全生产的主动权。多年来,我国铁路在实施全方位安全管理的同时,针对运输事故发生的主要原因,围绕人身、作业和列车运行安全等问题,在提高人员整体素质、强化现场作业控制、规范班组管理、加强规章制度建设和提高设备质量等方面重点做了大量工作,取得了较为明显的成效。

运输安全总体管理可归结为对人的安全管理、对设备的安全管理、对环境的安全管理和对作业的安全管理,所有这些管理工作对运输安全生产具有重要意义和保证作用。在运输人-机-环境系统中,由于各组成要素相互关系错综复杂,系统内外情况变化多端,因此,在不同时间、不同作业空间、不同部门工种及不同的客观条件下,对人、设备、环境和作业的管理要求和侧重点亦有所不同,从而形成了运输安全重点管理的对象和内容,它们是运输安全系统管理中的重要组成部分,也是安全动态管理的具体体现。

铁路行车安全的重点管理包括哪些方面的内容?

一、行车人员重点管理

(一)一般要求

1. 掌握运输生产规律

针对关键时间、岗位、车次和人员,把安全教育工作做到运输生产全过程中去。

2. 掌握自然规律

根据风、雨、雾、霜、雪等天气和季节变化对运输生产和职工心理带来的影响,有预见地做好事故预想和预防工作。

3. 掌握职工思想变化规律

对于社会条件和职工需求之间的矛盾,坚持正面教育为主,及时疏通引导,协调关系,增强团结,确保安全生产形势稳定。

4. 掌握人的生理、心理规律

按照职工性别、年龄、体力和智力差异在运输生产中担当工作的性质不同,加强对行车主要工种人员的选拔和管理。

（二）提高对人员的安全管理水平

1. 大力进行职工队伍的思想道德和职业道德教育

提高干部和职工的政治素质和品德修养,充分发挥广大职工安全生产的积极性、主动性和创造性。对违反作业标准、规章制度的人与事,应实事求是地对其负责人予以批评教育,对事故责任者根据损失和责任大小给予相应的处罚。

2. 全面强化职工业务培训

重点提高全员实际操作技能,特别是非正常情况下作业技能和设备故障应急处理能力,落实作业标准化,并严格执行职工持证上岗和班组长持双证(上岗合格证和班组长合格证)上岗制度。

3. 提高安全监察人员和安全管理人员的综合素质

安全监察人员和安全管理人员具备良好的思想、业务和身心素质是运输安全方针政策得以贯彻执行,运输安全技术、安全工程和安全管理得以推行和落实的重要基础条件。鉴于安全监察和安全管理人员工作的多样性、复杂性与重要性,应通过培训,使他们努力掌握运输安全系统工程的基本理论和方法,并在实践过程中不断运用、总结、提高,以增强安全工作的预见性,提高安全管理的有效性,从根本上改变凭经验管理的落后状态。

4. 构建运输人员生理、心理安全保障体系

对行车主要工种建立并逐步完善人员生理、心理指标体系及其标准,以便对人员的安全管理更加科学可靠。

（三）加强对机务人员和车站值班员的选拔管理

机车乘务人员和车站值班员的工作性质不同于一般的运输生产人员,他们从事技术性、复杂性和变化性较强的技术工作。机车乘务人员驾驶机车、车站值班员领导接发列车工作,责任重大,影响因素甚多,稍有不慎,往往引发行车事故,甚至重大事故。统计资料显示,全路发生的重大事故、大事故和险性事故,在人员失误、设备故障、环境因素、管理因素和其他因素中,人员失误排序第一。在引发各种事故的原因中,按其重要度(即由此原因引发事故的比重大小及严重程度)排序,机车乘务人员违章违纪排在首位。例如,某局某年所发生的行车事故中,属车务和机务部门责任的行车事故占全年事故总件数的83%;该局车务系统所发生的险性事故中,主要责任者是车站值班员的约占90%。由此可见,机车乘务人员和车站值班员对保证运输安全具有举足轻重的作用。

由于人的主观能动性在运输安全中所起的作用越来越大,机车乘务人员和车站值班员良好的生理、心理素质显得更为重要。应当看到,人的生理、心理差异是客观存在的,如何根据机车乘务员和车站值班员这些特殊职业的生理和心理需要来考察、选拔并择优录用胜任人员,对确保运输安全至关重要。我国铁路科技工作者和专家学者的研究结果表明,合格的机车乘务人员应具备的职业生理与心理素质可归纳如下:

(1)认知能力。智力中等程度以上,视觉功能强,注意力转移和分配好,反应快,动作协调、准确。

(2)身体状况。生理功能正常,体质健壮,有良好的适应环境能力。

(3)人格(个人性格)特点。责任心强,情绪稳定,紧急状态下应变能力较强,对单调工作有良好的心理承受能力,疲劳状态下有耐久力等。

根据上述要求,研究人员对大量调查资料进行整理分析和数据处理后,建立了机车乘务人员生理、心理指标体系和测验检查方法,为制定我国铁路机车乘务人员的选用标准和考评内容提供了科学依据,对车站值班员的生理、心理素质要求也具有重要的参考价值。所不同的是,对车站值班员的组织管理能力、分析解决问题能力和决策应变能力等应有更高的要求。

为了加强对重点行车人员的选拔和管理,除思想品德和业务素质要求外,运输企业管理部门应重视从生理、心理素质角度选拔机车乘务人员和车站值班员,对他们进行专门的适应性检查,定期进行生理、心理测试和咨询。

二、设备安全重点管理

为提高铁路运输基础设备质量,加快发展安全技术装备,不断增强保证运输安全的能力,设备安全管理的重点工作主要包括加强对设备的养护维修,加快设备更新改造速度,保证安全技术装备重点项目顺利实施等,这是一项长期而艰巨的任务。

1. 提高铁路运输基础设备的安全管理水平

提高设备质量,加强设备管理,必须坚持定期检查制度,建立各种检查记录台账,立卡建档,定期保质保量地做好维修保养和病害整治工作。对设备的惯性故障、重点病害、严重隐患要集中力量加以整治,采取严密的安全防范制度和措施,杜绝简化检查、检测、维修作业程序的现象发生,确保运输安全。对设备的养护维修,应坚持预防为主、检修与保养并重、预防与整治相结合的原则,处理好设备维修与运输生产的关系,正确合理地使用设备,提高操作技术和保养水平,防止超负荷、超范围、超性能地使用设备,使设备质量可靠稳定,逐步形成"修、管、用"良性循环的发展模式。

2. 提高运输基础设备的安全性能

合理规划线路大修换轨,努力提高线路质量,对既有线路,尤其是在繁忙干线上铺设重轨,新建线路应尽量采用重轨,撤换超期使用的钢轨。线路大修、中修和维修工作要综合配套,道床清筛、更换道岔、撤换轨枕同步进行,均衡等强地提高线路整体质量和安全性能,切实抓好对桥隧路基病害的整治。

改善机车车辆技术状态,有计划、有步骤地淘汰超期使用的旧杂型机车、客车和货车;依靠科学技术加快对新型机车、客车和货车的研制和使用;提高车辆制造和检修质量,重点提高滚动轴承装修、组装、压装质量,严格验收制度,对不符合规定标准的机车车辆严禁出厂、出段,编入列车投入使用。

大力发展先进的信联闭技术装备,切实改善通信及供电设备条件。

3. 提高行车安全技术设备的安全性能

积极改善检测装备,加强对钢轨、夹板、辙叉、尖轨等轨道设备的新型探伤仪器和车辆轮轴探伤、轴温检测、报警仪器的开发、研制和应用,逐步实现探伤、报警的自动化,防止线路断轨,车辆燃轴、切轴事故的发生。随着列车运行速度的大幅度提高,必须强化对道口的安全管理,加快道口立交化进程。同时,应加大对自然灾害预确报及防治设备的投入,进一步优化、完善"机车三大件"[列车无线调度通信设备(图1-4)、机车信号(图1-5)和自动停车装置]。机车长交路运行区段的机车信号制式要统一,不能统一的必须安装通用式或兼容式机车信号,保证机车信号在全路任何区段都能连续可靠地使用,以适应提速、重载列车安全运行的需要。

图1-4 列车无线调度通信设备　　　　图1-5 机车信号

【知识链接1-3】　自动停车装置的使用

自动停车装置是列车运行速度超过了规定,而司机又没有采取制动措施的时候,能自动实施制动迫使列车停车的装置。制动停车装置的使用,有效避免了因司机疲劳等人为因素导致列车因"冒进信号机"等事故的发生。自动停车装置和机车信号机一样,通过感应器采集轨道电路信号信息,再经过计算机处理,最后通过控制元件来实现其功能。

三、环境安全重点管理

环境因素是指影响人体健康、工作效率、设备性能的自然和人为的各种条件因素的组合。对运输人-机-环境系统而言,环境对运输安全的影响可分为内部环境条件和外部环境条件影响两个部分,前者包括作业环境和由管理行为营造的内部社会环境;后者系指自然环境和外部社会环境。在众多的影响因素中,作业环境和内部社会环境是可控的,而外部社会环境和自然环境是不可控的,但企业管理可通过改善可控的内部小环境来适应不可控的外部大环境,其作用就在于保持良好的工作、作业和生活秩序,保障职工身心健康,保证铁路运输安全。

1. 加强管理,改善内部社会环境条件

运输系统内部社会环境是外部社会环境因素在系统内的反应,其涉及面较广,包括系统内部的政治、经济、文化、法律、人际关系等环境条件,这些环境条件的变化与企业管理行为密切相关。

面对激烈的运输市场竞争,铁路运输系统各层次管理部门都是在担负多种职能情况下组织运输生产的,而运输安全又是实现多种职能的根本。企业管理的力度对改善系统内部社会环境条件具有重要影响,这不仅要求在管理思想上"安全第一"不动摇,而且要在具体措施上落实企业安全目标、安全责任制和奖惩激励制度;加大安全技术设备的投入,依靠科技加强安全监控及通过深入细致的思想工作,提高职工思想和业务素质;关心职工生活,解决后顾之忧;加强民主管理,增强内部团结,建立融洽的人际关系;与地方密切配合,改善治安环境等,以形成良好的安全管理环境,为职工创造安全生产条件,更好地调动广大职工安全生产的积极性。

2. 大力改善作业环境

人的生产活动始终离不开特定的工作或作业环境,在有利于身心健康和劳动操作的环境中,人的工作效率就高;而在严重污染以及高温、高压、振动强烈等恶劣环境中,工作效率就低,安全就难以保障。在改善作业环境过程中,应严格按照国家规定标准实施,有效防止人员疾病、中毒现象发生,避免过早疲劳和不舒适感,使作业人员在繁忙的工作中,仍能保持良好的心态和充沛的精力,把运输安全建立在良好的作业环境条件基础上。

改善空间环境条件的有效措施是实行科学的"定置管理"。定置管理是按照生产作业过程,将设备定位、人员定岗、物料定址、流通定时的时空管理技术,可为系统有序可控、正常运行提供良好的安全保障。

在进行人机系统设计时,按照人机工程学原理,对人机界面设计、作业空间设计和作业环境设计应达到以下要求:

(1)能实现预定目标,完成预定任务。
(2)人机功能分配合理,协调工作。
(3)系统中的物质要素排列布置合理。
(4)具有防止错误操作的措施等。

四、作业安全重点管理

(一)标准化作业控制

标准化是指在经济、技术、科学及管理等实践活动中,对重复性事物和概念通过制定、发布和实施标准,达到统一,以获得最佳秩序和社会效益。行车标准化作业是对既有作业标准,从学习标准、对照标准进而达到标准所进行的全部活动,如接发列车标准化作业是为保证车站接发列车安全,按照《技规》规定,结合设备特点,制定并实施包括作业对象、作业方法、作业过程、作业程序和时间、用语等标准的一切生产活动。标准化作业是个人行为、群体行为和管理行为的综合表现,只有在组织、制度、措施和监控等方面严格管理,才能使标准化作业得以实现并持之以恒。

1. 实行站段、车间、班组三级联控

站段、车间对标准化作业控制主要通过检查、监督、考核来实现,班组对标准化作业控制主要通过自控和互控来实现。自控是指作业人员严格遵守劳动纪律、作业纪律和标准化作业;互控是同工种人员之间相互配合、互相监督,共同遵守作业标准。在自控与互控关系上,首先抓好岗位自控,认真落实班组岗位自查制度和班组对标自检制度,把各种不安全的因素,控制在下一道工序之前,消灭在本工序之中;其次要抓住工序互控,实施工种间、岗位间、工序间的互相提醒、互相监督、互相制约,使上道工序为下道工序着想,下道工序为上道工序把关；再次是抓好上下监控，尤其是对容易发生问题的关键生产环节和作业控制点，更要加强监控力度。

2. 提高班组标准化作业自控能力

班组自控能力是运输安全保障体系中最重要的条件之一，它取决于班组的人、物、事（管理）三者之间的和谐统一。为此，需要做好以下三方面的工作：一要做好职工的技术培训工作，通过学知识、钻技术、达标准，争当业务骨干；二要以创建标准岗为中心，全面执行"双达标"一体化管理，即将班组升级、岗位达标、设备（状态）创优，现场环境优化结合起来管理，使班组间相互竞争，班组内联责联心，增强按作业标准自控互控能力；三是注意强化班组长作用的发挥。因此，一方面要减轻班组长不必要的工作负担，保证其主要精力集中在安全生产上；另一方面给班组长更多的关心帮助，合理调整责、权、利，更好地激发班组长尽心尽职、勇于负责的事业心和责任感。

3. 严格遵守作业标准和制度

作业标准使参加同种作业的不同人员在实践、环节、动作、用语等方面取得最优配合，保证作业系统处于相对平衡的稳定状态。而在实际作业过程中，因简化作业程序引发的行车事故并不少见，这就需要将运输作业过程中的重点部位、环节、人员、时间等作为安全控制点，制定单项作业标准，并建立相应的作业制度，如调车作业"三盯（盯关键岗、盯关键人、盯关键时间）、四标准（上标准岗、干标准活、讲标准话、交标准班）、把三关（进路关、信号关、制动关）"制度的彻底执行，才能使调车标准化作业得到落实。

4. 增强职工执行"两纪一化"的自觉性

"两纪一化"（劳动纪律、作业纪律、标准化作业）是运输安全的"柱石"，职工执行"两纪一化"的自觉性越高，运输安全生产的形势就越好。因此，应对职工进行爱岗敬业教育，开展劳动竞赛，从正面激励广大职工自觉遵章守纪、标准化作业。同时，坚持公开、公正的竞争原则，择优录用、竞争上岗，利益分配拉开档次，关心职工生活，为职工排忧解难，使安全生产的责任感、紧迫感、危机感和主人翁意识在广大职工头脑中深深扎根。

（二）非正常情况下作业控制

正常作业条件下的标准化作业能确保运输安全。非正常情况下，由于部分作业标准无法得到实施，不得不执行特殊规定，稍有不慎极易造成行车事故。行车事故大多数发生在调车作业和列车运行中，非正常情况下因违章操作而发生的接发列车事故也较多，造成事故的性质和后果也是比较严重的。从这个意义上说，非正常情况下的作业控制，主要是研究非正常情况下接发列车的作业控制问题。

1. 事故状态及其原因

所谓非正常情况下接发列车，系指因站区停电、维修或施工、设备和自然原因及行车组织需要等，改变原作业方法所进行的接发列车工作。因作业失误而发生列车事故的主要表现形式有列车冲突、脱轨、向占用区间发出列车、向占用线接入列车、未准备好进路接发列车、错办闭塞发出列车、列车冒进和调车冒进信号等。

非正常情况下造成接发列车事故的主要原因如下：

（1）参与接发列车作业人员业务素质低、应变能力差，遇停用基本闭塞法改按电话闭塞法行车时，违反"先准备进路，后交付凭证"的作业程序，有章不循，不按规定确认进路，盲目接发列车。

(2)违反作业纪律和劳动纪律,擅自离开岗位;滥用行车办法,简化作业程序;当班思想不集中,错传、漏传命令或变更计划传达不彻底。

(3)车站领导对非正常情况下的接发列车工作抓而不实,执行"自控、他控、互控"制度不严,室内、室外不同工种间联系脱节。监督检查未能抓住关键环节和作业重点,有的甚至不按规定到岗监控。

(4)由于设备类型不一,情况特殊多变,有的规章制度尚不够严密、健全等。

2.加强作业控制的途径和办法

非正常情况下的作业应严格遵守有关作业标准和原则,为了保证《接发列车作业标准》和各项规章制度,尤其是特殊情况下接发列车的硬性规定和制度得到认真实施,有效地控制非正常情况下接发列车事故的发生,应采取科学合理、切实可行的办法,强化现场作业管理。

(1)加强对行车作业人员在非正常情况下安全办理接发列车的业务培训,组织职工定期开展特殊情况下接发列车的演练,积极推广接发列车模拟故障应变处理、实作演示训练的经验和方法,提高接发列车人员在非正常情况下的作业技能和应急处理能力。

(2)认真执行《接发列车作业标准》,强化"三控"联防制度;加强非正常情况下接发列车的进路检查、确认、询问制度;严格对关键作业、关键岗位和关键人员重点监控制度。

(3)建立以"三关"[闭塞、凭证(信号)、进路]为对象,以"防错办"为重点,以"严控关键环节"为突破口,以防止接发列车事故为主要目标的安全管理系统。通过大量的调查研究,在对非正常情况下接发列车进行系统的安全分析基础上,充分运用控制论原理和行为科学方法,以《接发列车作业标准》和《技规》为准绳,将"防错办""防溜逸"等制度层层分解到各种非正常情况下接发列车的控制系统中,如停电接车关键环节控制、使用特定行车办法发车关键环节控制等,并利用"控制卡"的形式,明确了各种情况下的适用范围、关键环节、控制要点、标准要求及监控人员等,使非正常情况下接发列车全过程的控制程序化、系统化、严密化。

(三)结合部作业联控

结合部是铁路不同部门、不同工种人员协调动作、联合作业,在生产与管理上发生交叉、重叠的区域和环节。例如,在列车运行、接发列车和调车作业等生产环节必须由车务、机务等部门联合作业;在铁路区段上铁路局集团公司间的分界口管理;线路大修时的施工与运输部门间的密切配合等,都是多个部门、多重作业的汇集之地。这些部位往往是管理松散、矛盾集中、事故多发的系统薄弱环节,是安全管理的重点和难点。

根据铁路运输安全生产实际情况,结合部主要有以下五种类型:

(1)部门结合部。各部门、各单位间共同管理、相互联系的区域。重点指办事处辖区之间,站段之间,路企、路矿之间的结合部。

(2)系统结合部。各系统间相互衔接、密切联系的区域。重点指车务、机务、工务、电务、车辆、客运、货运等系统间的结合部。

(3)工种结合部。由各工种协同完成某一特定的作业过程。重点指运输生产中运用、检测各工种之间的结合部。

(4)设备结合部。设备结合部是指行车设备在使用、维修、管理过程中的结合部。

(5)环境结合部。环境结合部是指运输生产不可分割而又对其发生重要影响的各种外部因素和条件。重点指站区治安综合治理、危险品运输等方面的结合部。

要有效地保证运输安全,离不开各部门各工种的协调配合、群体防范,否则,就会打乱甚至破坏正常运输秩序,使安全失去基本条件。如果各部门只从本位出发,出了事故互相推卸责任,就难以抓住事故的本质问题,难以采取有效的防范措施。换句话说,作业人员总会有失误,设备总会有故障,环境也在不断变化,意外的情况时有发生,如果不组织相关部门互相监督、多个工种共同预防,就会使本来可以避免的事故发生。强化结合部管理是降低事故发生概率、保证行车安全的重要途径。

结合部管理实质上是联合控制(联控),是协调不同部门和工种之间横向关系的一种手段。行车系统联控是针对不同结合部的问题,采取有效方法,并积极付诸实施,其基本原理和方法是增加有效冗余,加强前馈控制及系统要素优势互补,其基本要求如下:

(1)通过安全系统分析和评价,找出系统薄弱环节,提出预防措施。

(2)制定相关部门联合控制的作业标准、程序和措施。

(3)建立信息网络,制定联控制度,加强联控考核。

各部门内部作业人员和工序之间的自控和互控是联控的基础。首先抓好本部门的自控和联控,部门间的联控才能得到有力支撑并发挥应有作用。

在行车工作中,列车冲突事故位居行车严重事故之首,危害极大。"两冒""错办"是列车冲突事故的主要原因,如何有效防止,就成为接发列车作业结合部急需解决的首要问题。从国情和路情出发,我国铁路采用车机联控等办法,有效地解决了这一难题,并成为结合部联控的成功典范。车机联控是以列车安全为对象,以防止列车"冒进信号""错办进路"等惯性事故为重点,以加强列车运行中的动态控制,强化行车各部门的"结合部"作业为目的,以落实基本作业制度为前提的重要安全措施。

通过互联网、图书馆,搜集车机联控的作业标准,了解车机联控的有关规定和作业要求。

第四节　铁路安全风险管理

一、铁路安全风险管理概述

风险就是指危险、危害事件发生的可能性与后果严重程度的综合度量。风险管理就是指为了降低风险可能导致的事故,减少事故造成的损失所进行的风险因子识别、危险源分析、隐患判别、风险评价、制定并实施相应风险对策与措施的过程。铁路安全风险管理就是指通过安全风险意识培育、安全风险识别研判、安全风险过程控制、安全风险应急处置和安全风险评估考核一系列活动,来防范和消除安全风险。

通过实施安全风险管理,增强安全风险的防范意识,构建安全风险的防控体系,达到强化安全基础、最大限度地减少或消除安全风险、确保铁路安全的目的。

(一)全面推行安全风险管理是实现铁路科学发展、安全发展的战略举措

做好铁路工作,最重要的就是确保运输安全稳定。全面推行安全风险管理,是贯彻落实科学发展观,实现铁路科学发展、安全发展的战略性举措。

(二)全面推行安全风险管理是提升安全工作科学化水平的必然要求

在深刻总结铁路安全工作规律,准确把握当前铁路安全特征和变化的基础上,全面推行安全风险管理,是强化铁路运输安全工作的必由之路。安全风险管理是系统性工程,以"安全第一、预防为主、综合治理"的思路,构建安全风险控制体系,就是要加强对安全风险的全面分析、科学研判,科学制定管控措施,最终实现消除安全风险的目标。安全风险管理是更高层次的安全管理,把握了铁路行业特点,是提升全路安全管理科学化水平的必然要求。

(三)全面推行安全风险管理是解决铁路安全突出问题的迫切需要

长期以来,铁路安全基础薄弱的问题始终存在。随着高铁迅速发展、路网规模不断扩大、新技术装备大量投入使用,安全基础薄弱所带来的安全风险将更加突出。为解决铁路安全基础薄弱的问题,必须增强安全风险防范意识,引入安全风险管理方法。通过对风险因素的有效控制,进一步促进安全意识的强化、安全理念的提升和安全工作思路的优化,进一步促进各项措施的落实,最大限度地减少或消除安全风险。

(四)全面推行安全风险管理是提升全员、全过程安全控制能力的有效途径

安全风险管理从风险管理的角度分析了事故的形成机理,揭示了事故的内在规律和本质根源。推行安全风险管理,有助于理清安全思路,找到安全管理的关键环节和安全工作的突破口,提高风险防范和事故预防与处置的能力;有助于全路干部职工将安全风险意识根植于思想深处,贯穿运输生产的全过程,增强搞好安全生产的自觉性;有助于全路干部职工牢固树立安全共识,做到任何时候都把安全作为大事来抓,任何情况下都把安全放在第一位来考虑,任何影响安全的问题都要立即解决,从而牢牢掌握安全工作的主动权;有助于将安全风险防范工作落实到各层级、各岗位,把安全风险减少到最低限度;有助于对各类安全风险实行分类管理,加强对安全风险的过程管理,狠抓管控措施的落实,加强检查考核,进行闭环管理,实现安全工作的良性循环,确保铁路运输安全持续稳定。

二、铁路安全风险管理的实施程序

就安全而言,风险是描述系统危险程度的客观量,主要有两种考虑:一是把风险看成是一个系统内有害事件或非正常事件出现可能性的量度;二是把风险定义为发生一次事故的后果大小与该事件出现概率的乘积。

安全风险管理是指通过对安全风险的识别、研判和分析,采取合理的措施对风险加以处理,把风险减至最低或消除风险的一种科学管理活动。理想的安全风险管理,应事先排好优先次序,可以优先处理引发最大损失及发生概率最高的事件,其次再处理风险相对较低的事件。实行安全风险管理的主要步骤可以用"筹、辨、测、评、控"五个字总结。

（一）前期准备

"筹"指的是全面推行风险管理前应从思想上、政策上、信息上做好前期准备，建立风险管理的环境。前期准备主要有以下工作：

1. 确定安全风险管理目标和范围

安全风险管理的目标是根据风险管理对象或范畴的需要和相关法律法规、标准规范规章的规定，识别和分析风险，制定并实施有效的风险控制措施，最终使风险管理对象或范畴的风险达到可容许水平。

铁路安全风险管理涉及车、机、工、电、辆等不同系统，涵盖各系统各项作业的各个环节。因此，各铁路企业、部门、站段应首先根据规章标准、自身特点和职责分工，定义自己的安全风险管理范围和目标。

2. 现场调研，搜集信息资料

在安全风险评估前，需要进行全面性、系统性的调研。调研资料主要包括系统范围内的基本情况，铁路既有与风险控制相关的技术规章、安全标准及工作细则，安全风险控制措施，现有应急救援能力，员工及相关人群（如乘客、货主及沿线居民等）的风险意识，以往运输生产事故、障碍、异常的记录和案例，其他资料。

3. 确定评估依据和方法

铁路安全风险管理根据风险管理项目和项点、技术规章、作业标准、预期目标和效果以及获取资料情况等因素，选择确定适当的风险评估方法及风险评估模型、指标。铁路运输企业有着规范统一的组织基础，在确定安全评估依据及安全风险辨识上，可以顶层设计全路通用的安全评估规范及安全风险辨识要点及方法。

风险评估的工作方法一般按照分层次、分类别、抓关键三类开展工作。分层次主要指按由上至下的原则从全路到基层站段分层次风险分析研究；分类别指按照车、机、工、电、辆等分类别风险分析研究；具体工作从抓关键、保重点做起。将高铁安全风险、客车安全风险、工程质量安全风险、施工安全风险、自然灾害安全风险、货物运输安全风险、站车防火防爆风险、信息系统安全风险、道口路外安全风险等9个铁路安全风险控制重点列为关键风险分析研究。

基层单位以提高员工安全风险意识和辨识防范能力为根本，以落实"三个重中之重"为重点，立足基层班组、一线员工和作业现场，全面开展铁路运输企业安全风险辨识防范与评估工作，有效提升安全基础管理水平。

【知识链接1-4】 "三个重中之重"

一是要把客车安全作为安全工作的重中之重，包括高铁和普速列车的安全必须予以保证；

二是要把加强安全管理作为安全工作的重中之重，通过各级组织、各级干部的层层负责，通过有效的安全工作机制，把安全工作的要求一层一层地落实下去；

三是要把抓落实作为安全管理工作的重中之重，安全管理的重点在于抓落实，在于把各项规章制度、工作部署和要求、保安全的措施一条一条地落实下去，确保每一个层级和岗位都做到位。各级领导干部要把精力集中到抓安全上，真正把安全工作落实到位，确保运输安全稳定。

4. 确定工作方案

铁路各级机构、部门、基层站段开展全面安全风险管理和实施风险评估前应确定切实可行的工作方案。工作方案内容主要包括团队组织(包括评估团队成员、组织结构、角色、责任等内容)、计划制定和风险准则确定。

5. 教育培训

铁路员工安全风险的意识、风险源点的识别能力、风险控制的基本技能必须通过建设铁路安全文化,强化风险意识,明确并承诺降低风险的职责,掌握风险管理有关知识,交流防控风险经验等措施进行强化培训提升。

(二)风险辨识

"辨"指的是风险辨识。风险辨识的任务就是辨识安全风险点、分析危险源、判别隐患、分析事故,再根据风险识别的结果对风险进行筛选,整理并筛选与活动直接相关的各项风险,删除其中与活动无关或影响极小的风险因素及事故,并进一步进行识别分析,确定是否有遗漏或新发现的风险点,最终以表单形式给出详细的风险点,列出已辨识的风险清单。如果有必要,可以在第一次风险辨识的基础上对风险进行二次识别,整理和筛选与活动相关的各项风险,删除影响极小的风险因素,识别并分析确定可能遗漏或新发现的风险点。

风险辨识可采用的方法较多,常见的有检查表法、专家调查法、因果图法(鱼骨图法)、事故树分析法(FTA)等多种方法。

(三)风险估测

"测"指的是风险估测。风险评估的目的就是通过逐项估测风险源的风险概率(可能性)和风险损失(后果),再依据"风险=风险概率×风险损失"确定风险等级。因此,风险估测这一环节是在风险识别的基础上,通过对所收集的大量资料进行分析,利用概率统计理论,估计和预测风险发生的概率和损失程度。风险估测不仅使风险管理建立在科学的基础上,而且使风险分析定量化,为风险管理者进行风险决策、选择最佳管理技术提供了科学依据。

常见的风险估测方法主要有评价矩阵法、模糊综合评价法、定量评价法等。

(四)风险评价

"评"指的是风险评价。风险评价是在对风险发生的可能性及损失进行估算的基础上,对风险进行等级评定、风险排序与风险决策。处理风险,需要一定成本,成本与风险损失之间的比例关系直接影响风险管理的效益。理想的安全风险管理应事先排定优先次序,可以优先处理引发最大损失及发生概率最高的事件,再处理风险相对较低的事件。对于低风险低概率的风险因素,分配较少的管理成本,避免占用过多的维护和保养资源;对于高风险高概率事件,应重点把控,给予更多的管理成本和资源,避免风险。

常见的风险评价根据实际需要和评价深度,可采用不同的方法,如:基于判断的安全审核、专家评议法等;基于经验的检查表、参考数据法等;基于结构性的 AHP、FTA、指数评价法等;基于全面性的 QRA、风险矩阵等。

根据安全风险事故发生的概率和产生的影响或后果,可以将风险从低到高分为低度、中度、高度和极高四个等级,见表1-4。

初始评价风险程度表　　　　　　　　　　　　　表1-4

风险等级	概率/后果	1 轻微	2 较大	3 严重	4 很严重	5 灾难性
严重性	5 很可能	高度	高度	极高	极高	极高
	4 可能	中度	高度	高度	极高	极高
	3 偶然	中度	中度	高度	高度	极高
	2 不可能	低度	中度	中度	高度	高度
	1 很不可能	低度	低度	中度	中度	高度

（五）风险控制

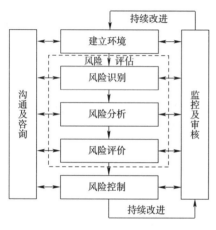

图1-6　风险管理流程（ISO 31000）

"控"指的是风险控制。即确定风险处置措施及应急预案，实施风险监测、跟踪与记录等各种可行的措施，最大限度地降低风险事故发生和减少风险带来的损失。铁路运输企业通过构建安全风险过程控制体系，以运输生产过程为对象，以高铁、客车和高风险环节、关键设备、关键岗位的安全风险管理为重点，实现管理规范化和作业标准化。

通过"辨、测、评、控"一系列安全风险管理活动，牢固树立风险意识和理念，全面研判安全风险，周密制定控制措施，持续改进工作。我们应该认识到，"辨、测、评、控"是不可分割的整体，其中，风险辨识、风险估测、风险评价是基础，风险控制是核心，如图1-6所示。

三、安全风险管理在铁路运输企业的推行

铁路系统全面推行安全风险管理，就是要结合铁路安全工作实际，通过风险识别、风险研判和规避风险、转移风险、驾驭风险、监控风险等一系列活动来防范和消除风险，形成一种科学的管理方法。

（一）安全风险管理推行工作重点

1.牢固树立全员性安全风险管理意识

安全风险管理是对传统安全理念的深化和发展，全员要明确安全风险管理是实现铁路安全长治久安的一项长期持久的工作，力戒临时观念。铁路每位员工都应该清醒地认识到安全风险管理在推进铁路科学发展中的极端重要性。

同时，在安全风险管理中，逐步培育全员性安全文化，使广大铁路干部职工在不断汲取安全生产经验和教训前提下，在安全风险管理实践中，形成铁路科学发展过程中固化的安全风险价值理念和行为范式。

2.夯实安全基础有效控制

加强安全基础建设是有效控制安全风险的基础保证，铁路各部门、各单位必须围绕健全完善和推进落实干部逐级负责制和岗位责任制、专业管理、站段三级管理、技术规章管理、设

备管理、职工教育培训、结合部管理、安全风险应急处置、安全投入管理、生产一线人力资源保障、安全风险源头管控、安全风险评估、安全检查监察、安全责任考核激励、党政工团合力保障等安全管理机制体系为主线,深化安全基础建设,构建符合安全生产管理实际的风险管控体系,为全面控制安全风险提供基础保证。

3. 全面提升安全风险应急处置能力

一是快速报告信息。各部门、各单位要严格执行安全信息报告和通报制度,按照报告程序及时报告安全信息,确保安全问题能够在第一时间快速报告到有关领导,通报到相关部门。

二是快速响应出动。各部门、各单位要严格执行事故、设备故障、突发情况、非正常行车,特别是涉及客车安全的快速响应制度,落实不同等级、不同性质的响应人员、流程、时限和应对处理方案。一旦发生问题,必须立即启动,迅速确定风险的性质、涉及的部门,及时制订措施进行解决。

三是快速阻断隐患。对发生的问题要举一反三,吸取教训,快速处理隐患。遇到事故、典型故障和重大险情、严重"两违",需要组织各单位各部门全面检查防范。个别性问题,要立即警示其他单位或部门;全局性、基础性问题,要进行系统研究,对危害性较大的问题,要立即采取统一行动,全面彻底整改。

4. 加强对安全风险管理的考核力度

考核是防范、消除和减少安全风险的有效手段,考核中,要严格安全风险过程控制的考核。一是坚持经济与行政、过程与结果并重,定期通过安全通报考核、安全监察指令书和通知书等考核手段,突出对各系统、各单位安全风险关键项点识别研判的准确度与覆盖度、各项过程控制措施落实情况以及职工"两违"情况进行考核,特别是加大对安全关键岗位和重点作业违章违纪的处罚力度,提高警示效果。二是要通过精神和物质激励手段与办法充分调动干部、职工控制安全风险的积极性和主动性,真正有效实现风险管理的全面、全员、全过程管理。

(二) 管理规范化和作业标准化

风险控制是安全风险管理的核心,管理规范化和作业标准化是实现安全风险控制的基本抓手和重要途径。铁路基层单位和部门推行安全风险管理的最终目的是实现对现场作业过程的有效管理和控制,其基本的遵循就是科学的制度和标准,坚持以管理规范化和作业标准化为工作主线,依据生产布局调整、生产方式变革、队伍素质变化、技术设备更新等新因素的转变,不断健全完善各项规章制度、程序标准,把安全生产推入良性循环轨道,实现铁路安全管理有序可控。

1. 管理规范化

管理规范化,就是按照制度规定进行管理,强调制度权威,减少"人治"因素。制度是管理的根本,制度管理是成熟企业的重要标志。

强调管理规范化,核心是强调制度的权威性。在一个企业中,如果是制度至上,就会使管理过程由复杂变简单、由盲动变可控、由抽象变具体、由"人治"变"法治";反之,管理工作就会失去组织原则,管理行为就可能迷失方向,必将导致人为因素大行其道,管理混乱无序。

强调管理规范化,前提是强调完善各项制度。制度科学合理是执行的前提。如果制度设计不合理,就会从源头上混淆是非公正,破坏正常秩序,造成执行困难。因此,要实现管理规范化,就必须对现有的各种规章规程、办法细则、流程标准、职能职责等进行全面地、彻底地梳理规范,修建补废,持续改进,使之随时做到科学合理、系统配套、管用可行。目前,铁路运输企业在推进安全管理规范化建设中,全面加强安全基础管理,从上至下梳理和制定各系统、各单位的安全职责、工作标准和工作流程。

强调管理规范化,关键是强调严格执行制度。铁路运输企业出现的"有章不循""同类型事故连续发生""钻制度空子"等情况,就是制度执行出了问题。因此,管理规范化还必须强化对各级干部执行制度情况的过程监督和结果考核,使不执行制度的行为能够及时受到追责。

2. 作业标准化

作业标准化,就是严格按标准作业,强调执行标准一点也不差、差一点也不行。作业标准是在系统科学分析的基础上,遵循规章制度、操作规范和工作流程要求,将作业过程的每一道操作程序、每一个动作要领和应遵循的顺序进行分解和细化,是安全、技术、质量、效率等要求在岗位作业中的具体化。作业标准化,是确保铁路运输生产的基础保障。强调作业标准化,首先要强调完善作业标准,做到有标准可执行。长期以来,《技规》《行规》以及相关的技术规章,作业要求,操作规范的制定、执行和推广,形成了程序化的作业模式,支配了职工的作业行为,起到了作业质量防控的基础作用。但随着铁路运输生产方式的日新月异,随着铁路运输安全生产要素的急剧变化,我们的许多作业标准呈现出不先进、不完备、简单粗放甚至滞后失效状态,必须根据当前及今后一个时期运输生产的特征和规律,健全完善各种作业、各个岗位的工艺流程和作业标准,做到每项作业有流程、每个环节有标准。强调作业标准化,还要突出强调抓好职工技能培训,解决"干什么、怎么干、干到什么程度"的问题。下力气培训职工应知应会,让职工对自身作业相关的每条规章、每项作业标准,不仅知其然还能知其所以然,不仅熟记于胸还能体现于行。

强调作业标准化,最重要的还是强调执行作业标准,做到有标准必执行。作业标准是工作底线,是每位职工必须遵守的行为准则。底线绝不容许突破,准则绝不容许违反。因此,必须加强现场作业控制管理,狠抓标准化作业,狠抓规章制度的检查落实,严厉查处"两违",引导职工自觉养成按章作业、执行标准的良好习惯。

管理规范化是前提,作业标准化是基础,二者既有侧重又相互依托,共同构成确保运输秩序安全高效的重要基础。管理规范化和作业标准化是构筑企业管理体系和安全风险管理体系的两大要素。管理规范化着重于宏观把控,作业标准化着重于微观执行;管理规范化的主要内容是制定科学、合理、有效的规章、制度和规范,作业标准化则是管理政策、措施的延伸、细化和具体落实。管理规范化和作业标准化二者缺一不可。离开了作业标准化,管理规范化将是纸上谈兵、空中楼阁。同样,管理不规范,意味着任务无法明确、责任无法落实、机制作用无法发挥,作业标准化也就无从谈起。

 复习思考题

1. 简述铁路运输安全生产的重要性。

2. 铁路运输安全有哪些特殊性？
3. 如何处理铁路行车安全与效率的关系？
4. 简述铁路行车安全生产指导方针。
5. 贯彻逐级负责制需要做好哪些工作？
6. 班组长在安全生产中负有哪些主要责任？
7. 班组群体安全意识应该如何培养？
8. 铁路运输安全管理主要有哪几种手段？
9. 如何提高对人员的安全管理水平？
10. 作业安全重点管理包括哪些内容？
11. 简述铁路安全风险管理的实施程序。

第二章 铁路行车安全保障体系

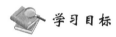 学习目标

1. 理解人员在运输安全中的特殊作用及铁路运输安全对人员的素质要求。
2. 理解铁路运输安全对设备设施的要求及影响铁路运输安全的环境因素。
3. 了解与铁路运输有关的安全法规,中国国家铁路集团有限公司发布的安全生产规程、规则和作业标准。
4. 理解铁路行车安全技术保障体系及铁路安全监测与预警系统。
5. 掌握心理因素与行车安全的关系、个性心理特征与行车安全的关系。
6. 掌握安全习惯的养成和侥幸心理的克服。

第一节 铁路行车安全影响因素分析

铁路行车系统是一个在时间、空间上分布很广的开放的动态系统,铁路行车安全影响因素错综复杂,涉及面很广。从系统论的观点出发,与行车安全有关的因素可以划分为四类:人、机、环境及管理。系统中的"人"是指作为工作主体的人;"机"是指人所控制的一切对象的总称(包括固定设备和移动设备);"环境"是指人、机共处的特定的工作条件(包括内部环境和外部环境)。

一、人员因素影响分析

(一)人在保障运输安全方面的重要性

在安全问题中,人是矛盾的主要方面,因为即使是高度自动化的系统也不可能完全避免人的介入,不可能完全不受人的操纵和控制。安全专家库尔曼认为,人是一种安全因素和防护对象,机器是一种安全因素,环境是一种安全因素和应予保护的财富。在人-机-环境系统中,只有人才能向安全问题提出挑战,一个掌握足够技能和装备的人能够发现并纠正系统故障,并且使其恢复到正常状态。不幸的是,绝大多数事故的发生均与人的不安全行为有关。

据统计,德国大约80%以上的道路交通事故起因于人的差错;法国电力公司的安全分析研究报告中指出,在70%~85%的事故中人的因素起着决定性作用;美国研究发现,在机动设备事故中,由人的因素引起的事故占89%;日本劳动省对制造业伤亡事故原因分析表明,由人的不安全行为导致的事故占92.4%。

人对于安全的主导作用,在铁路行车安全方面也不例外。铁路行车安全与许多活动有关,所有各项活动都依赖于高效、安全和可靠的人的行为。在铁路行车工作的每个环节、每项作业中,都是由人来参与,并处于主导地位的,人操纵、控制、监督各项设备,完成各项作

业,与环境进行信息交流,与其他作业协调一致。正是由于人在行车工作中的重要地位,才使人的因素在行车安全中起着关键的作用。

【知识链接 2-1】 人因失误的不安全行为

按照人在认知过程中的四个阶段即观察、解释、计划和执行,梳理出 12 项不安全行为,见表 2-1。

人因失误的不安全行为　　　　　　　　　　　　　表 2-1

观察过程	安全意识淡薄、瞭望不彻底、检查不认真、定位不准、联系错误
解释过程	记错、判断失误
计划过程	未按标作业
执行过程	采取行动不及时、速度不合适、操纵信号不当、操作错误

人因失误的不安全行为具体含义解释如下:

(1)安全意识淡薄:指在工作中麻痹大意,没有树立安全第一意识,包括违反劳动纪律。

(2)瞭望不彻底:在调车作业、施工过程、非正常行车等情况下,现场作业人员不按规定瞭望。

(3)检查不认真:未按要求进行现场检查,如调车作业前未检查线路状况。

(4)定位不准:未正确掌握情况,如现场加锁道岔时找错道岔。

(5)联系错误:指现场作业人员之间联系存在错误,如车站值班员与信号员、扳道员、助理值班员、列车调度员联系错误。

(6)记错:遗忘现场作业状态,如接发列车变更股道未记清,接错股道。

(7)判断失误:出现情况时没有准确把握,盲目处理,如非正常接发列车时,未按相应程序处理。

(8)未按标作业:指违反本岗位各种规章制度尤其是作业标准,如发车前未进行试风作业。

(9)采取行动不及时:没有采取行动或行动过迟,如发生事故后没有及时处理导致事故进一步扩大。

(10)速度不合适:未按规定采取一定速度,如施工结束后线路基础发生变化限速,但列车没有按要求降速。

(11)操纵信号不当:没有发出正确操纵信号,如在分路不良区段作业,未确认分路不良区段空闲,盲目操纵有关道岔(开放有关信号)。

(12)操作错误:对设备操作流程不熟,错误操纵,如发生故障处理时盲目点击按钮。

国外铁路高度重视人在保证行车安全中的特殊作用。各国铁路专家认为"技术设备故障—调度指挥失当—司机缺乏警惕"是导致事故发生的重要原因。苏联通过对事故分析的研究认为,机车乘务员必须具备良好的职业生理和心理条件;德国建立了对运输部门职工,首先是机车乘务人员的职业挑选制度,从 ABT(考察对运输工作拥有的知识水平和从事该项工作的动机)、PBT(检查心理状态和身心素质)和 BT(运用临床心理学方法进行专门检查)三个方面对他们进行考核;波兰制定了司机履历表,包括对司机的职业合格程度、能力及个人素质等 16 项标准进行考察,分不同等级评分鉴定;日本每年通过不同形式,安排约 50% 的铁路员工参加技术训练,这些人员中 85% 通过函授教育,15% 通过脱产学习来提高业务水平;英国铁路历年重大事故责任的分析资料表明,由于职工失职和失误造成的事故所占比重大于技术缺陷所占的比重。所以,对有关运输人员的录用和考核必须有严格的规定,培训工作也应不断改进和加强。

人对行车安全的特殊作用可归纳为下述三点:

1. 人的主导性

在人和设备的有机结合体中,人是主导方面。设备必须由人来设计、制造、使用和维护,即使是技术状态良好的安全设备,也只有通过人的正确使用,才能发挥它的安全作用。

2. 人的主观能动性

当情况突然变化时,人能立即采取相应的措施和灵活的方法,排除故障等不安全因素,使系统恢复正常运转。只有人才具有主观能动性,从而具有合理处理意外情况的能力。

3. 人的创造性

人能够通过研究和学习,不断提高和改进现有系统的安全水平。

(二)影响铁路运输安全的人员

1. 铁路运输系统内人员

铁路运输系统内人员主要是指车务、机务、工务、电务、车辆、安监、供电等部门的各级领导人员、专职管理人员和基层作业人员,他们是保证行车安全的最关键人员。铁路运输实践表明,铁路员工,特别是运输生产第一线的职工和负有管理责任的人员,他们的思想品质、技术业务水平及心理、生理素质等不适应铁路行车工作的要求,往往是酿成事故的重要原因。

2. 铁路运输系统外人员

铁路运输系统外人员主要指旅客、货主及铁路沿线居民、机动车驾驶人员等。系统外人员对安全的影响主要表现在以下3个方面:

(1)旅客携带"三品"(三品为危险品、易燃易爆品和毒害品)上车,不遵守铁路安全有关规定而引起行车事故。

(2)在铁路与公路平交道口,经常发生机动车驾驶员和道口行人不注意瞭望,强行过道所致的道口事故。

(3)铁路沿线人员无视铁路安全法规,关闭折角塞门、偷盗通信器材、拆卸铁路设备和在线路上放置障碍物等,严重威胁铁路运输安全。

(三)运输安全对人员的素质要求

影响铁路运输安全的人的因素,是指上述人员的安全素质,包括思想素质,技术业务素质,生理、心理素质,以及群体素质,且对不同人员有不同的素质要求。

1. 对铁路运输系统内人员的安全素质要求

(1)思想素质:包括职业道德、劳动纪律、安全观念等。安全思想素质差,责任心不强,是导致违章违纪等不安全行为的重要原因。特别是某些领导的安全意识差,"安全第一,预防为主"的思想树立不牢,往往会制约一个单位的安全状况。

(2)技术业务素质:包括业务知识、文化素养、安全法律知识和安全技能,以及处理各种非正常情况的作业能力等。由于铁路运输作业经常可能面临各种意外情况,所以运输工作人员的应变能力非常重要。此外,对于安全管理人员而言,还应具备相应的安全管理知识和能力。

(3)生理素质:是指影响运输安全的人体生命活动,包括身体条件及生理状况,主要有年龄、性别、记忆力、体力、耐力、血型、视力、视觉(色觉、形觉、光觉)、听觉、动作反应时间和疲劳强度等,而这些均与铁路运输安全有着十分密切的关系。例如,机车司机有视觉功能障碍,不能准确瞭望,极易发生行车事故。再如,司机年龄与行车事故之间构成一条浴盆曲线,如图2-1所示。发生这种情况的主要原因在于青年人缺乏必要的工作经验和对自身的控制能力不够,冒险性强,容易受到外界人为因素的干扰;而年长者由于生理机能不断衰退,体力减退,力不从心,所以发生事故往往难以避免。

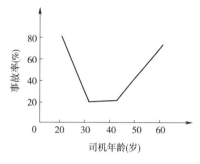

图2-1 事故率与司机年龄的关系

(4)心理素质:是指影响运输安全的人的心理过程及个性心理特征,主要包括个体的气质、能力、性格、情绪、需要、动机、态度、爱好、兴趣、意志等各个方面。例如,胆汁质的人往往易冲动,表现为性急而粗心;多血质的人注意力容易转移,缺乏耐性,这些都可能成为引发事故的条件;粘液质的人表现为稳定、细心、工作有持续性,比较适合于在安全和要害部门工作;在性格方面表现为勤劳、认真、细致,具有自信心和控制能力的人,以及富有稳定和持久的情绪特征的人,都有利于做好各项安全工作。因此正确判断职工的气质,培养良好的性格和其他心理特征,是保障安全生产的重要前提。

(5)群体素质:群体是个体的集合,群体素质是指影响运输安全的群体特征,包括群体目标、群体内聚力、群体的信息沟通、群体的人际关系等。由于铁路运输工作要求多工种协同动作,涉及多个环节,因而它对运输系统内部门与部门之间、部门内人员之间以及同一作业的不同操作者之间的协调性要求很高,这就使群体的作用变得十分突出。

2.对于运输系统外人员的安全素质要求

运输系统外人员不直接从事铁路运输生产活动,因此,对他们的安全素质要求主要体现在严格遵守铁路运输安全法规有关规定,具备铁路安全法规知识,具有较强的安全意识和一定的安全技能。

运输安全对不同人员的素质要求如图2-2所示。

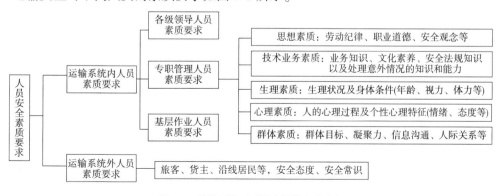

图2-2 铁路运输对不同人员的素质要求

二、设备因素影响分析

运输设备是除人之外,影响运输安全的另一个重要因素。质量良好的设备既是运输生产的物质基础,又是运输安全的重要保证。

(一)与运输有关的设备类型

1. 运输基础设备

(1)固定设备:线路(路基、桥隧建筑物、轨道)、车站(编组站、区段站、中间站)、信号设备(铁路信号、联锁设备、闭塞设备)等。

(2)移动设备:机车(内燃、电力)、车辆(客车、货车)、通信设备(各种业务电话、列车预确报电报)、信号设备等。

2. 运输安全技术设备

(1)安全监控设备。对铁路员工操作正确性进行监督,防止在实际运输作业过程中由于人的精力和体力出现不适应而造成行车事故。如防止机车冒进信号的列车自动报警、自动停车、速度监控、列车无线调度电话等,以及防止错办进路的红外线列车压标报警装置、列车进路监视器等。

(2)安全监测设备。对各种运输基础设备的技术状态进行监测,如轴温探测装置、轨道检测车、钢轨探伤车等。

(3)自然灾害预报与防治设备,如塌方落石报警装置、地震报警系统等。

(4)事故救援设备,如消防、起复、抢修、排障等设备。

(5)其他安全设备,如道口栏木、安全管理设备等。

(二)铁路运输设备的特点

铁路运输设备由于具有下述特点,因而对其安全性要求较高。

(1)种类多,数量大,整体性强。

(2)延伸面广,配置分散,连续运转。

(3)冲击剧烈,自然力影响大,设备有形损耗严重。

(4)运用中设备监控难度大,故障处理时间紧。

(三)影响运输安全的设备因素

影响运输安全的设备因素主要指运输基础设备和运输安全技术设备的安全性能,包括设计安全性和使用安全性。

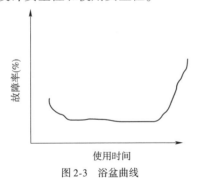

图 2-3 浴盆曲线

1. 设计安全性

设备的设计安全性是指设备的可靠性、可维修性、可操作性(人机工程设计)及先进性等。

(1)设备可靠性:是指设备在规定条件下、规定时间内,处于正常工作的能力,它可以用可靠度、故障前平均时间、故障率等来衡量。在整个寿命期过程中,设备的故障率可以用浴盆曲线表示,如图 2-3 所示。

从图中可以看出,机器设备在调整后的开始阶段,通常具有较高的可靠性,而经过一段时间的使用、运转后,由于一些物理和化学因素的影响,如磨损、老化等,其可靠性会逐渐降低,且随着使用时间的延长,最终必然会发生故障。因此,无论从生产上,还是从安全上考虑,均希望可靠性越高越好,而且,设备使用人员应充分了解设备的可靠性,保证及时修理或更换。

(2)设备可维修性:是指设备易于维修的特性,即设备发生故障后容易排除故障的能力。可维修性与维修的含义不同,维修是指设备保持和恢复功能的作业活动,是在使用中设备发生故障后,由设备维修部门采取的行动。而可维修性则是设备固有的特性之一。可维修性好,可使设备在需要维修时以最少的资源(人力、技术、测试、设备、工具、备件、材料等)在最短的时间内顺利地完成任务。铁路运输系统长期不间断地运行,对设备可维修性的要求较高,尤其希望维修时间越短越好。

(3)设备可操作性:是指机器设计要便于人进行操纵。因此,机器设备在设计过程中,要同时考虑人与机器两方面的因素,要着眼于人,落实在机。在机器设计中,凡要求人进行操作时,其操作速度要求低于人的反应速度;凡要求操作者以感官作用下的间歇操作,必须留出足够的间隔时间,这样才能获得人机设计的综合最佳效果。可操作性主要是指人机界面设计应保证显示器与人的信息通道匹配,操纵器与人的效应器匹配,人机与环境要素之间的匹配。在生产过程中信息流要从界面通过,如果人机两个子系统匹配得好,信息流畅通,人机系统就会处于较佳的状态。

(4)设备先进性:是指尽量利用最新科技成果,采用先进的装备,淘汰落后的设备,如用自动闭塞取代半自动闭塞等。对于铁路运输系统来说,越是先进的设备,通常其安全性也较高。例如,频道交口改立交后,道口事故将会大幅度下降。当然,先进的设备要求有先进的安全技术设备之间的匹配,否则,一旦发生事故,后果将难以预料。

2. 使用安全性

设备的使用安全性包括设备的运用时间、维护保养情况等。设备运行时间越短,即设备越新,其使用安全性越好;设备维修保养得越好,其使用安全性也越好。反之,则相反。

三、环境因素影响分析

影响运输安全的环境包括自然环境和社会环境。

(1)自然环境:是指自然界提供的、人类暂时尚难以改变的生产环境。自然环境对运输安全的影响很大。铁路线路暴露在大自然中,经常遭受洪水、暴雨、风沙、泥石流及地震等自然灾害的威胁。在各种自然灾害中,最常见的是暴雨、洪水,这些自然灾害严重影响运输安全,危害极大。此外,气候因素(风、雨、雷、电、雾、雪、冰等)、季节因素(春、夏、秋、冬)、时间因素(白天、黑夜)以及铁路沿线的地形、地貌等也是不可忽视的事故致因。

(2)社会环境:包括社会的政治环境、经济环境、技术环境、管理环境、法律环境及社会风气、家庭环境等,它们对铁路运输安全均有不同程度的影响,较为直接的是铁路沿线的治安和站车秩序状况。

四、管理因素影响分析

铁路运输安全管理是指管理者按照安全生产的客观规律,对运输系统的人、财、物、信息等资源进行计划、组织、指挥、协调和控制,以达到减少或避免铁路运输事故的目的。换言之,铁路运输安全管理是指为了有效地减免运输事故,以及由运输事故所引起的人和物的损失而进行的危险控制的一切活动。该定义包含以下5个方面的含义:

(1)运输安全管理的目的是消灭和减少运输事故及其损失。

(2)运输安全管理的主体是运输系统的各级管理人员。

(3)运输安全管理的对象是人(基层作业人员)、财(安全技术措施经费等)、物(运输基础设备和运输安全技术设备等)、信息(安全信息)等。

(4)运输安全管理的方法是计划、组织、指挥、协调和控制。

(5)运输安全管理的本质是充分发挥人的积极性和创造性,调动一切积极因素,促使各种矛盾向有利于运输安全的方面转化。

管理具有计划、组织、指挥、协调、控制的职能,管理使人、机器和环境组成一个能够有效实现预期目标的系统。虽然人-机-环境往往是造成事故的直接原因,而管理看似是间接原因,但追根溯源却是根本的、本质上的原因。这是因为前者都是受后者——"管理"要素支配的,所以安全工作的关键是管理。管理对运输安全的重要性主要体现在下述3个方面:

(1)管理有助于提高运输系统内人员、设备和环境的安全性,如进行人员教育与培训等。

(2)管理具有协调运输系统内人-机环境之间关系的功能,包括人-人关系、人-机关系、人-环关系、机-机关系、机-环关系、环-环关系,人-机-环关系。

(3)管理具有优化运输系统人-机-环境整体安全功能的能力,亦即管理具有运筹、组合、总体优化的作用。

影响运输安全的管理因素较多,主要有安全组织、安全法制、安全技术、安全教育、安全信息和安全资金等。

第二节 铁路行车安全法律法规体系

安全生产法律和规章制度一般可分为国家法律、行政规章和操作规程三大类。国家制定了大量管理铁路运输的法律规范,这些法律法规和行政规章的颁布实施,对保障铁路运输安全、强化运输生产管理、维护运输生产秩序都起了积极的作用。

我国现行的铁路运输法规体系的基本框架是以宪法为基础、铁路运输法律为龙头、铁路运输行政法规为骨干、铁路运输行政规章为补充的纵横相结合的系统。

一、全国人大常务委员会制定的有关铁路运输安全的法律

1.《中华人民共和国铁路法》(简称《铁路法》)

《铁路法》是我国管理铁路的第一部大法,是进行铁路运输和建设的基本法律,铁路运输的一切法律、规章都应以它为基础,且其内容不得与之相违背。《铁路法》中有约30条专门规定了有关"铁路安全与保护"方面的法律问题,具体如下:

(1)铁路运输设施的安全保障。

(2)铁路公安和地方公安的职责划分。

(3)铁路的电力供应。

(4)铁路线路两侧山坡土地的水土整治。

(5)铁路路基的防护和妨碍行车瞭望因素的排除。

(6)道口防护和通行,维护铁路行车安全和站车秩序的各项行政措施。

(7)铁路客货运输的卫生检疫、铁路行车事故的处理以及重要桥隧的守护等。

《铁路法》针对危害铁路运输安全的违法行为,规定了相应的行政责任、刑事责任和民事责任。铁路运输部门凡属违反安全运输原则,造成人身伤亡或货物损失的,均须追究法律责任。

《铁路法》的贯彻实施,对安全生产起了积极的作用。在社会主义市场经济的新形势下,必须使用法律法规来管理和规范企业的安全生产。因此,大力推进安全生产法制建设,完善安全生产法律、法规体系势在必行。

2.《中华人民共和国刑法》(简称《刑法》)

《刑法》中与行车安全管理、行车事故处理和法律责任相关的条文(摘录):

(1)破坏火车、汽车……足以使车……发生倾覆、毁坏危险,尚未造成严重后果的,处三年以上十年以下有期徒刑。

(2)破坏轨道、桥梁、隧道……足以使火车、汽车……发生倾覆、毁坏危险,尚未造成严重后果的,处三年以上十年以下有期徒刑。

(3)破坏交通工具、交通设施……造成严重后果的,处十年以上有期徒刑、无期徒刑或者死刑。

过失犯前款罪的,处三年以上七年以下有期徒刑;情节较轻的,处三年以下有期徒刑或者拘役。

(4)铁路职工违反规章制度,致使发生铁路运营安全事故,造成严重后果的,处三年以下有期徒刑或者拘役;造成特别严重后果的,处三年以上七年以下有期徒刑。

(5)违反交通运输管理法规,因而发生重大事故,致人重伤、死亡或者使公私财产遭受重大损失的,处三年以下有期徒刑或者拘役;交通运输肇事后逃逸或者有其他特别恶劣情节的,处三年以上七年以下有期徒刑;因逃逸致人死亡的,处七年以上有期徒刑。

(6)……违反规章制度,或者强令工作人员冒险作业,因而发生重大伤亡事故或者造成其他严重后果的,处三年以下有期徒刑或者拘役;情节特别恶劣的,处三年以上七年以下有期徒刑。

3.《中华人民共和国安全生产法》(简称《安全生产法》)

《安全生产法》共有七章九十七条。

(1)总则。强调了安全生产管理,坚持"安全第一、预防为主"的方针,指出生产经营单位的主要负责人对本单位的安全生产工作全面负责。

(2)生产经营单位的安全生产保障。

(3)从业人员的安全生产权利义务。

(4)安全生产的监督管理。

(5)生产安全事故的应急救援与调查处理。

(6)法律责任。

(7)附则。

二、国务院颁布的与铁路运输有关的安全法规

按照《中华人民共和国宪法》(简称《宪法》)的规定,国务院有权根据有关交通运输法律和行政管理的需要,制定各类交通运输方面的行政法规,以保证交通运输行政管理活动能够顺利进行。这方面的法规在交通运输法规体系中占有很重要的位置。保障铁路运输安全的法规主要有以下几种。

(一)《生产安全事故报告和调查处理条例》

2007年3月28日国务院第172次常务会议通过了《生产安全事故报告和调查处理条例》,自2007年6月1日起施行,条例共六章四十六条。

1. 总则

总则指出此条例是为了规范生产安全事故的报告和调查处理,落实生产安全事故责任追究制度,防止和减少生产安全事故,根据《安全生产法》和有关法律而制定的。该条例根据生产安全事故造成的人员伤亡或者直接经济损失,把生产安全事故划分为特别重大事故、重大事故、较大事故和一般事故四类。

2. 事故报告

事故发生后,事故现场有关人员应当立即向本单位负责人报告;单位负责人接到报告后,应于1小时内向事故发生地县级以上人民政府安全生产监督管理部门和负有安全生产监督管理职责的有关部门报告。

3. 事故调查

特别重大事故由国务院或者国务院授权有关部门组织事故调查组进行调查。

重大事故、较大事故、一般事故分别由事故发生地省级人民政府、设区的市级人民政府、县级人民政府负责调查。省级人民政府、设区的市级人民政府、县级人民政府可以直接组织事故调查组进行调查,也可以授权或者委托有关部门组织事故调查组进行调查。

未造成人员伤亡的一般事故,县级人民政府也可以委托事故发生单位组织事故调查组进行调查。

4. 事故处理

重大事故、较大事故、一般事故,负责事故调查的人民政府应当自收到事故调查报告之日起15日内做出批复;特别重大事故,30日内做出批复,特殊情况下,批复时间可以适当延长,但延长的时间最长不超过30日。

有关机关应当按照人民政府的批复,依照法律、行政法规规定的权限和程序,对事故发生单位和有关人员进行行政处罚,对负有事故责任的国家工作人员进行处分。

事故发生单位应当按照负责事故调查的人民政府的批复,对本单位负有事故责任的人员进行处理。

负有事故责任的人员涉嫌犯罪的,依法追究刑事责任。

5. 法律责任

事故发生单位主要负责人不立即组织事故抢救的、迟报或者漏报事故的、在事故调查处理期间擅离职守的,处上一年年收入40%~80%的罚款;属于国家工作人员的,并依法给予处分;构成犯罪的,依法追究刑事责任。

事故发生单位及其有关人员谎报或者瞒报事故的,伪造或者故意破坏事故现场的,转移、隐匿资金、财产,或者销毁有关证据、资料的,拒绝接受调查或者拒绝提供有关情况和资料的,在事故调查中作伪证或者指使他人作伪证的,事故发生后逃匿的,对事故发生单位处100万元以上500万元以下的罚款;对主要负责人、直接负责的主管人员和其他直接责任人员处上一年年收入60%至100%的罚款;属于国家工作人员的,并依法给予处分;构成违反治安管理行为的,由公安机关依法给予治安管理处罚;构成犯罪的,依法追究刑事责任。

6. 附则

规定了本条例的公布、实施时间等。

(二)《铁路安全管理条例》

近年来我国铁路建设和运营快速发展,《铁路运输安全保护条例》已不能完全适应保障铁路安全的新形势、新要求,国务院对《铁路运输安全保护条例》中不适应改革要求的规定进行总结和调整后出台了新条例——《铁路安全管理条例》。新条例明确了铁路安全管理体制,涵盖了铁路建设质量安全、铁路专用设备质量安全、铁路线路安全、铁路运营安全等铁路安全生产的主要领域和重要管理制度,是铁路安全管理的综合性法规。该条例2013年7月24日由国务院第18次常务会议通过,自2014年1月1日起施行,同时废止《铁路运输安全保护条例》。新条例共分八章一百零八条。其主要内容和相关规定有以下几个方面:

1. 铁路安全管理体制

铁路安全管理坚持"安全第一、预防为主、综合治理"的方针。

国务院铁路行业监督管理部门负责全国铁路安全监督管理工作,国务院铁路行业监督管理部门设立的铁路监督管理机构负责辖区内的铁路安全监督管理工作。国务院铁路行业监督管理部门和铁路监督管理机构统称铁路监管部门。国务院有关部门依照法律和国务院规定的职责,负责铁路安全管理的有关工作。

铁路沿线地方各级人民政府和县级以上地方人民政府有关部门应当按照各自职责,加强保障铁路安全的教育,落实护路联防责任制,防范和制止危害铁路安全的行为,协调和处理保障铁路安全的有关事项,做好保障铁路安全的有关工作。

2. 铁路建设质量安全

作为铁路安全管理的综合性法规,条例在总结铁路建设实践经验的基础上,针对保障铁路建设质量安全的关键环节和主要问题,对铁路建设质量安全作了以下规定:

一是,规定铁路建设工程的勘察、设计、施工、监理以及建设物资、设备的采购,应当依法进行招标。

二是,明确铁路建设各参与方的质量安全责任,规定铁路建设工程的勘察、设计、施工、监理应当遵守法律、行政法规关于建设工程质量和安全管理的规定,执行国家标准、行业标准和技术规范,并对勘察、设计、施工的质量负责,建设单位应当对建设工程的质量安全进行监督检查,制作检查记录留存备查。

三是,要求铁路建设工程的安全设施应当与主体工程同时设计、同时施工、同时投入使用。

四是,规定铁路建设工程使用的材料、构件、设备等产品,应当符合有关产品质量的强制性国家标准、行业标准。

五是,明确规定铁路建设工程的建设工期应当根据工程地质条件、技术复杂程度等因素,按照有关规定合理确定、调整,任何单位和个人不得违反规定要求铁路建设、设计、施工单位压缩建设工期。

六是,严格竣工验收制度,规定铁路建设工程竣工经验收、评估合格,符合运营安全要求的,方可投入运营。

3. 高速铁路安全管理

高速铁路技术密集,运行速度快,对安全保障有更严格的要求,一方面要严格执行铁路安全保护的一般规定,另一方面也要针对高速铁路安全保护的特殊需要建立、完善专门的安全管理制度。条例进一步充实了保障高速铁路安全的规定:

一是,根据高速铁路建设对工程地质条件的严格要求,规定对高速铁路建设实行工程地质勘察监理制度,以保证工程地质勘察质量。

二是,为确保高速铁路运行安全和沿线社会公众人身安全,经研究论证明确了高速铁路线路安全保护区的范围,并要求设计开行时速120km以上列车的铁路实行全封闭管理。

三是,针对地下水开采造成的地面沉降危及高速铁路运行安全的突出问题,明确规定高速铁路线路两侧各200m范围内禁止抽取地下水,在此范围外的地面沉降区域,抽取地下水危及高速铁路安全的,应当设置地下水禁止开采区或者限制开采区。

4. 新条例对旧条例的完善补充规定

条例总结实践经验,适应铁路运输和建设发展对立法的迫切需求,并针对存在的问题,进一步补充完善了对有关保障铁路运输安全的规定:

一是,增加规定对存在安全性缺陷的铁路机车车辆及其他专用设备实行召回制度,由设备制造者负责召回缺陷产品并消除缺陷。

二是,适应电气化铁路发展对用电安全保障的需要,增加了对铁路运输用电保障以及防止超标准排放大气污染物危及电力接触网安全的规定。

三是,增加了禁止干扰铁路运营指挥调度无线电频率正常使用,保障铁路无线电指挥调度系统安全畅通的相关规定。

四是,增加了实施火车票实名购买、查验制度的有关规定。

五是,增加了危及铁路安全的禁止性规定,如禁止违规操纵列车紧急制动设备,禁止擅自进入铁路线路封闭区域,禁止强行登乘或者以拒绝下车方式强占列车等。

六是,增加了对铁路监管部门的职责规定,要求铁路监管部门对从事铁路建设、运输、设备制造维修的企业执行本条例的情况实施监督检查,建立企业违法行为记录和公告制度等。

通过宣传贯彻条例,建立健全铁路监督管理的各项制度和保障安全的各项措施,整改解决安全管理存在的突出问题和薄弱环节,形成安全管理的长效机制。更好地推动铁路科学发展、安全发展,为稳增长、调结构、促改革提供有力的安全保障。

(三)《铁路交通事故应急救援和调查处理条例》

该条例充分考虑铁路交通事故调查处理的特点和现阶段国务院有关部门职责分工的情况,对铁路交通事故的调查处理程序作了五个方面的规定:

1. 明确了组织事故调查组的主体和参加部门

条例根据不同的事故等级,分别规定:特别重大事故由国务院或者国务院授权的部门组织事故调查组进行调查。重大事故由国务院铁路主管部门组织事故调查组进行调查。较大事故和一般事故由事故发生地铁路管理机构组织事故调查组进行调查;国务院铁路主管部门认为必要时,可以组织事故调查组对较大事故和一般事故进行调查。根据事故的具体情况,事故调查组由有关人民政府、公安机关、安全生产监督管理部门、监察机关等单位派人组成,并应当邀请人民检察院派人参加。事故调查组认为必要时,可以聘请有关专家参与事故调查。

2. 规范了事故调查的期限

条例规定事故调查组应当按照国家有关规定开展事故调查,并在规定的调查期限内向组织事故调查组的机关或者铁路管理机构提交事故调查报告,其中特别重大事故的调查期限为60日,重大事故的调查期限为30日,较大事故的调查期限为20日,一般事故的调查期限为10日,并且明确了事故调查期限自事故发生之日起计算。

3. 规定了事故认定书的制作期限和效力

条例规定组织事故调查组的机关或者铁路管理机构应当自事故调查组工作结束之日起15日内,根据事故调查报告,制作事故认定书。事故认定书是事故赔偿、事故处理及事故责任追究的依据。

4. 强化了对事故防范和整改措施的监督落实要求

条例规定事故责任单位和有关人员应当认真吸取事故教训,落实防范和整改措施,防止事故再次发生。国务院铁路主管部门、铁路管理机构以及其他有关行政机关应当对事故责任单位和有关人员落实防范和整改措施的情况进行监督检查。

5. 确立了事故处理情况的公布制度

条例规定事故的处理情况,除依法应当保密的外,应当由组织事故调查组的机关或者铁路管理机构向社会公布。

三、中国国家铁路集团有限公司发布的安全生产规程、规则、作业标准

(一)中国国家铁路集团有限公司制定的确保行车安全的规程、规则

1.《铁路技术管理规程》(简称《技规》)

《技规》是我国铁路技术管理的基本法规和安全管理的基本依据,其中规定了铁路各部门、各单位从事运输生产时必须遵循的基本原则、工作方法、作业程序和相互关系,确定了铁路技术设备的基本要求和标准,明确了铁路工作人员的主要职责和必须具备的基本条件。各铁路集团公司应根据管内技术设备、作业方法等具体情况,按《技规》的总体要求制定相应的实施细则,如《行规》《站细》等,作为《技规》的补充。

2.《铁路行车组织规则》(简称《行规》)

《行规》是各个铁路集团公司根据《技规》的规定,结合本公司行车设备的实际情况和广大职工生产实践经验制定的补充规定。中国国家铁路集团公司管内的行车工作除应认真执行《技规》及路总颁布的有关规定外,均须按《行规》执行。中国国家铁路集团公司管内各部门、各单位制定的细则、措施、标准等均不得违反本规则,并要保证安全和有利于提高效率。

3.《车站行车工作细则》(简称《站细》)

《站细》是车站行车工作组织的基本法规。它是贯彻执行《技规》《行规》,加强车站技术

管理,保证安全生产的重要技术文件;是组织路内外各有关部门协同配合作业的基础;是车站编制、执行日常作业计划,组织接发列车、调车和各项技术作业以及有关技术设备使用的基本法规;是组织查定与执行车站各项技术作业程序、时间标准,计算车站通过能力及改编能力,日常运输生产分析、总结,以及集团公司下达年、月度技术指标任务的重要依据。

4.《铁路交通事故调查处理规则》(简称《事规》)

《事规》是调查和处理铁路行车事故的基本依据,对铁路行车事故的调查处理、定性、定责和统计分析具有鲜明的法规性和权威性。

5.《铁路交通事故应急救援规则》(简称《救规》)

《救规》是为了加强对铁路行车事故救援工作的管理,适应铁路运输发展的需要,及时处理行车事故,迅速开通线路,恢复正常运输生产秩序而特别制定的救援规则。

6.《铁路安全监督管理办公室职责规定》

《铁路安全监督管理办公室职责规定》是为贯彻国务院《铁路安全管理条例》《铁路交通事故应急救援和调查处理条例》而制定的,明确了中国国家铁路集团公司安全管理办公室一个机构两个牌子的具体机构和人员组成,明确了安全监管办主任、副主任及各职能部门履行铁路安全监督管理所负责的安全监督检查、行政许可、事故应急救援、事故调查处理和相关行政处罚的职能,是实施《事规》《救规》等有关规定,依法实行管理的主要依据。

7.《电气化铁路有关人员电气安全规则》

该规则是中国国家铁路集团有限公司为强化电气化铁路运输安全管理,确保电气化铁路运输安全和人身安全而制定的。

(二)中国国家铁路集团有限公司制定的各类作业标准

1.《铁路调车作业标准》

该标准是国家技术监督局发布的国家标准(GB/T 7178.1~7178.10—2006),是根据《技规》规定、调车设备类型和调车作业中的经验与问题,对原有标准进行修订而成的。其主要内容有调车作业标准基本规定、调车准备作业标准、各类驼峰和平面牵出线作业标准、编组列车和列车摘挂作业标准、调车取送车辆作业标准以及调车停留作业标准等。

2.《接发列车作业标准》

该标准是路总发布的作业标准(TB/T 1500.1~TB/T 1500.8—2009),是根据《技规》和不同的信号、闭塞、联锁设备类型和接发列车作业中的经验、问题,对原标准进行修改后制定的。

3.《铁路车站行车作业人身安全标准》

《铁路车站行车作业人身安全标准》(TB 1699—1985)是中国国家铁路集团有限公司为保证作业人员自身安全而发布的标准,其主要内容有行车作业、接发列车及调车作业、扳道(清扫)作业人身安全标准。

第三节 铁路行车安全技术保障体系

一、铁路行车安全技术保障体系的构成

铁路行车安全技术保障体系是保障铁路安全运行、预防和避免事故发生、减少事故损失的一个复杂的大系统。研究和探索铁路安全规律,建立健全铁路行车安全技术保障体系,是确保铁路运输企业持续、科学、健康发展的必由途径。

(一)铁路行车安全技术保障体系的构建

铁路运输企业的安全技术保障主要围绕安全事故、突发事件的预防、应急应对能力展开。具体表现为:在正常生产状态下积累的组织、资源、预案和信息等应急要素的基础上,对可能发生突发事件的重点环节和部位进行监测预警;在非正常生产状态下,迅速做出反应,密切监控突发事件的发展演化,快速科学决策,进行统一指挥和管理,整合内外部资源,妥善处置突发事件,最大限度地减少人员伤亡和财产损失。铁路运输企业安全技术保障关键体现在监测预警技术、决策指挥技术和应急处置技术3个方面,如图2-4所示。

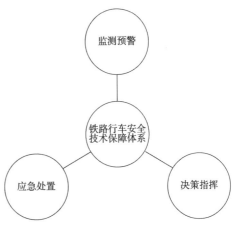

图2-4 铁路运输企业安全技术保障的关键技术

(1)监测预警:是指为了有效预防突发事件的发生,并努力使突发事件所造成的损失最小化,而对可能发生突发事件的重点环节和部位进行实时观察,在突发事件发生前,根据以往总结的规律或观测到的可能性前兆,发出紧急信号,报告危险情况,以避免突发事件在不知情或准备不足的情况下发生。监测预警的主要工作有突发事件的危险源排查、危险源监测、信息处理分析、风险评估和有效的预警发布。铁路运输企业应该树立"防大于救"的观念,加强突发事件监测预警能力建设,要求在突发事件演变的不同阶段中,在可能产生突发事件的关键部位和关键环节上设置警情指标。对可能发生突发事件的各种要素及其所呈现出来的信号和征兆,随时进行严密的动态监测,对其发展趋势和可能发生的事件类型及其危害程度做出科学合理的评估,并向行车指挥人员发出警报。

(2)决策指挥:是指在铁路发生突发事件或事故后,在监测预警信息的基础上,明确决策问题和决策目标,分析评价各种应急方案并选择适用的方案,协调组织,调配资源,实施应急方案,跟踪检验并调整方案,直至事件得到控制的动态过程。决策指挥是突发事件应急管理过程中的核心和中枢,是突发事件应对工作中最为重要的环节,负责决策制定、组织协调、资源调配以及信息沟通反馈,决定处置方案的实施和变动,召集应急专家商讨对策,处理下级对支援工作的请求,协调地区指挥中心的行动。

(3)应急处置:是指如何确定应急决策方案,并按照现场应急指挥部的指挥协调指令,迅速聚集到应急处置现场,通过各种方式指挥协调,调动和运用各种应急工具设备和应急物资,通过部门和单位间的联劳协作,实施并达到应急方案的目标。应急处置是一项突发性、抢时间的工作,是一项综合性系统工程。

根据以上关键技术要求,为保障铁路运营安全,铁路行车安全技术保障体系的构成主要分为安全监测与预警系统、安全应急决策与指挥系统和安全应急救援与减灾系统,其功能结构如图2-5所示。

车务	货运	客运	机务	供电	工务	电务	车辆
铁路安全应急平台							
安全监测 与预警系统			安全应急决策 与指挥系统			安全应急救援 与减灾系统		
大风预警、雨量 信息、水位信息、 落石监测点			行车安全 监控系统			国家/地方 应急平台		

图 2-5　铁路行车安全技术保障体系功能结构图

(二)铁路行车安全技术保障体系的实现

铁路行车安全技术保障体系是以信息技术为手段、以管理为核心的,对各类铁路行车事故实现事前预防、事发救援、事后保障的多层次安全保障体系,它基于铁路系统现有的各类信息技术与通信手段来实现对行车安全各类影响因素的监测、处理、管理与控制,以确保整个铁路行车系统的安全有序。

铁路行车安全技术保障体系按照技术规划可划分为 3 个层次,即管理层、信息层和执行层,其技术结构模型如图 2-6 所示。

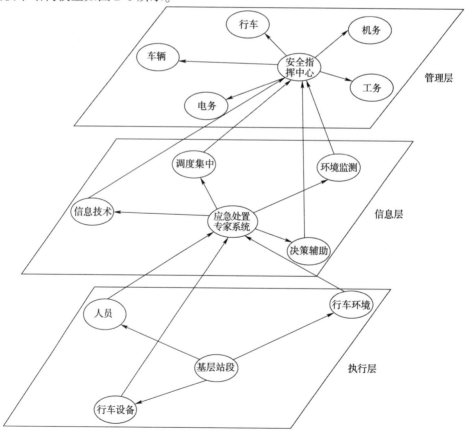

图 2-6　铁路行车安全技术保障体系技术结构模型图

二、铁路安全监测与预警系统

我国是一个自然灾害多发的国家。地震、风暴、洪水、冰雪、冻雨、泥石流、滑坡、沙尘暴等各种自然灾害每年此起彼伏,由于灾害及落物等突发事件具有发生的不可预测性和巨大的破坏性,在列车运行速度较高时,哪怕是较小的灾害也可能导致危害国家财产和旅客生命安全的重大事故。

【案例 2-1】 我国各地经常发生强对流风暴,每年新疆、西藏及沿海各省也频发风暴(台风)影响列车运行安全。2007 年 2 月 28 日凌晨 2:05,从乌鲁木齐市开往新疆南部城市阿克苏的 5807 次列车行至吐鲁番市南疆线珍珠泉至红山梁间 K42+300 处时,因大风致 9 至 19 位车辆脱轨侧翻,造成 3 人死亡,2 人重伤,32 人轻伤,南疆线被迫中断。据测风仪记录,列车脱轨地点瞬间风力达到 13 级。

【案例 2-2】 2011 年 6 月 16 日夜,成昆铁路白果至普雄区段遭遇大暴雨,洪水肆虐,山体溜坍、钢轨空悬。水毁路段 17 处,共 47km,直接损失 20 多亿元,K355 附近洪水冲毁路堤致钢轨悬空 200 多 m,6000 方泥石掩埋线路,16 趟旅客列车被及时拦停,其中 4 趟受阻严重,约 5000 名旅客滞留崇山峻岭间。当时线路受损情况如图 2-7 所示。

图 2-7 成昆线 6.16 特大铁路水毁事件

随着铁路几次大面积提速和高速铁路的蓬勃发展,铁路防灾安全监控预警系统逐渐完善起来。铁路安全监测与预警系统保证铁路行车安全,对危及列车运行安全的自然灾害(风、雨、雪、地震等)、异物侵限、突发事件等进行实时监测,采集、汇总各类监测设备的监测信息,实现监测信息的分布获取、集中管理、综合运用,全面掌握灾害动态,提供及时准确的灾害报警和预警功能,依据灾害严重程度立即采取相应的紧急处置措施,防止或减轻因灾害引发的损失,避免次生灾害,并为调整运行计划、下达行车管制、抢险救援、维修等工作提供数据基础依据,是现代化铁路运输系统中不可缺少的重要技术保障。

(一)系统构成

铁路安全监测与预警系统由中国国家铁路集团有限公司防灾安全管理系统和各铁路运输企业防灾安全监控系统(图 2-8)构成,并与调度指挥、应急救援、行车安全监控、客运服务、综合维修、牵引供电、列车控制、中国气象科学数据共享服务网和国家强震监测网相关系统进行信息交换和共享。

(1)风、雨、雪、地震及异物侵限现场监测点经由相邻 GSM-R 基站、车站通信机械室通过专线通道接入铁路计算机网络,实现与中国国家铁路集团有限公司和铁路运输企业的网络连通。

(2)中国国家铁路集团有限公司环境监测与灾害预警系统和各铁路运输企业的环境监测与灾害预警系统分别接入本地生产局域网。

(3)中国气象科学数据共享服务网和国家强震监测网通过 Internet 接入铁路安全信息平台,实现与中国国家铁路集团有限公司和铁路运输企业的网络连通。

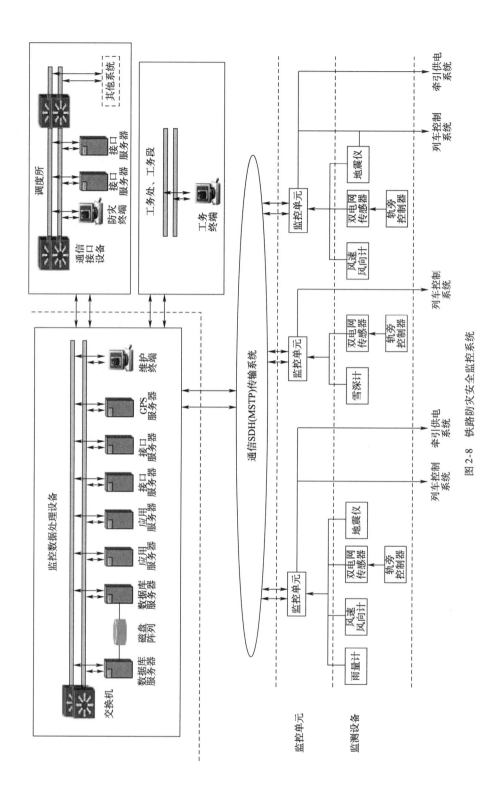

图 2-8 铁路防灾安全监控系统

（二）系统功能

中国国家铁路集团有限公司铁路安全监测与预警系统构建全路防灾安全管理统一平台，提供防灾安全的宏观管理、信息共享、决策支持分析。主要功能包括全路监测网布局、报警阈值设紧急处置措施、监测设备选型、运用情况和应急预案管理等，并提供相关基础数据、监测数据等共享和交换，掌握灾害监测报警和设备运用状态，对各铁路运输企业防灾安全监控系统的运行情况进行监督和指导，通过对全路灾害监测数据分析，为铁路防灾安全监控系统建设提供决策支持服务。

铁路安全监测与预警系统由沿线现场监测点（风、雨、雪、地震灾害及异物侵限监测设备）、监控单元、监控中心和相关系统接口四部分构成，提供自然灾害及突发事件的实时监测、报警和预警功能，实现灾害报警紧急处置，最大限度地减少因灾害导致的损失，防止次生灾害发生。同时，通过对已有灾害监测和报警数据的统计分析，为进一步完善系统设计、优化系统功能提供数据支撑。

实时监控子系统，实时监控风、雨、雪、地震、异物侵限等报警及监测设备状态信息，提供报警和预警功能，记录处理结果。

(1)综合查询子系统：提供风速风向仪、雨量计、雪深计、强震仪、感震柜、双电缆传感器、监控单元、服务器、交换机等设备检测和自身状态信息的查询。

(2)统计分析子系统：通过对监测数据、报警信息及设备状态数据进行统计分析，生成打印各类报表。

(3)设备管理子系统：建立系统风速风向仪、雨量计、雪深计、强震仪、感震柜、双电缆传感器、监控单元、服务器、交换机等设备台账，掌握设备运行状态，组织维修和保养。

(4)紧急处置子系统：提供风、雨、雪、地震等灾害报警阈值和报警级别，并制定各种报警级别所采取的相应紧急处置措施。

(5)系统管理与维护子系统：提供系统运行的支撑，包括基础字典管理、检测数据接收与校验、与其他系统信息交换、系统参数配置和安全管理、系统运行状态监控、数据转储与备份等。

（三）主要子系统

1. 异物侵限监测子系统

异物侵限监测子系统（图2-9）主要用于公铁、铁铁立交及其他危险路段落物坠落的监测报警，具体原则如下：

(1)上跨铁路公路桥：监测公路桥上掉下的汽车、自行车和货物等较大物体。

(2)隧道口：监测隧道上方掉下的石块和树木等较大物体。

(3)高速公路与铁路并行处：监测从公路上冲入的汽车。

(4)铁路正线线路穿越山区可能发生崩塌、落石等地段：监测正线两侧及上、下行线路间是否存在异物侵入铁路限界。

异物侵限监测系统是目前异物侵限防灾系统研究、发展的主要形式，一旦发生异物侵限，系统应能及时发出报警，并将侵限信息实时传送到行车调度中心，为下达车控制、维修管理等指令提供依据，有效避免重大行车事故发生。

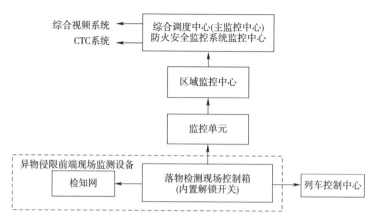

图 2-9 异物侵限监测子系统

目前,异物侵限监测技术主要有双电缆传感器、光缆传感器、红外线、微波和视频监控等。

2. 地震监测子系统

在列车低速运行的条件下,抗震工作主要关注基础设施,如桥梁、隧道、路基等的抗震能力。但当列车运行速度超过 200km/h 后,哪怕是较小震级(里氏 4 级左右)的地震,即使不会对线路结构造成损害,也极有可能会导致列车在高速运行中脱轨,所造成的危害是灾难性的。

地震灾害分为原生灾害(Original Disasters,OD)、次生灾害(Secondary Disasters,SD)和诱发灾害(Induced Disasters,ID)3 种。强震发生时,铁路可能产生的地震灾害分析见表 2-2。

强震引发铁路可能产生的灾害分析　　　　　表 2-2

原生灾害	状　态	引发次生灾害或诱发灾害	状　态
OD1	直接脱轨	→SD1	引起后续和迎面列车事故
OD2	破坏铁路线路、道岔或桥梁	→SD2	引起接近列车事故
OD3	破坏上位铁路桥危及高速铁路	→SD3	引起临近列车事故
OD4	破坏重点建筑物	→SD4	引起临近列车或候车旅客事故
OD5	破坏接触网、变电所建筑物及设备	→SD5	人身伤害、短路、火灾等
OD6	区间长时间停车停电	→ID1	车厢内旅客闷热、寒冷、焦虑

由于 SD1(引起后续和迎面列车事故)、SD2(引起接近列车事故)、SD3(引起临近列车事故)发生概率最大,因此,强震监控功能是地震监控系统最重要、最基本的功能,称为灾害应急处置,也是系统实现防灾减灾的第一要素。

通常,监测地震需要借助强震仪等监测设备,对地震动信息进行连续记录和判读,在真实地震波到来时,进行震中、震级、影响范围等地震要素的计算。地震波是由震源发出的在地球介质中传播的弹性波,按传播方式主要分为纵波、横波和二者叠加而成的面波。在地震发生后,最先到达的是纵波,其次是横波,故在地震监测领域,一般通过纵波和横波进行地震预警。纵波(Primary Wave,P波)为压缩波,其传播方向与介质振动方向相同,通常令地面发生上下振动,破坏性较弱,在地壳中传播速度约为7km/s,由于P波最先到达,且可以反映与地震相关,通常可以用来进行预警;横波(Secondary Wave,S波)为剪切波,其传播方向与介质振动方向垂直,通常令地面发生水平振动,破坏性较强,在地壳中传播速度约为4km/s。由于S波到达较晚,且破坏性较强,通常用来进行报警。

当地震发生时,通过地震监测系统对P波和S波的识别、震级推算、震中距、方位等判断,在计算出的震灾影响区段,通过调度命令限速、紧急制动等手段降低列车运行速度,最大限度地保障生命财产安全的灾害处理方式。对于地震灾害,考虑到其具有较强的破坏性和较大的影响范围,通常采取紧急制动的方式迫使高速行驶的列车在短时间内减速直至停车,如图2-10所示。目前可以采取通过牵引供电系统控车和通过列控系统控车两种紧急制动手段。

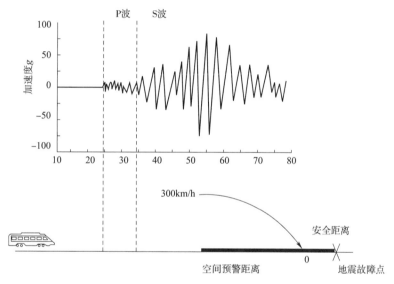

图2-10 地震监测预警示意图

地震监测及紧急处置系统对铁路沿线地震活动进行实时连续监测,当地震发生时,系统检测到的地震动强度达到地震报警阈值时向运营调度发出警报信号,并紧急断电强制停车。同时,继续监测后续的地震动加速度,以向运营调度提供停车后恢复运营的列车运行管制依据,从而减轻因地震引发的灾害损失并防止因地震引发的次生灾害损失。

3.滑坡、泥石流监测子系统

滑坡、泥石流是山区铁路运输线所遇到的最大的自然灾害,常导致铁路断道、淤埋线路、列车脱轨等重大安全事故。为确保雨季山区铁路的运输安全,减少因滑坡、泥石流造成的损失,有必要采用新技术、新设备监测泥石流灾害规律,以提高防灾水平。

【案例2-3】 1981年7月8日深夜,四川省凉山地区甘洛县境内大渡河支流利子依达沟一带,84万 m^3 的泥流挟裹着巨石和泥沙,推动着400多t重的孤石,形成一股极为猛烈的泥石流,洪流瞬间就冲断了17m高、100多m长的利子依达铁路大桥。正在通过的442次列车的2台机车、1辆行李车和1辆客车坠入大渡河内,造成130人失踪和死亡,146人受伤,成昆铁路中断15d。

目前铁路滑坡、泥石流监测系统主要采用位移监测、雨量监测预警、次声波监测预警、泥位计监测预警和雷达等其他监测手段5个预警层次的技术。

(1) 位移监测

滑坡监测最主要的是其变形的监测。国内外针对滑坡变形监测应用各种各样的测量手段和仪器,但总的方法可分为简易测量法、大地测量法(常规测量)、埋设仪表法、陆地摄影测量法和全球定位系统(GPS)等方法。根据滑体的特性和变形破坏机制以及所处不同的变形阶段等,合理运用不同的监测方法或手段,以达到最佳的监测效果。

① 简易测量法:主要包括地表裂缝观测中的纵剖面排桩法、横向视准线法、三角交会法、裂缝两侧控制观测法等,以及宏观伴生现象观测中的一些简易测量方法。

② 大地测量法:是一种测定滑坡体表面三维位移的方法。由于其不仅能测定相对位移,而且还能测定绝对位移,因而在国内外滑坡监测中广泛应用。

③ 埋设仪表法:是指在滑坡体上的一定部位埋设某些测量仪表以监测其变形状态,此方法在国内外应用亦甚广。它既适用于地表,也适用于变形体深部。

④ 陆地摄影测量法:是应用摄影的方法进行监测。它不仅工作量小,监测速度快,而且信息量广,可用于进行滑坡体的面上监测。

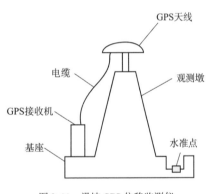

图 2-11 滑坡 GPS 位移监测仪

⑤ 全球定位系统(GPS):是一项较新的测量技术,它具有点与点间不要求通视,相对定位精度较高,能全天候作业,速度快以及从数据采集、数据处理到数据分析全过程易于实现自动化等优点。与常规测量方式相比,它显然更为方便灵活,尤其是在野外条件艰苦的地区,更能发挥其优越性。GPS 滑坡位移监测通过滑坡监测点观测墩上的 GPS 定位并实时采集数据,数据通过通信网络传输至控制中心,控制中心的 GPS 软件对数据进行处理和分析,进行形变和位移监测。滑坡 GPS 位移监测仪如图 2-11 所示。

(2) 雨量监测预警

根据雨量的大小预测泥石流是否会发生或发生的可能性大小,即某地的降雨量达到某个值的时候,就可能引发泥石流,预警系统就会发出预警,并且根据不同雨量大小发出不同级别的预警。雨量临值的确定在雨量预警系统中最为关键。要根据不同的地质构造和周边实际情况来确定。通常积累的基础观测资料越齐全,确定的临界值就越准确。

(3) 次声波监测预警

泥石流发生的瞬间,从发生源地会发出特殊的声波——泥石流次声波,以约 344m/s 的速度,以空气为介质向四周发射,它远大于泥石流的运动速度,强度基本不衰减。在一定范围内一旦有泥石流发生,立即被次声波监测仪发现,为避灾赢得宝贵时间。

(4) 泥位计监测预警

泥石流汇集形成后,判断泥石流规模大小的预警。该预警系统由超声波泥位计等一起构成,泥位计安装在预计泥石流经过的山沟处。假若前面两个预警系统均"判断失误",在泥石流已经发生的情况下,达到一定大小的泥石流经过超声波泥位计监测断面时,泥位计便通过系统发出预警信号。

(5)雷达等其他监测

区域性的泥石流、滑坡的调查与监测主要采用综合分析已有监测资料,特别是群测群防资料的方式,获取泥石流、滑坡危险区的信息,并辅以遥感监测方法。

自合成孔径雷达干涉技术(InSAR)应用以来,其发展就较快。SAR 传感器具有如下优点:全天候、全天时成像能力;成像分辨率与平台高度无关;雷达波束能穿透云层。泥石流、滑坡发生时常伴有恶劣的天气条件,光学遥感是无能为力的,而 SAR 却不受任何影响可以照常工作。鉴于此,区域性的泥石流、滑坡的调查与监测可采用遥感监测方法,对于危害大的,必要时可采用 InSAR 技术。

上述 5 个预警系统通过计算机和现代通信技术连成一个整体,根据需要还可与水利部门的监控终端连接,实现预警的实时监控。预警耗时从雨量达到设定值或声波达到设定值到发出信号只需瞬间,算上工作人员反应时间也只需数秒。

4. 防风预警子系统

我国铁路运营中,曾经出现过数次风力过强导致车辆侧翻、行车中断的事故,威胁乘客生命安全,造成重大财产损失。

目前对强风的监测,是在铁路沿线设立监测点,安装风速、风向传感器和采集单元,实时采集风速、风向数据,数据超出报警值发出报警;用户确认报警信息和现场情况后,及时采取应对措施,如减速、停车或躲避等。防风预警系统用户一般为铁路调度人员,如果能够对强风尤其是强侧风做到预警,即在强风影响线路正常行车前预先警告,给调度人员留出决策时间,确定合理、适度的对策,对于预防灾害、保证行车安全和效率会起到非常好的作用。

对于强风的预警,分为时间点预警、空间点预警和预警值报警 3 种方法。无论哪一种预警,都是在强风到达铁路线之前一段时间给用户发出警报,告知现在及将来的风力情况,以便用户了解情况,分析可能的灾情,并根据风力情况采取应对措施。

(1)时间点预警

时间点预警是针对防灾安全监控系统单个监测点,整条线路的所有监测点都有单独的未来某个时间点的预测值。对于单个监测点来说,根据监测点已经收集到的风速数据,结合监测点既有的研究结果,预测未来某个时间点的风力值。将预测值作为预警值报警,用户看到预测报警值,可以关注风力变化,及时采取措施。

(2)空间点预警

空间点预警是针对整条线路,即防灾安全系统接收气象部门的数据,包括风力、风向变化等,如有大风情况,系统计算大风是否对于铁路线路产生影响,并将计算所得结果告知用户。

铁路防风预警子系统的大风监测选点分为两部分:第一部分确定的风监测点为铁路沿线,距离铁轨不超过 20m,以便正确反映铁路沿线的风力情况。选择在桥梁、高路堤、山口、隧道和弯道处,同时参考气象部门往年的数据,包括平均风速、年大风日数、年最大风速、年盛行风向等筛选出大致地段,特别是空旷地带风期长、风力强劲的风口,最后确定布点的间隔、密度、朝向和具体位置。第二部分选取离铁路沿线一定垂直距离的位置设立气象监测点,当气象监测点监测到强风信息时,由于此监测点离铁路还有一定距离,强风到达铁路还有一段时间,这段时间作为决策时间,可以使用户及时采取措施。

(3) 预警值报警

风力是一个渐变的过程,比如风速在达到 32.16m/s(117km/h)之前,必定要达到 27.17m/s(100km/h),风力从 27.17m/s 变化到 32.16m/s 需要一段时间,可能是秒级,也可能是分钟级。风力在达到一定值后,不会瞬间消失,而会持续一段时间再降低,即使是突发的风也是如此,对每个报警等级设立一个比报警值低一些的预警值,当风力达到预警值时先预警,用户看到预警后采取对应措施。表2-3 为某铁路线路风速与限速值。

某铁路线路风速与限速值对照表　　　　　　　　　　表2-3

风速 v(m/s)	动车限速值
$v < 15$	不限速
$15 < v < 20$	限速 300km/h 以下
$20 < v < 25$	限速 200km/h 以下
$25 < v < 30$	限速 120km/h 以下
$30 < v$	禁止动车驶入强风区间

5. 铁路综合视频监控系统

铁路综合视频监控系统(图 2-12)作为通信系统的重要组成部分,在车站公共区、车站线路、区间线路、沿线通信信号机房、变电所、开闭所、电力分配所、车站咽喉区、公跨铁立交桥、高架桥路段的维修梯和路基地段设置了视频采集点,提供监视终端给铁路局集团公司内各相关部门使用。该系统采用先进的数字、网络技术,将四电、线路、客服及防灾四类视频监控系统统一接入视频监控系统平台中,实现了多系统综合接入、多业务统一管理,集中存储,集中分析。

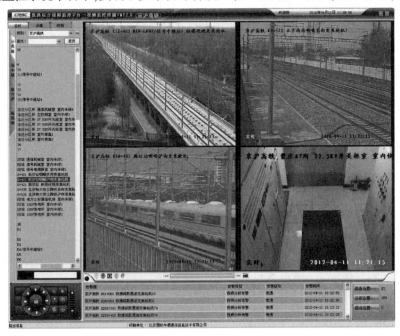

图 2-12　铁路综合视频监控系统

目前,我国铁路视频监控系统的图像信息和报警信息集中存储在中国国家铁路集团有限公司、铁路运输企业及大型站段、编组站等。集中存储的数据通过智能行为分析技术集中分析,对非法侵入、遗留或丢失物品、滞留和逆行行为进行分析处理,对进入监视画面设定区域的可疑物体进行检测、识别和跟踪,并提醒工作人员,对不同场景预设报警规则,可大大降低工作人员的劳动强度,提高预警的处理效率和准确率。

(四)预警信息的处理和发布

铁路安全监测与预警系统通过自动的应急信息采集系统,及时分析、及时预警,收集大量的数据,通过提取有用信息,形成应急信息,并对这些应急信息进行处理,建立和完善应急信息平台,使得基于网络技术和管理信息系统的应急知识管理有了坚实的基础。

铁路安全监测与预警系统采用各种先进的软硬件技术,通过铁路应急预警信息共享平台,利用 Web Service 接口和企业服务总线完成路内外信息的传输和转换,实现动态预警信息快速共享和交互,使路外的预警信息能通畅地进入路局,并使路局的应急预警及处置信息及时对外公布,以正确导向社会舆论并获得社会帮助。

在监测预警阶段,信息要素的应用主体在接处警信息处理和应急信息发布两方面。接处警信息处理是指对突发事件的接警和处警信息进行管理,利用先进成熟的信号采集、传输、继电控制、网络通信和数据存储等技术,对危及铁路运行安全的各类突发事故、自然灾害和侵袭灾害等进行监测报警和输出控制,提供经处理后的灾害预警、限速、停运等信息,对接处警的过程进行记录,为后续调查分析提供原始数据。应急信息发布是指对突发事件信息进行统一管理(行车调度员可依据防灾安全监控系统发出的实时报警、预警信息,指挥列车安全运行;工务部门可按照防灾安全监控系统提供的相关灾害信息,开展基础设施的巡检、抢险及维修养护工作,确保列车运行安全正点、高效舒适),并可通过多种手段向受灾影响人提供及时准确的警报信息,向社会大众提供权威一致的事件信息,为减少灾害损失,满足公众知情权和稳定社会情绪提供重要手段。

三、铁路安全应急决策信息系统

安全应急决策信息系统,是协助应急指挥人员实现快速、智能化应急决策指挥的信息化手段,也实现了平时状态的日常安全生产管理工作。安全应急决策信息系统可以提供铁路应急信息报告、实时图像传输、网上会商、应急资源管理、应急预案管理、应急指挥联动、预测预警、总结评估及辅助决策等功能,为决策者及时、科学地处理突发应急事件提供信息化保障。

铁路运输企业不但应建设合理的铁路安全与应急的决策指挥信息化平台,还应该建立对应的应急指挥场所,并调整运输企业与站段的相关机构职能,提高运输站段生产调度、安全监控、应急处置和经营管理效能,逐步实现运输站段管理结构扁平化,安全生产信息化、现代化。

(一)系统构建思想

利用计算机网络技术,整合、开发功能全面的安全信息管理平台,采用先进的事故诊断、智能辅助决策支持技术,建立铁路行车安全智能辅助决策系统,开展安全状况的风险评估、安全危害诊断预警,以及安全事故的抢险救灾辅助决策,实现铁路行车安全的现代化管理,使安全管理从传统的事后追踪变为事前的预防控制,从而提高铁路安全管理水平,减少铁路安全事故,降低事故伤亡,是铁路行车安全管理的发展方向。

1. 系统目标

铁路行车安全智能辅助决策系统是坚持以人为本,将安全管理科学、安全决策科学与信息技术相结合,适应铁路安全管理工作要求,集安全数据信息采集、传输、处理、评价、预警为一体的安全信息系统,如图 2-13 所示。

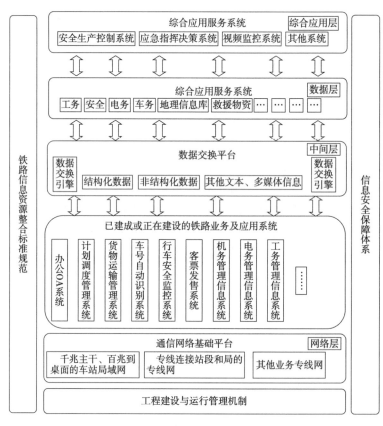

图 2-13　铁路安全应急决策信息系统的构建

(1)建立综合安全信息管理平台,对铁路安全监察信息系统的监测信息、日常安全报表和车务、客运、货运、机务、工务、电务、车辆等系统监测信息进行整合分析。

(2)在对铁路行车安全风险和危机的原因、发展规律、控制对策及预警体系的研究基础上,运用安全科学和事故预警管理的理论和方法,建立铁路行车安全风险评估、隐患诊断、事故预警体系。

(3)建立安全事故案例数据库,提供事故分析的方法,根据现有的各类安全数据以及实时监控的各类安全信息,建立诊断模型,分析行车安全影响因素,并自动总结归纳及学习各类专家的诊断知识,不断扩充专家知识库,为事故诊断提供专家知识,提高诊断效率。

(4)建立自然灾害抢险救援辅助决策系统,对应急预案进行系统管理,采用 RS/GPS/GIS 对重点地区进行自然灾害监测,为抢险救援提供辅助决策支持。

(5)充分利用现有的硬件、软件、通信资源及人力资源,在系统的设计中充分考虑保护原有投资。

2. 系统原理

从预防的角度来说,事故的发生虽然具有随机性和偶然性,但同时也具有一定的因果性和必然性,在事故发生之前存在大量的事故隐患和征兆。大部分的事故隐患是由于违反了维系铁路运输生产系统安全运营的各项规章、制度和标准等造成的。这些安全信息介于铁路运输生产系统的各项规章、制度、标准与安全事故之间的一个中间环节,安全应急决策指挥系统必须综合考察安全技术设备以及安全管理所得的安全信息,及时对这些信息应用安全系统工程的理论和方法进行深入挖掘、分析预测、安全评价,从而反映出当前铁路运输生产系统的安全状况,预先判断存在的事故隐患。

此外,从应急的角度来说,由于突发事件发生的突然性、危害性和紧迫性,需要决策者在短时间内作出有效的方案选择,同时又受到时间的紧迫性和决策信息的不完全性的限制,不允许铁路安全应急指挥人员按照一般程序进行深度剖析,难以作出科学的决策。其重要原因就是决策信息支持不足。决策所需要应急信息包括基础信息、资源保障信息、综合支撑信息、突发事件信息和业务处理信息等。基础信息、资源保障信息、综合支撑信息主要以正常生产状态下通过不断地积累形成的方式为主,辅以在非正常生产状态下的积累;突发事件信息和业务处理信息则需要铁路安全应急决策指挥系统的相关数据采集点通过实时采集技术不断地进行信息搜集和调查获取。

(二) 系统主要功能

现代信息技术为应急处置提供了优良的技术平台,通过应急信息管理,应急处置人员在信息沟通和应急处置上找到了更高效的途径,提高了应急能力。铁路安全应急决策指挥系统的应急处置信息管理主要包括指挥中心与现场通信、数据采集交汇、辅助决策支持、多机构间协调和应急资源调度。

1. 指挥中心与现场通信

指挥中心与现场通信是指建立多层次应急通信保障体系,以公众有线网、无线网为基础,发挥各部门专有的无线联系系统作用,构建综合通信调度系统,有效解决各种系统互联互通问题,保证即使出现极端情况,也至少有一种联系相关部门的通信手段。一旦发生突发事件,根据预案的启动等级,各职能部门负责人赶赴铁路局集团公司或站段应急指挥中心,通过各职能部门设立的安全生产指挥中心与现场连线,从现场视频图像资料中了解现场突发事件的处置情况,为应急领导小组的决策提供依据;决策命令下达后,再通过应急指挥中心的通信平台将命令传递至现场,使应急现场及时调整救援方案。这种自下而上实现信息的逐级上报,自上而下实现命令的逐级下达,上下级之间纵向传递的过程,在应急组织上实现了信息沟通的灵活性。

2. 数据采集交汇

数据采集交汇是指通过现场监测监控系统、传感器网络系统、手持 GPS 等移动式信息设备等,快速采集现场信息,为指挥人员提供实时现场信息和决策依据。建立突发事件信息采集平台,自动或人工接收、处理、存储相关部门和站段与突发事件相关的各种情报资料和技术监测数据,并与预先制定的预案进行对比和预测,达到早预警、早通报要求。系统包括数据上报、资源管理、统计分析报表、风险源管理和综合查询等功能。

3. 辅助决策支持

辅助决策支持是指综合应用各类信息,通过灾害后果模拟分析、人员疏散模拟,将突发事件发生和发展的轨迹进行演示,并通过应急救援力量配置分析,计算应急资源的需求缺口,确定应急组织的结构和运行机制,通过应急预案查询、应急案例库调用和专家库咨询等技术手段,提供紧急事件指挥决策方案,为事件指挥人员提供决策支持。建立统一突发事件多媒体知识库,汇集预案、案例、资源数据、文件法规、电子地图等资料,建立专家资源库;以视频会议系统和政务网络为基础,实现静态知识与动态智力的有机集成,全面提高对突发事件态势评估和决策的水平。系统包括领导应急终端、综合接处事件、地理信息、预案管理、大屏显示和视频会议等功能。

4. 多机构间协调

多机构间协调是指在突发事件应急管理过程中,往往涉及多个部门、多个地区的大量指挥人员、应急救援队伍和应急物资等。应急信息管理应该为多机构间的协调提供信息平台,为制定事件管理的政策和优先策略、组织后勤支持和资源跟踪、进行资源调配决策、协调事件相关信息发布等提供信息支持和协同工作平台,确保各机构间组织协调的顺畅。

5. 应急资源调度

应急资源调度是指在应急处理的过程中,针对事件处理过程中资源需求的信息,根据应急资源管理模块所提供的各种应急资源信息,结合铁路局集团公司运输能力等情况,进行应急资源的优化调度和追踪管理,如警力的调度,救灾物资、设施和资金的调度,对事件现场的疏导和部署等。

(三)各职能子系统

1. 运输子系统

运输子系统信息实时性强、信息资源共享度高、自动化分析预警程度高,突出全过程控制和一体化管理。实时监控、分析、处理各类信息,实现运输安全生产集中统一指挥。运输子系统功能包括生产组织(包括列车追踪、行车调度、装卸车)、运输生产信息、施工组织与管理、应急指挥、综合信息查询、安全监控等。

(1) 生产组织

实现列车实时追踪,运行图实时查询;实时统计局界口接入、交出列车数和主要站列车出入数,管内各站现在车实时分布,各站停时统计分析;调车作业计划单动态显示;装卸车完成情况及预报;货运收入、发送吨、装车数等指标统计。通过对管内主要收入指标、运输指标、管内现有车实际的动态显示和综合分析,列车追踪、行车调度、装卸车进行动态掌握,合理整合了现有运输生产信息资源,实现了网络和信息资源共享。

(2) 运输生产信息

通过整合运输生产统计、运输分析、列车预确报、施工调度、TDMS4.0、TMIS2.0、《站细》、技术规章、管理制度等各类信息,建立信息共享平台,满足各方需要,提高安全生产决策的科学性。

(3) 施工组织与管理

运输指挥人员通过施工组织与管理系统,从施工计划下达、施工方案编制、施工干部上岗监控等各个方面对施工进行全过程管理和监控,确保施工期间的安全畅通,负责天窗修管理工作,落实天窗修管理制度,提高天窗修兑现率。

(4)应急指挥

全面掌握各类应急预案(包括各类应急预案、应急流程、应急人才库,应急救援组织和人员的组织及联系方式)、应急信息(包括车站站场平面示意图、道路交通图以及可供救援用的医院、消防部队、大型机械等信息),充分利用短信平台,提高应急响应速度,正确及时地指挥处置突发紧急情况。全面掌握设备和人员等应急资源,遇应急处置时,优化人员、设备、物资等应急资源调动,做到快速远程盯控、快速组织支援、快速人员调动3个有力支持,确保应急处置有序、快捷。

(5)综合信息查询

查询技术规章、管理制度、管内各站《站细》等相关文件、资料。

(6)安全监控

通过视频监控综合平台,突出关键时间、关键地点、关键岗位、关键人,对切割正线调车作业、多方向车站接发列车作业、非正常情况下作业重点列车等关键作业,实施全天候、全过程控制,及时发现问题和进行有效的监督、指导,弥补点多线长监控不均衡、站场全封闭现场检查难的不足,实现行车主要岗位远程全受控、现场全覆盖,真正以过程安全保结果安全。

2. 工务子系统

工务 GIS 平台集成了实时警报、实时雨量、防洪信息、施工信息、线路视频、线路基础资料、PWMIS 等信息,实现集中管理和安全生产监控,并通过权限控制功能实现局、段、车间、工区分层、分权、分责管理。工务子系统主要包括以下功能:

(1)轨控

实时监控线路轨道几何尺寸变化,监控线路晃车及质量不良地段,收集轨控信息并进行筛选分析,确定线路设备薄弱地段及重点修养处所;下达整修计划,监控养修质量及线路走势。

(2)施工计划网上审批

统筹安排施工及作业,审批施工作业计划,统一调配机械设备、劳力等生产资源,随时掌控施工安全、进度和作业质量,实现设备故障及突发事件的上报、处理和反馈。

(3)实时雨量监控

通过实时雨量监控系统,发布防洪预警及警戒信号,监控预警响应及设备巡查情况,监控防洪复旧及预抢工程进度。

(4)应急指挥功能

建立工务线路防胀、防断、防洪、道口应急、自轮运转起复应急预案,便于应急指挥决策;建立段、车间专家库及应急队伍,段汛期抢险大型机械联系表,汛期抢险队伍联系表,应急管理专家库等信息库;建立应急物资储备库,根据故障处理经验建立段和各车间的应急物资的储备数量、处所信息库;建立短信平台,主要借助互联网和手机短信平台,及时发布有关应急指挥信息,提高应急响应能力。

(5)重点信息监控

对重点设备状态进行监控和故障预警,包括重点地段(处所)视频监控系统、巡检信息系统、轨道电路实时信息系统、轨温实时监控系统。

(6)基础资料信息系统

基础资料信息系统集成了工务管理信息系统(PWMIS)、线路视频查询等系统。

3.电务子系统

电务子系统包括中心和站段两级,主要功能如下:

(1)电务设备管理系统

在电子地图上对管内所有车站信号、通信设备进行管理,实现对各站设备统计分析、故障上报、施工状况及进度跟踪管理,实现局、段两级自动监控、预警、汇总、分析。应急指挥时可快速查询故障相关备品、应急人员、应急预案,并实现局、段、车间三级应急预案管理维护。

(2)集成微机监测、TDCS监测、ATP实时监测、LKJ信息分析系统和安全生产管理系统

微机监测系统实现对全段主要信号设备运用质量、报警情况的实时监测、监控,分析、判断、处理信号设备故障情况;TDCS监控系统实时回放管内列车运行状况,并对主要行车设备显示状态进行监控;ATP实时监测系统对既有线动车区段动车组运行状况进行事后调看及数据分析;LKJ信息分析系统对机车运行和机车信号运行状态进行实时监测分析。

(3)应急指挥

根据应急指挥需要,随时启动应急指挥程序,实现故障设备对应的故障处理流程图、车站信号设备概况信息、站场图、电缆径路图、机械室布置平面图、现场室内、室外设备图片,设备图纸等技术资料,应急人员、应急抢修器材、应急机具、应急器材、应急预案、检修基地器材等查询。

(4)流程闭环管理和重点卡控

通过流程闭环监控和生产管理功能对日常生产和安全管理中的施工、天窗修、重点作业、临时要点、日常卡控、重点问题盯控、微机监测问题等实现实时化、全流程、闭环式的全方位流程闭环监控管理。每一项任务、每一个问题、每一个流程都实现有发起、有执行、有过程、有反馈、有考核,真正实现任务有计划、工作有审核、现场有盯控、过程有掌控的精细化管理。

(5)图纸电子化管理

针对电务信号设备图纸多、管理难的问题,通过实现图纸电子化管理,查询站场平面图、室内平面布置图、双线轨道电路及电缆径路图等图纸信息,器材设备台账统一管理,设备动态监测信息管理。

4.机务子系统

机务子系统集成应急指挥、经营管理以及对司乘人员和机车运行管理等功能,从而构成机务段安全生产指挥中心平台。按中心和机务段两级实现机车运用管理、安全管理、人员管理、设备质量管理和自动分析等功能。

(1)机车运用管理

具备LAIS、TMIS、股道自动化系统,能实时掌握在途机车的详细运行情况及机车工况,便于生产指挥中心实现各种情况下的生产指挥、特殊状况下的远程支持和应急处理。

(2)人员管理

实时反映出各机务段每名机车乘务员的月劳时、单趟劳时,具备超劳状态的色标警示功

能,并根据列车开行情况,实时反映出各线乘务员使用情况、备用乘务员人数。

(3)机车检修

实时显示各机务段机车小辅修计划及计划调整变更情况,自动统计兑现率及小辅修停时,具有超停时机车的色标警示功能;能实时显示机车临碎修情况,自动统计碎修活件及机车惯性活件并自动生成统计表格,色标警示惯性活件;对机统6、机统28等台账进行管理。

(4)机车整备股道自动化

实时反映局管内各整备场、库内机车位置、机型、车号、计划车次、检修位置、状态及当日段内各场机车整备数量、出入库台次等。

(5)安全管理

全局救援列车分布、头向、编组顺序、值班人员等信息;统一紧急呼叫号码,设置应急情况处理专家库,即时处理各类应急事件;各线运行情况,包括行车事故、路外伤亡、设备故障等概况。

(6)分析功能

日、周、月分析功能,包括违标信息汇总、考核情况汇总、各类专题分析等。

(7)看板功能

显示当日重点工作,包括防洪防汛重点,重要施工概况,上级文电要求等综合信息;显示事故概况、教训、整改和防范措施等安全教育综合信息。

(8)施工管理

调度命令的接收、下达、复核等;施工明示图的审核等。

(9)IC卡管理

IC卡文件的编辑、模拟、写卡、验卡等过程检查。

(10)机车计划变更与局调度同步

机车计划下达及机车计划变更后,与调度所机调实现信息共享等。

(11)音视频指挥

网上视讯会议,实时指挥。

5. 供电子系统

供电子系统包括生产管理、安全管理、综合管理、经营管理、技术管理和应急指挥六大功能。

(1)工作票网络签发、审核和逐层管理的功能

车间、指挥中心分级对班组工作票进行审核、批准,实现安全生产的卡控关口前移。

(2)生产管理的网络化管理

接触网、变电班组的值班日志、报表、台账、生产计划、设备运行检修等资料实现电子化台账,实现生产管理的网络化动态管理。

(3)应急指挥

抢修预案、抢修料具、设备图纸、设备履历的电子化和网络共享。在抢修指挥中,各级事故抢修指挥人员能够及时、准确地掌握现场信息,按照事先预定的预案,迅速实施最佳抢修方案,并通过系统完成发布抢修命令,达到快速响应的目标,压缩故障时间。

(4）变电所和接触网环境及安全的实时监控

通过视频监控系统,实现对接触网、变电所、轨道车辆的实时监控,对接触网班组分工、变电系统值班、倒闸、巡视作业过程的全面监控,实现各级领导干部对现场的远程监控、指挥功能。

(5）系统资源的全面整合和信息的全面共享功能

把原来自行开发的电子图纸、生产日报、干部日报等软件系统有机整合在指挥中心系统中,全段干部职工实现了共享。

6. 车辆子系统

车辆子系统按中心、段两级集成客车信息(KMIS、5T、动车信息、段修生产系统、运用客车质量管理、客技站安全生产卡控系统、客列检生产指挥系统等)、货车信息(HMIS、YMIS、EMIS、场际互控、定检修车质量管理等)、安全监控、应急指挥、综合管理等信息系统。分级实现客、货车运行状态实时监控,动车、客车、货车检修、运用及管理信息汇总、统计、分析、查询,生产进度、质量、安全控制等信息监控,动车、客车、货车运用状态监控,段、车间(所)远程图像和语音监控,远程指挥和生产调度、视讯会议、事故追忆及分析、事故救援等。

系统对车辆段生产过程和生产信息进行实时监控、复示、指挥、统计、分析等,各类异常信息集中声光自动报警,为各类故障应急指挥提供科学高效的支持信息。

(1）安全生产监控及分析

及时收集 24h 安全信息和对全段关键生产场所作业监控,实现安全信息的统计分析。

(2）货车检修过程监控

对定检修车生产计划及任务完成过程、设备状态的集中监控、复示、指挥。

(3）设备状态监控

对全局 5T 设备、AEI 设备运行状态以及管内运用货车技术状态的集中检测、监控。对 3T 进行联合预报,货车运用、站修、场际互控等生产的集中监控、分析、指导、指挥等。

(4）应急指挥

对现场作业远程图像和语音监控、远程指挥和生产调度、视讯会议、事故追忆及分析、事故救援等功能。

(5）经营管理

与物资、设备、人力、安质效、公文流转等信息系统实现信息资源共享,实现网上办公全流程无缝对接。

铁路安全应急指挥系统的实现通过管理技术上的创新,提高职工标准化作业的自觉性,提高了运输生产信息的实时性和运输指挥的有效性。通过管理手段信息化和信息集成,实现了管理的精细化、应急指挥的可视性、实效性和资源的综合利用。通过整合管理机构、职能,体现运输安全管理"分层、分权、分责"的原则,充分发挥运输安全生产指挥系统的最大效能,实现信息资源共享。

第四节　铁路行车安全心理保障

心理学所揭示的心理活动规律,构成了行为科学的重要基础。铁路行车中的安全生产行为也是如此。控制不安全的行为是保证铁路行车生产的重要条件,而直接决定人的行为的基本因素,又是人的心理活动的规律。铁路行车安全心理所研究的就是人们在生产活动中的安全动机、安全习惯、安全心理品质等问题及其发生、发展规律。

一、心理因素与行车安全的关系

按照心理学原理,影响行车安全的心理因素主要有感觉、知觉、记忆、思维、注意、情绪、疲劳等。

(一)感觉、知觉与行车安全

1. 感觉、知觉的含义

感觉是人通过感觉器官对客观事物个别属性的反映;知觉是客观事物的各种表面现象和诸多属性通过人的各种感官在大脑中的综合反映。知觉不仅依赖现实的感觉,而且也依赖以往感觉经验的积累。感觉和知觉密不可分,人们通常将这两种心理现象称之为感知或感知觉。

2. 感知觉在铁路行车安全中的应用

在行车生产过程中,有些事故是由于人的感知觉发生错误而造成的。引起错觉的原因很复杂,既有心理因素,也有生理因素。错觉现象也很多,其中,以视觉和听觉错误对行车安全的影响较大。

首先,要努力克服错觉对行车安全的危害。错觉会引起错误的判断,导致行动上的失误,给行车安全带来隐患。例如,误认信号、误听或误传命令等,都是由错觉引起的。为避免这种误认信号、误听或误传命令,在《接发列车作业标准》等规章中强调了有关作业人员间的"复诵"制度。

其次,知觉具有选择性,面对纷繁多样的客观事物,人的感官能根据需要选择其中特征明显的刺激进行反映。因此,在设置行车设备时,要注意与背景的差别,力求简洁、醒目。例如,信号机、信号标志易辨别,控制台按钮功能易记、好操作等。

最后,实践证明,人的感知觉能在实践活动中得到提高和发展。长期使用某种感觉器官或进行有目的的训练,都可以促进相应器官感知觉的发展。铁路行车工种强调熟练操作,只有加强基本功训练,做到"一口清""一手精",才能确保行车安全。

(二)记忆、思维与行车安全

记忆是人脑对所经历过的人和事的识记、保持和重现。思维是大脑在感知和记忆基础上,对客观信息进行分析、综合、判断和推理的心理过程。如在行车工作中,行车指挥人员忘记将计划变更内容及时准确地通知作业人员,或因情况变化,不能立即分析判断、采取对策,就会贻误时机,直接危及行车安全。

记忆和思维是铁路员工重要的心理要素,没有较好的记忆能力,就不能很好地按章办事、执行计划。没有较强的思维能力,就难以面对错综复杂和瞬息万变的多种情况作出正确判断并进行妥善处理。

(三)注意与行车安全

注意是一种心理活动状态,按其作用或功能分为 3 种情况:一是注意集中,即把心理活动重点指向特定对象,对其他无关的心理活动进行抑制,不因无关刺激源的干扰而分散精力;二是注意分配,即在同时进行两种及其以上活动时,把注意有目的地指向不同对象;三是注意转移,即根据活动需要,主动有秩序地把注意从一个对象转移到另一个对象上。

注意是保证行车安全的基本心理条件。任何一项工作都是由多个作业环节组成的,如果作业人员的注意力不集中,或过分集中而不能及时转移,或注意分配不当等,都有可能导致行车事故发生。

(四)情绪与行车安全

每个人在生活中都会遇到令人愉快或令人痛苦的事,从而产生喜怒哀乐之情,这种喜怒哀乐的体验,在心理学上叫作情绪。严格来说,情绪是指人们对客观事物所持态度产生的内心体验,是人对客观事物是否满足自身需要,或是否符合自己的愿望和观点而表现出来的肯定(满意、愉快、高兴等)或否定(不满、不快、憎恨等)的态度体验。情绪和情感状态有积极和消极之分,良好的情绪和情感是保证行车安全的充分必要条件;情绪不稳、心境不佳是发生事故的重要原因。例如,某站调车长因家中有急事,上班迟到了8min,向领导说明情况后仍受到批评,并要按规定扣奖金,该调车长对领导的做法很不满意,带着情绪上岗,在接到调车区长下达的调车作业计划后,未确认信号,盲目指挥调车,挤坏了道岔,构成一般事故。在该案例中,发生事故的最主要原因就是调车长情绪低落、心神不定。

(五)疲劳与行车安全

疲劳是人在连续工作一定时间后,体力和精力消耗超过正常限度所出现的生理、心理机能衰退的现象。其表现如下:

(1)生理机能下降,如肌肉酸痛、身体困乏、头痛头晕、视觉模糊、呼吸急躁、心率加快、血压升高等。

(2)心理机能下降,如注意力分散、感知觉失调、记忆和思维减退、反应迟缓等。

铁路行车工作中,客货列车运行速度高、噪声大、露天作业自然环境条件差,职工连续工作时间长,加之安全、正点要求高,使生产和管理人员心理压力大,耗费的身心能量多,因此,极易产生疲劳。疲劳受生理上"不能再干下去"和心理上"不想再干下去"的综合影响,轻则使工作效率降低,重则因判断失误或操作不当而导致事故发生。例如,车站值班员因打瞌睡,造成列车机外停车;机车乘务员睡岗,不看信号,造成列车冒进信号等都与疲劳有关。因此,减轻疲劳对保证行车安全有重要意义。

在行车生产过程中不可避免地会出现疲劳,我们要做的是尽可能消除疲劳对行车安全的影响。为此,可采取以下主要措施:

(1)上班前必须充分休息,休班时间要合理安排。休息是消除疲劳的重要措施。

(2)改善劳动条件和工作环境。创造一个良好的劳动环境,将有助于保障劳动者身心健康,提高工作效率。

(3)高质量制订作业计划。高质量的作业计划可降低职工的劳动强度,避免疲劳。

(4)强制克服疲劳。如果工作时间和劳动条件一时难以改变,则疲劳时必须增强自控力,靠意志来克服,并加强他控和互控。

(5)设置监控设备。如在机车上装设自动停车、超速防护设备等,防止因乘务员睡岗而引发事故。

二、个性心理特征与行车安全的关系

个性心理特征是指在个体身上经常地、稳定地表现出来的特点,包括能力、气质、性格等心理特征。

(一)气质

气质是指人的心理过程在强度、速度、灵活性和稳定性等方面的心理动力特征。

通常我们把人的气质分为胆汁质、多血质、粘液质和抑郁质四种类型。胆汁质的人精力充沛、思维敏捷、坦率刚直、办事果断、情绪反应快而强烈、易冲动、脾气暴躁、兴趣易产生但不持久,这类人在工作上表现为忽冷忽热,遇事不沉着、急性而粗心;多血质的人反应迅速、动作敏捷、活泼善谈、交际能力强、有较强的可塑性,容易接受新鲜事物和适应新环境,但注意力易转移、缺乏耐心、兴趣易变;粘液质的人善于克制自己、稳重安静、交际适度、反应迟缓、注意力稳定且不易转移,这类人能持久地工作、意志坚强、喜欢深思,但不够灵活、缺乏开拓精神;抑郁质的人感情细腻、观察力敏锐、多愁善感、富于想象、言行迟缓、胆小孤僻,这类人遇到困难时,常常表现出优柔寡断、束手无策。

(二)性格

人的性格通常可分为内倾型和外倾型两种类型。内倾型的人心理活动倾向于内心,表现为沉静、孤僻、多思、反应缓慢、适应环境困难;外倾型的人心理活动倾向于外部世界,情感外露、开朗活泼、善于交际。

(三)气质、性格与行车安全

气质和性格互相渗透、相互影响。气质和性格的外在表现都是围绕着"做什么""怎样做"展开的,因此,从事行车生产人员的气质和性格与行车安全直接相关。良好的气质和性格是作业人员实现自控的心理保证;而气质较差、性格有缺陷的职工,因客观存在的心理障碍而导致自控能力较差的问题,会引发行车事故。例如:调车作业中盲目推进,接发列车时的主观臆测、盲目开放信号等,多是因作业人员急躁、武断、易冲动造成的。

为了减少气质和性格对行车安全的影响,在职工聘用和分配工作时尽可能考虑到员工的气质和性格特征,并定期进行检查,对不适宜行车工作的职工应及时调整。同时通过经常性安全教育,培养其良好的性格和其他心理特征。采取对事故责任者批评、惩罚,对防止事故的人表扬、奖励的方式,促使职工养成认真负责、重视安全的气质和性格特征。

(四)能力与行车安全

能力是完成某种活动所必需的并直接影响活动效率的身心发展基本品质,是个性心理重要特征之一。能力可分为一般能力和特殊能力。观察力、记忆力、注意力、思维力和想象力等属于一般能力范畴,它们适应于广泛的范围,为人们认识客观事物、掌握科学文化知识提供了智力保证;而色彩鉴别力、音响辨别力、图像识别力等均系特殊能力,只能在特定范围和条件下发生作用。例如:在列车技术作业过程中,列检所车辆检修人员通过锤敲耳听就能探测出车辆部件的故障或隐患所在,这就是一种特殊能力。

铁路行车职工能力的强弱直接关系到行车安全与否,如细心观察、牢靠记忆、沉着应变、敏捷思维、准确判断及清楚表达等能力是广大职工安全高效地完成行车生产任务的重要保证。反之，观察不细、记忆不好、判断不准、表达不清和反应迟缓等就会增加行车事故发生的可能性。

三、安全动机与激励在安全生产中的作用

（一）安全动机

动机是推动人积极地进行活动并达到一定目标的行为动力。安全动机有两方面的含义：一方面是指保护自身不被伤害的动机；另一方面是指保护他人和产品、设备不被伤害的动机。前者是人类的本能行为，因为在一般情况下，人不可能做出有意伤害自身的行为，这种动机不需要激励和培养，而后者则需要激励和培养。一个人有多种多样的动机，各个动机由于强度不同，在一个人身上所占的地位和所起的作用也不尽相同，有的比较强烈而稳定，有的比较微弱而不稳定。那种强烈而稳定的动机叫作优势动机，其他动机叫作辅助动机。优势动机对一个人来说，具有更大的激励作用。安全心理就是要注意激励安全动机，使安全动机成为优势动机。

（二）激励

激励是指运用精神和物质手段去激发人的动机的心理过程。对安全生产进行激励的目的是通过激励引导职工的安全意识，强化安全动机，使之成为优势动机，促成安全行为。

随着经济和社会的发展，激励的手段和方法呈多元化趋势，主要有奖励与惩罚、竞赛与升级、职工参与民主管理和对管理行为实施监督等。铁路行车安全生产的长期实践证明，竞赛与奖励相结合的方法是激励广大干部和职工安全生产积极性的有效途径。

四、安全习惯的养成与侥幸心理的克服

（一）安全习惯

人在后天养成的一种在一定的情况下自动地去进行某些动作的特殊倾向，叫作习惯。习惯有好坏之分。有些习惯未经任何练习，只要有一次经验就可以稳定下来。但一般情况下，习惯要经过练习才能形成或建立。

安全习惯是指在一定的作业环境中，自觉地按规章制度规定的安全的操作方式或方法去操作的行为。而这种安全的操作行为已成为个性心理品质的组成部分。经验证明，多数事故都是由违反操作规程而引起的。安全的操作一旦形成一种习惯，就可以预防或减少事故。

习惯的建立是一种学习过程。学习是经由练习，使个体在行为上产生较为持久改变的历程。对职工要进行安全训练，使遵章守纪能够嵌入工作习惯中，成为操作整体的重要组成部分。

【案例2-4】 盲目跨越线路重伤事故

事故经过：××××年××月××日上午9:40，运贸总公司A在横过铁路时，被溜放的车辆撞倒，致使右脚前段部分轧掉。

事故原因分析：安全观念不强，跨越线路时未严格执行部颁人身安全作业标准中的人身

安全通用标准"横越线路时,应一站、二看、三通过,注意左右机车、车辆的动态及脚下有无障碍物"的规定,盲目跨越线路是事故发生的直接原因。

(二)习惯动作形成的特征

了解习惯动作形成的特征,对循序渐进地进行安全操作习惯的练习很有帮助。

1. 将一系列部分动作联合成一个整体动作

一个完整的操作是由许多简单动作联合起来的。如信号员"眼看、手指、口呼"安全操作信号和调车员练习上下车,开始时动作不协调,脑、手、眼等配合不好,当把许多动作联合成一个整体动作时,才算掌握了一个完整的操作。

2. 多余的动作和紧张的消失

在开始学习时常常伴有多余的动作和紧张,这是不熟练的表现,学习者会为此感到疲劳。当动作熟练后,不必要的动作被淘汰,基本的动作得到强化。

3. 视觉控制的减弱和动觉控制的增强

当动作熟练后,学习者往往用动觉代替视觉进行操作。

(三)练习的方法

1. 明确练习的目的

训练开始前,一定要使学习者明确学习的目的和要求,并授以有关知识,激发其学习的积极性,形成学习的内部动因。

2. 掌握正确的练习方法

正确的练习方法可以避免盲目的尝试过程,提高学习效果。要通过语言解释和示范动作,使学习者获得清晰的表象,有了模仿的样板,就会收到事半功倍的效果。

3. 及时反馈

要使学习者在每次练习之后,都知道练习的结果,对自己的动作及时作出评价,知道错在哪里,对在哪里。只有这样才能有更明确的练习方向,使正确的动作得到巩固,错误的动作得到纠正。

4. 正确掌握学习速度和质量要求

开始阶段,速度要放慢些,这样可以保证学习的准确性,及时发现错误,以便纠正。一旦错误的动作形成,就很难予以纠正,而往往要改造整个动作系统才能纠正,因此,在开始阶段注意动作的准确性是非常重要的。

5. 必须有计划、有步骤地进行

对于复杂的动作系统,可以将它们分成若干相对简单的部分,一旦掌握这些,再过渡到比较完整的活动,就可以循序渐进地学习。这既便于受训者掌握,也便于指导者检查。

6. 练习的次数和时间要分配适当

练习的次数不一定是越多越好,如果在一段时间内次数太多,时间太长,不仅浪费时间、精力,而且容易疲劳,使兴趣降低。因此,练习的时间要适当分配。一般来说,适当的分散练习比过度集中练习要好。

7. 练习的方式要多样化

方式方法的多样化,不但可以使学习者保持学习兴趣,而且还可以灵活运用学到的东西。

（四）侥幸心理

侥幸心理就是由于人们对安全环境歪曲的认识，产生某种愉快的情绪体验，发生某种不安全的行为倾向，是一种不正确的安全态度。在铁路行车生产中突出的表现就是不严格遵守规章制度，主要表现在以下 3 个方面：

1. 轻松反应

在完成较困难或较危险的工作时，对危险的因素注意力减弱或注意的范围变得狭窄，容易造成事故。

2. 简化反应

简化反应主要是偷懒的心理在起作用，主要表现为简化作业过程。在简化反应过程中往往出现愉快的表象，因为完成复杂的规定程序往往要付出更大的努力，因而减弱了对复杂的客观环境的判断力。

3. 臆测判断

根据不充分的推测而随意进行的判断称为臆测判断。实际上，臆测判断属于一种推测。产生臆测判断的原因有：怀着尽快完成或结束作业的愿望；信息或知识不准确；有因此种行为而获得成功的经验；猜测行事，诸如"若是那样就好了""大概不会有问题"等观点有强烈的倾向时。

在行车安全生产作业中，如果大家都抱有侥幸心理，在一定的条件和外部环境下，事故就会发生。所以，要确保行车安全，必须克服侥幸心理。

 复习思考题

1. 影响铁路运输安全的因素有哪些？
2. 简述铁路行车安全对人员的素质要求。
3. 简述铁路行车安全对设备设施的要求。
4. 全国人大常务委员会制定的有关铁路运输安全的法律有哪些？
5. 确保行车安全的规程、规则有哪些？
6. 铁路行车安全技术保障体系主要体现在哪些方面？
7. 影响行车安全的心理因素主要有哪些？
8. 举例说明疲劳对行车安全的危害。
9. 举例说明情绪对行车安全的影响。
10. 试述培养安全习惯的重要性。

第三章　铁路行车事故预防

学习目标

1. 掌握铁路行车作业通用人身安全标准,掌握接发列车作业人身安全的要求。
2. 掌握调车作业人身安全的要求,电气化区段的人身安全工作要求。
3. 掌握接发列车作业惯性事故的种类,发生接发列车惯性事故的主要原因及预防措施。
4. 理解车机联控的作用和注意事项。
5. 理解发生调车作业惯性事故的常见原因,调车作业惯性事故的预防措施。
6. 掌握施工条件下确保行车安全的有关规定。

第一节　铁路行车作业人身安全

行车部门在办理接发列车和调车作业过程中,发生行车事故频率较高、件数较多。同时,由于作业人员违反规章制度、违反操作规程、违反劳动纪律及其他原因,造成人身伤亡、设备损坏,影响正常行车的事故屡屡发生。

研究和探讨行车部门的人身安全问题发生的原因和规律,采取切实可行的措施,最大限度地防止人身伤亡事故的发生,在铁路运输安全工作中,具有十分重要的意义和作用。

一、通用标准

根据《铁路安全管理条例》《技规》《铁路车站行车作业人身安全标准》的规定,车站接发列车、调车有关行车人员应遵守以下人身安全通用标准:

(一)班前、班中

1. 接班前须充分休息

只有接班前充分休息,才能保持生理、心理健康,体力充沛,精神饱满,动作准确,严格按照要求进行作业。因此,班前充分休息是保证行车安全和人身安全的重要条件。

2. 班前、班中严禁饮酒

各种酒类中分别含有3%~65%的乙醇。大量乙醇可使人手脚震颤,行动笨拙,反应迟钝,自言自语,步履蹒跚。而紧张繁忙的行车工作,要求头脑清醒,精力充沛,精神集中,动作准确。因此,车站行车人员一定要严格执行《技规》的规定,班前、班中不得饮酒,如有违反,应立即停止其工作。

3. 按规定着装,佩戴易于识别的证章和安全防护用品

行车人员作业中要穿着铁路部门统一发放的服装,接发列车人员要佩戴易于识别的大檐帽和臂章,手制动人员须佩戴安全带。调车人员作业中不得穿硬底鞋或拖鞋。

(二)顺着线路行走时

1. 顺着线路行走时应走两线路中间

站内正线、到发线、调车线中心线间距一般都在5m以上,在两线中间行走比较安全。严禁在道心、枕木头上行走。因为在道心、枕木头上行走时,轨枕和道砟不平,要经常低头看脚下,很少看前方和留意后方,特别是溜放和推送车组声音很小,道心和枕木头均在机车车辆限界之内,能直接被剐撞。

2. 不准脚踏钢轨轨面、道岔连杆和尖轨

在钢轨面、道岔联结杆、道岔尖轨上行走,踏上时不能保证人体重心稳定,静止时容易滑动和崴脚,在扳动道岔时更容易把人带倒或把脚夹住。

3. 注意邻线机车车辆和货物装载状态

在两线路之间行走时,除注意脚下障碍物外,要特别注意两邻线机车车辆动向、货物装载状态、篷布捆绑情况,防止被机车车辆、突出的货物、松动的绳索碰伤或刮伤。一线有机车车辆运行时,不能盲目向另一线躲避,防止邻线来车被撞伤。当相邻两线均有机车车辆运行时,应站在线路中心位置,机车车辆过后再走。

(三)横过线路

1. 横过线路要"一站、二看、三通过"

"一站":一定要站住,并要站在不侵入机车、车辆限界的安全处。"二看":要左看、右看、上看、下看。看左右有无机车车辆驶来;看脚下有无绊脚的障碍物,包括地沟等;看清后,再准备横越,即"三通过"。这些要求在工作人员作业不紧张时容易做到,作业紧张时,往往容易被忽视。特别是边作业边行走时(如冬季扫雪、清扫道岔等),更要严格执行。

2. 横越停有机车车辆和列车的线路时,严禁钻车

先确认机车车辆及列车暂不移动,然后在罐车通过台或两车连接的车钩上越过,勿碰开车钩,以防列车出发时造成列车分离事故。

《铁路安全管理条例》规定,发现有人钻车,由铁路公安对其进行教育并处罚款。

3. 严禁在行进中的机车车辆前面抢越

在行进中的机车车辆前面抢越时,一旦发生绊倒等意外情况,机车或溜行车辆制动不及时,后果十分严重。

另外,不准在钢轨上、车底下、枕木头、道心里坐卧或站立,并严禁扒乘机车、车辆,以车代步。

二、接发列车作业人身安全

(1)应熟知站内一切行车设备,并随时注意使用情况,如遇设备发生异状或变化时,应及时通知有关人员,并采取安全措施。

(2)接发列车时,必须站在《站细》规定地点,随时注意邻线机车、车辆动态,以便和列车乘务人员联系。

(3)向机车交递凭证时,须面向来车方向,交后迅速回到安全位置。

(4)折叠式授受机竖起后,必须插好插销,用完后及时恢复位置。接车时,应站在授受机来车方向的前方。

三、调车作业人身安全

调车作业对象是移动的机车车辆,其人身安全相对来说具有较大的危险性,应特别加以注意。必须熟知调车区的技术设备和作业方法以及线路两侧建筑物和设备的状态及限界距离,以防刮倒、碰伤。调车作业中严禁吸烟。

(一)上下车必须遵守的规定

(1)上车车速不得超过 15km/h,下车车速不得超过 20km/h,在站台上上车、下车车速均不得超过 10km/h。

(2)在路肩窄、路基高的线路上和高度超过 1.1m 的站台上作业时,必须停车上下。登乘电力和内燃机车作业时,必须在机车停稳后再上下车(设有便于上下车脚蹬的调车机车除外)。

(3)上下车应注意脚蹬、车梯、扶手、平车和砂石车的侧板、机车脚蹬板的牢固状态。

(4)不准迎面上车和反面上车。

(5)上下车应选择合适的地点,注意地面障碍物。

(二)在机车车辆走行中禁止的行为

(1)在车钩上、平车和砂石车的侧端板或端板支架上坐立。

(2)在棚车顶或装载超出车帮的货物上站立或行走。

(3)手抓篷布或捆绑货物的绳索,脚踏轴箱或平车鱼腹形侧梁。

(4)在车梯上探身过远或经站台时站在低于站台的车梯上。

(5)在装载易于窜动货物的车辆之间和货物空隙间站立或坐卧。

(6)骑坐车帮或跨越车辆(使用对口闸除外)。

(7)两人站在同一闸台、车梯或机车一侧同一踏板上。

(8)进入线路提钩、摘管或调整钩位。

(三)摘解车辆、调整钩位时的人身安全

(1)带风作业时,必须执行"一关前(关闭靠近机车一侧折角塞门)、二关后(关闭另一侧折角塞门)、三摘风管、四提钩"的作业程序。

(2)摘接制动软管、调整钩位、处理钩销时,必须等车辆停妥并得到调车长的回示,昼间由调车长防护,夜间必须向调车长显示停车信号。

(3)调整钩位、处理钩销时不要探身到两车钩之间。对平车、砂石车、罐车、客车及特种车辆,应特别注意端板支架、缓冲器、风挡和货物装载状态。

(4)溜放车辆作业应站在车梯上,一手抓牢车梯,一手提钩,不准用脚提钩或跟车边跑边提钩(驼峰调车除外),严禁在车列走行中抢越线路到反面提钩。

(四)手闸、铁鞋制动时的人身安全

(1)使用手制动机时,必须挂好安全带,做到"上车先挂钩,下车先摘钩",无法使用安全带的车辆,如平车、砂石车、罐车、守车等,作业时必须选好站立地点。

(2)严禁使用折角塞门放风制动。

(3)使用铁鞋制动时,应背向来车方向,严禁徒手使用铁鞋,并注意车辆和货物装载状

况,注意邻线机车车辆动态,严禁带铁鞋叉上车。

(4)使用折叠式手闸,须在停车时竖起闸杆,确认方套落下、月牙板关好、插销插上后方可使用。

(五)手推调车和取送车时的人身安全

(1)手推调车必须在线路两侧进行,并注意脚下有无障碍物。

(2)去专用线或货物线调车作业,须事先指派专人检查线路上有无障碍物、大门开启状态及线路两侧货物堆放情况。事先派人检查有困难时,应按《站细》中规定检查确认办法。

四、电气化区段的人身安全工作

在电气化线路上,接触网的各导线及其相连接的部件,经常带有高压电。为保证人身安全,车站值班员在工作中,要认真做好安全检查、教育和宣传工作,防止触电事故发生。

(一)在接触网带电的情况下

(1)禁止任何人员(专业人员按规定作业除外)携带长杆、导线等高长物件在与接触网带电部分2m以内作业。

(2)禁止直接或间接与接触网的各导线及相邻部件接触(专业人员按规定作业除外)。

(3)禁止在机车车辆的车顶或装载高于敞车侧板的货物上乘坐,并不准有临时部件(插上树枝、铁线头翘起等)超出机车车辆限界。

(4)禁止用水管冲洗机车车辆(包括客车),往牲畜车上浇水,给敞车上第三层牲畜添喂饲料,在客车或棚车顶上作业(如打烟筒、开闭罐车的罐盖和冷藏车的冰箱盖)。

(5)使用手制动机时,身体各部和所持信号及其他物件必须距接触网带电部分不少于2m。禁止登上棚车(在中间站或区间)行走或使用手制动机,也不能在高于手制动机踏板台的敞车或平车货物上拧闸。

(6)不准站在机车车辆顶上转动水鹤臂管。

(7)站内接触网带电检修时,车站值班员除应按有关规定办理外,并应做到:

①尽量不使列车通过带电检修接触网。

②配合接触网工区派往行车室的防护人员,做好安全防护。

③在检修作业时间内,如需使用该线路时,要提前通知防护人员,待确认检修作业确已停止,有碍行车的人员和工具确已撤离后方可使用。

(二)在接触网停电的情况下

(1)确认好接触网的停电范围和分段绝缘器的位置,按列车运行图及接触网停电检查的天窗时间,掌握好承认闭塞的时机。

(2)列车能够滑行进站时,机车要在接触网断电标志外方降下受电弓,以防将区间接触网上高压电带进站内,危及接触网检修人员的安全。

(3)不能影响接触网检修人员的正常工作。

(4)采用补机推送列车出站时,将列车推送至有电区后,电力机车才能升起受电弓继续运行,站内不允许升弓。

(三)操作隔离开关时应遵守的规定

(1)须有两人在场,其中一人监护、一人操作。站内接触网隔离开关操作人员可由车站助理值班员、货运员或装卸工担任,监护人员应由车站值班员或助理值班员担任。

(2)操作隔离开关前,操作人员必须戴好安全帽,穿好绝缘靴,戴好绝缘手套,确认隔离开关及其传动装置正常、接地线良好、线路上确无电力机车作业的情况下,方可按规定程序操作。

发现隔离开关有不良状态时,既不准操作,也不准操作人员自行修理,应立即报告接触网工区或电力调度员派人前来修理。

(3)严禁接触网带负荷(货物线内有电力机车取流用电)操作隔离开关。因为隔离开关没有消弧装置,也没有断流能力,带负荷操作会产生断路弧火,烧坏设备,电伤操作人员。

(4)操作隔离开关要准确、迅速,一次开闭到底,中途不得停顿或发生冲击。操作过程中,人体未穿戴绝缘物的部分不得与支柱及其机构接触,以防触电。雷电期间,禁止操作隔离开关。

(5)操作隔离开关使用的绝缘靴和绝缘手套要存放在阴凉干燥、不落灰尘的容器内,保持其绝缘性能的良好。每隔6个月送供电段检查试验绝缘性能一次。每次使用前要仔细检查有无破损,并进行简略漏气试验。禁止使用破损、绝缘性能不良的绝缘手套与绝缘靴。

(6)接触网隔离开关不得随意开闭,传动机构必须加锁,钥匙应指定专人保管。中间站货物线隔离开关钥匙要固定存放在车站运转室(行车室),由车站值班员负责保管。使用时,需经车站值班员准许,亲自或指派助理值班员前往监护,用后立即收回钥匙。

站内有数台隔离开关时,每台隔离开关的钥匙要注明开关号码,相邻支柱隔离开关钥匙不得通用,以免错用钥匙,错开隔离开关,危及行车和作业人员安全。

五、行车作业人身安全事故案例分析

【案例3-1】 兰州铁路局集团公司兰州北车站调车人员重伤事故案例

1. 事故概况

××××年××月××日兰州北车站运转一车间,第A21号调车计划:下行编组场37道+42辆,上行到达场11道-42辆(总重2300t,换长56.3m)。14:57,当进行至下行编组场37道+42辆挂好牵出时,扒乘在车列尾部二位(C64K 4902138)的制动员赵某由于未站稳抓牢,由扒乘车梯滑落,被车列拖拽,导致右脚脚趾被车辆轧伤。

2. 作业过程

14:45,9调由上行到达场12道返岔子经1-7联络线进入下行编组场37道作业。

14:47,显示连接信号,14:53整列挂好,连结员联控:"9调制动机简略实验。"司机回复:"制动机实验。"连结员:"制动良好。"司机:"制动良好,司机明白。"14:55,连结员:"缓解良好。"司机:"缓解良好,9调司机明白。"调车长武某联控制动员赵某抓牢站稳,赵某回复:"抓牢站稳,走"。9调挂好牵出。

14:59,尾部添乘人员赵某呼叫司机"停车、停车",调车长武某知道后,立即从机车上下来赶往下行编组场,此时班组长王某通过报话机监听后也赶往下编37道,到达后看到赵某坐在路基上,右脚脚趾被轧伤。

3. 对规分析

(1)调车指挥人对调车作业计划的重点事项掌握不清。调车作业开始前,调车长未按要求向调车组人员传达车列尾部一辆为集装箱专用平板车不能扒乘的重点事项。违反《技规》第288条:"调车指挥人应根据调车作业计划制定具体作业方法,连同注意事项,亲自向司机交递和传达;对其他有关人员,应亲自或指派连结员进行传达。"违反《站细》第60条第二款第3项:"……调车长在计划执行前向调车机司机及调车人员传达作业方法和注意事项。"

(2)调车长岗位职责落实不到位。调车长在作业中要对小组作业人员作业情况及上下车情况进行掌握,但调车长武某对作业中调车组人员位置未充分掌握。《铁路调车作业标准》第2部分准备作业程序一、布置计划调车指挥人技术要求:"要明确分工,布置重点注意事项,并及时听取复诵";《铁路调车作业标准》第5部分平面牵出线作业程序二、牵出车列项目3.起车牵出调车长技术要求:"确认车列开口处或末端制动员的回示,注意调车人员上车及安全等情况向司机回示好了信号。"

(3)连结员失去互控作用。连结员有协助调车长做好小组管理工作的职责,而作业中连结员未在规定位置,使得连结员互控作业丢失。《铁路调车作业标准》第2部分准备作业程序一、布置计划调车人员技术要求:"接受调车作业计划后,按计划分工,立即上岗,做好准备及检查。"兰州北站《站细》第57条第二款职责分工第14项:"连结员:在调车长的领导下,按《调标》要求,根据调车长的指示,检查线路、道岔、停留车位置、车辆连挂状态及防溜措施,协助调车长做好小组管理工作。"

(4)调车作业人员在作业过程中未落实"抓牢站稳"的相关作业规定。

①调车长与制动员在动车后方才执行"抓牢站稳"的安全联控制度。违反《兰州北车站劳动安全卡控措施》第六条第7款:"调车指挥人作业未确认小组人员位置及好了信号时,未相互进行抓牢站稳联控,严禁盲目显示启动信号。"

②作业开始后,制动员未严格执行调车作业过程中扒乘车辆的"抓牢站稳"制度,盲目移位。违反《车务系统调车工作管理办法》第十九条第5款:"调动有人力制动机闸台的敞车、棚车、G70型罐车、水泥车辆时,允许调车作业人员站在车辆闸台上将安全带钩子挂于闸杆或高于人力制动机闸盘的车梯(扶手)上,必须抓牢站稳,遇紧急情况应及时采取自我防护措施……";违反《车务系统劳动安全管理办法》第十四条第3款:"调车作业人员作业中扒乘车辆时,应抓牢站稳,严禁将手臂跨在车梯内,防止遇到紧急情况无法及时采取防护措施。"

(5)作业人员在发现突发情况后,未能正确使用"紧急停车键"。

调车作业人员在不慎跌落车辆后,未能及时正确使用"紧急停车键",仅利用通信设备呼喊司机停车,造成车列继续向前行驶一段距离后方才停车。违反《站细》第61条第四款第2项:"遇下列特殊情况时,制动、连结员方可按压紧急停车键,其他情况严禁按压紧急停车键,防止机车发生紧急放风,杜绝人身安全隐患。①作业中发现危及人身安全或行车安全的紧急情况时(如行人、机动车辆抢越线路);②需要进入车下,道心中进行作业时;③发现线路、道岔故障、损坏时,线路、路基塌陷时;④发现侵限的建筑物、障碍物时;⑤其他紧急情况"。违反《车务系统调车工作管理办法》第二十六条第5款:"使用平面无线调车灯显设备调车作业中,作业人员发现危及行车和人身安全的紧急情况时,应立即使用'紧急停车键''停车键',及时向司机发出停车指令,使调车车列停车……。"

4. 原因分析

（1）作业层面

①调车作业计划布置、传达重点事项不清。

②调车长调车指挥人作用丢失。

③调车组人员间失去互控作用。

④调车指导岗位职责未落实,作用未发挥。

⑤小组人员搭配不符合规定。

⑥调车组人员作业标准不执行,作业程序颠倒。

⑦尾部制动员作业中盲目图快,简化作业程序。

⑧尾部制动员车列运行过程中随意位移。

（2）专业管理层面

①车站周预警预控措施,无盯控落实科室。

②日常对9调作业盯控不实。

③专业科室职能严重缺失。

④调车语音回放、分析工作开展不力。

⑤"三标、一对"工作落实不到位。

⑥"四预"工作落实、关键风险卡控不力。

（3）车间管理层面

①对关键班组的盯控和检查整治工作未落实。

②专项整治活动开展不力。

③闭环管理工作落实不到位。

④培训学习缺乏针对性。

⑤现场检查和安全关键盯控存在疏漏。

⑥劳动安全警示教育和专项培训工作存在疏漏。

（4）班组管理层面

事故责任班组长期以来管理滞后、班组长作用发挥不好,从事发当天对该班组管理和作业组织情况分析,存在以下问题:

①班前点名会预想预防不足。

②班前留题试问走形式。

③班组长作用发挥缺失。

【案例3-2】 贵阳南站"1·3"机车车辆伤害事故

1. 事故概况

××××年××月××日15:51,贵阳南站3班3调执行编组X23059次调车作业计划Ⅱ1+6、Ⅱ3-5、Ⅱ2+46、Ⅲ7-47编组,调车长任某安排连结员魏某上Ⅱ场2道检查车辆,制动员余某上Ⅱ场1道+6。

15:52,魏某在1道与2道的两股道中间,看见调车机上1道挂车,就用对讲机询问1道挂的车号,并核对车号后提开车钩。3调从1道牵出,魏某继续上2道检查车辆、线路。余某和任某一起向尾部行走准备上车,任某当时看到余某在机后第二位往尾部走,就先上了第3辆车,余某随后上了第5辆车,上车时左脚踩空,任某上车后再看余某时,发现其被车辆拖着走,立即用对讲机呼"停车"。

2. 事故原因分析

(1)制动员劳动安全意识不强。制动员余某自我保护意识不强,作业中麻痹大意,精力不集中,在Ⅱ场1道牵出上车时,踩空车梯,被车列拖行,再次上车时,左脚不慎踏入2部位停车器与基本轨之间缝隙,是造成此次事故发生的直接原因。

(2)调车长严重失职。

一是,未认真负责调车人员的人身安全和行车安全。未认真确认作业人员位置,盲目发出"起动"指令,互控不力。

二是,应急处置不当。调车长在发现制动员被车列拖行后,仅仅呼叫司机"停车"和发出"停车"指令,没有呼叫司机紧急停车,导致司机未能采取紧急停车措施,造成拖行距离延长,错过了减轻伤害程度的时机,是造成此次事故的重要原因。

(3)班组安全管理不力。

一是,不重视劳安学习,劳安常识和劳安事故案例学习少。

二是,班前试问流于形式,涉及"调车作业上车速度"等几个问题没有试问记录。

三是,现场安全卡控不到位,现场监督管理存在严重漏洞,未及时发现和制止现场违章行为。

(4)运转车间劳安管控不力。

一是,"重行安轻劳安、重驼峰轻峰尾"思想严重。运转车间对调车安全加强了防控措施,但忽视了调车作业中的劳动安全风险,管控重心有偏差。

二是,风险研判不力。对编组场内复杂的作业环境风险警惕性不强,对调车机车改用和谐型大功率机车带来的起动、停车加速度大的特点,未充分研判其潜藏的安全风险。车间"安全大检查推进计划表"与车间的"安全风险问题库"项点不一致。

三是,劳动安全的基础管理差。运转车间职工共计261人,但三级安全教育卡只有16份;冬季劳安培训缺乏事故案例,缺乏《贵阳南车站调车作业停车上下有关规定的通知》等与现场劳动安全紧密相关的措施内容;车间月度安全分析会质量较低,无劳安问题分析内容;调车跟班写实流于形式,跟班发现高质量问题少,特别是信令使用、作业前分工、劳动安全互控、应急处置等关键发现问题少,调车写实台账化、形式化。

(5)贵阳南车站安全管理缺失。

一是,安全风险管理不到位。没有结合总公司、运输处下发的劳动安全事故案例开展类似风险的排查、研判,事故教训的吸取不深刻,安全风险研判不到位,主观认为编组站的主要风险聚集在驼峰,且在车站连续18年无劳安事故的情况下,盲目乐观,存在重行安轻劳安的思想。

二是,劳动安全教育培训不到位。车站缺乏针对性的劳动安全培训计划和方案,日常培训缺乏系统和综合安排。对劳安培训质量把关不严,重任务完成,轻培训效果;重培训数量,轻培训创新,培训效果较差。

三是,日分析、日预警质量不高。对上级下发的安全风险预警简单在本站微信群一转了之,未结合本单位实际和上级重点纳入车站日分析、日预警;车站《安全日分析暨安全日预警》内容简单,查车站12月10日—12月31日日分析、日预警,每日典型问题均只有1个当日发现的A类或B类问题,无设备故障、行车安全信息等情况。重点风险预警内容较随意,没有发出预警的缘由,没有对近期安全情况进行梳理,也没有与典型问题等进行联系。

四是,劳动安全风险管控不到位。尤其在已实施调乘一体化后,在作业互控中没有将调车人员上下车环节与调车机车起降速环节有机整合,为调车人员上下车创造安全、可控的条件。

五是,专业技术管理不到位。贵阳南站Ⅱ场1道、29道和Ⅴ场1道、29道受限于地理环境因素,长期只能反面上下车,车站只将其纳入了车站安全管理制度中的《惯性伤亡事故重点控制措施》,而未纳入《站细》相关条款。

3. 整改措施

(1)认真汲取事故教训。

一是,各站段要立即将该起事故以通报记名式传达至每一名行车干部职工,并结合近期劳安事故案例,开展一次劳动安全警示教育,以强化劳动安全意识和作业保护为重点,促使全体干部职工充分认清劳动安全事故对个人、家庭的伤害,增强职工的作业标准意识和安全规章的敬畏意识。

二是,加强预警帮促。预警期间,运输处将组成帮促小组对贵阳南车站开展重点帮促。贵阳南车站要同步开展对运转车间的安全风险预警和重点帮促。

(2)规范停车上下作业规定。

一是,中间站严格执行停车上下。

二是,编区站即日起除驼峰作业、溜放作业、转场作业外,货场取送、峰尾平面等调车作业一律实施停车上下。受环境影响不具备停车上下的如客技库设有地沟的线路区段等,实施走调。

三是,严格调车作业中上车时的联防联控。调乘一体化作业中,司机、调车组要加强联控,平稳控速。

(3)强化调车劳动安全管控。各站段要把劳动安全作为调车安全的管控重点,从班组入手,狠抓制度办法的落实。

一是,严格停车上下、固定走行径路的执行。未执行停车上下的区域,要选好、固化上下车地点,避开障碍物,单处上下车地点范围长度不得超过50m。严禁迎面上车、反面上下车(特殊规定者除外)。

二是,调车作业中需进入车挡或车下进行摘接软管、调整钩位等作业前,必须向调车长汇报,得到同意,按下"紧急停车按钮"进行防护后,方可作业。

三是,严禁钻车、以车代步和在运行机车、车辆前抢越。作业中严禁在车梯上探身过远。专用线、货物线取送作业时认真检查线路有无障碍物、大门开启状态及线路两侧货物堆放情况。

四是,大力开展调车作业环境整治。重点做好夜间照明不足、线路间步行板缺失、施工料具及废轨弃砟乱堆乱放、设施设备侵限的问题,加大对视频监控系统、平调灯显等设备问题的整治力度。

【案例3-3】 违反规定在线路上行走,造成人身死亡车辆伤害事故

1. 问题概况

××××年××月××日9时,线路工徐某任负责人和防护员,带领2名劳务工担当侯月线郑庄—端氏间下行线K123+420m~138K巡轨作业,2名劳务工沿下行线路前行,徐某后行。9:32,行至K125+450m处,郑庄—端氏间反方向运行的上行26574次货物列车将沿着线路轨枕头行走的徐某碰撞摔倒,头额部被路肩石渣碰伤,送医院抢救无效死亡。

2. 原因分析

(1)事故的直接原因:作为巡轨负责人和防护人的线路工徐某,在巡轨作业中,没有尽职尽责,没有非正常行车情况下的安全自保意识,作业中习惯性违章,盲目在线路轨枕头行走侵入限界,严重违反了路局《防止机车车辆人身伤害安全措施》第17条"沿线路行走时,严禁走道心、轨枕头和侵入限界"的规定,对这起事故负有主要责任。

(2)事故的间接原因:××线路车间日常管理不到位,"安全第一"的思想树立不牢,对路局下发的《防止机车车辆人身伤害安全措施》学习贯彻不够,安全盯控不到位。车间干部对上线作业人员作业区段的有关行车组织、反方向运行等情况不清,没有制定有针对性的非正常行车情况下作业人员的人身安全教育、提示、预想等防范措施,对上线作业人员的人身安全重视不够,班前安全预想和日常安全教育走过场。××工务机械段对施工作业多的车间、班组和防护员的人身安全教育、培训流于形式,对这起事故负有重要的管理责任。

3. 事故责任认定及处理

事故责任者为列××工务机械段,中断安全成绩。

4. 吸取的教训和警示教育

(1)日常人身安全管理有漏洞。施工作业重行车安全,轻人身安全卡控,没有对施工前、施工中的各个人身安全细节、重点和难点进行认真分析,忽视了施工作业中可能出现的人身安全失控环节、隐患和漏洞,由于管理性违章,简化班前安全预想程序,导致职工习惯性违章问题屡禁不止。

(2)职教部门日常没有把非正常情况下行车人身安全作为安全教育培训和考试的重点,导致巡轨作业的徐某只知面向下行来车方向巡检,没有注意反方向上行来车的意识;有关科室在日常的施工组织和安全措施制定中缺少非正常情况下行车,确保人身安全的具体措施和方案。

第二节 接发列车作业惯性事故的预防

车站在办理接车、发车和列车通过作业程序中发生的一切行车事故,称为接发列车事故,经常发生的接发列车事故称为接发列车惯性事故。

一、接发列车作业惯性事故的种类

1. 向占用区间发出列车

占用区间系指:

(1)区间内已进入列车。
(2)区间已被列车取得占用的许可(包括准许时间内未收回的出站、跟踪调车凭证)。
(3)封锁的区间(属于《技规》第330、第374、第382条的情况下除外)。
(4)区间内有停留或溜入的机车车辆、施工作业车辆。列车发出后溜入的亦算。
(5)发出进入正线的列车而区间内道岔向岔线开通。
(6)邻线已进入禁止在区间交会的列车。

列车前端越过出站信号机或警冲标即算。

办理越出站界调车后,没有取消手续,也没有办理列车闭塞手续,就用该调车手续将列车开出,亦按本项论。

【知识链接3-1】 《技规》第330、第374、第382条关于封锁区间的规定

第330条 单线区间的车站,经以闭塞电话、列车调度电话或其他电话呼唤5min无人应答时,由列车调度员查明该站及其相邻区间确无列车(包括单机、大型养路机械及重型轨道车)后,可发布调度命令,封锁相邻区间,按封锁区间办法向不应答站发出列车。

该列车应在不应答站的进站信号机外停车,判明不应答原因及准备好进路后,再行进站。司机或车站值班员应将经过情况报告列车调度员。

第374条 车站值班员接到司机或工务、电务、供电等人员的救援请求后,应立即报告列车调度员。需封锁区间派出救援列车时,列车调度员应向有关车站发布命令封锁区间,并派出救援列车。

向封锁区间发出救援列车时,不办理行车闭塞手续,以列车调度员的命令,作为进入封锁区间的许可。

当列车调度电话不通时,应由接到救援请求的车站值班员根据救援请求办理,救援列车以车站值班员的命令,作为进入封锁区间的许可。

司机接到救援命令后,必须认真确认。命令不清、停车位置不明确时,不准动车。

救援列车进入封锁区间后,在接近被救援列车或车列2km时,要严格控制速度,同时,使用列车无线调度通信设备与请求救援的机车司机进行联系,或以在瞭望距离内能够随时停车的速度运行,最高不得超过20km/h,在防护人员处或压上响墩后停车,联系确认,并按要求进行作业。

第382条 向施工封锁区间开行路用列车时,列车进入封锁区间的行车凭证为调度命令。该命令中应包括列车车次、停车地点、到达车站的时刻等有关事项,需限速运行时在命令中一并注明。

向施工封锁区间开行路用列车,原则上每端只准进入一列,如超过时,其安全措施及运行办法由铁路局集团公司规定。

2.向占用线路接入列车

占用线系指车站内已办理进路的线路或停有机车车辆的线路或已封锁的线路。

列车前端越过进站(进路)信号机或站界标即构成"向占用线路接入列车"。按《技规》第357条规定办理的列车除外。即"在站内无空闲线路的特殊情况下,只准许接入为排除故障、事故救援、疏解车辆等所需要的救援列车、不挂车的单机及重型轨道车。上述列车均应在进站信号机外停车,由接车人员向司机通知事由后,以调车手信号旗(灯)将列车领入

站内。"

3. 未准备好进路接发列车

进路系指：

(1)接入停车列车时,由进站信号机起至接车线末端计算该线有效长度的警冲标或出站信号机止的一段线路。

(2)发出列车时,由列车前端起至相对进站信号机或站界标为止的一段线路。

(3)通过列车时,为该列车通过线两端进站信号机或站界标间的一段线路。

未准备好进路系指：

(1)进路上的道岔未扳、错扳、临时扳动或错误转动。

(2)进路上有轻型车辆(包括拖车)、小车及其他能造成脱轨的障碍物(不包括其他交通车辆)。

(3)邻线的机车车辆越过警冲标。

(4)违反《技规》第353条禁止办理相对方向同时接车和同方向同时发接列车的规定而办理同时接车或发接列车。

(5)超限列车(包括挂有超限货物车辆的列车)、客运列车由于错误办理造成进入非固定股道。

接入停车或通过的列车,列车前端进入进站(进路)信号机或站界标以及发出的列车起动均算。

设有进路信号机的车站,分段接发列车时,按分段算。如果每段都发生,每段各定1件事故;如果一次准备的全通路,为一个进路,定1件事故。

凡由于信号联锁条件错误或有关人员违章作业,致使信号错误升级显示进行信号或强行开放进行信号,造成耽误列车或列车已按错误显示的进行信号运行,虽未造成后果,均定事故。

4. 未办或错办闭塞发出列车

未办或错办闭塞发出列车系指未和邻站、线路所、车场办理闭塞手续,或办理闭塞的区间与列车运行的区间不一致而发出的列车。列车前端越过车站信号机(包括线路所通过信号机)或警冲标即构成。客运列车错办闭塞的区间虽与列车的运行区间一致,亦按本项论。

没有调度命令,擅自改变或错办列车运行径路,亦按本项论。

未按规定办理手续而越出站界调车时,亦按本项论。

5. 列车冒进信号或越过警冲标

列车冒进信号或越过警冲标系指列车前端任何一部分越过地面固定信号显示的停车信号;停车列车越过到达线末端计算该线有效长度的警冲标或轧上线路脱轨器(系指用于接发列车起隔开作用的脱轨器)时亦算。双线区间反方向运行,列车冒进站界标,亦按本项论。

在制动距离内,由于误碰、错办或维修设备,致使临时变更信号显示、信号关闭或临时灭灯,造成列车冒进信号时,不论联锁条件是否解锁,亦按本项论。

在制动距离内信号自动关闭或临时灭灯,在进路联锁条件不解锁的情况下,列车冒进信号时,不按本项论。

6. 错办或未及时办理信号导致列车停车

错办或未及时办理信号导致列车停车系指：

(1)因办理不及时或忘办、错办信号使列车在站外或站内停车。
(2)禁止同时接车的车站或不准同时接入站内的列车,误使两列车均在站外停车。
(3)接发列车人员未及时或错误显示手信号,使列车停车。

7. 错误办理行车凭证发车或耽误列车

错误办理行车凭证发车或耽误列车系指与邻站已办妥闭塞手续,但由于未交、错交、未拿、错拿、漏填、错填行车凭证;自动闭塞、自动站间闭塞、半自动闭塞区间未开放出站(进路)信号机发车或耽误列车。

行车凭证交于司机或运转车长显示发车手信号后(车站直接发车时为发车人员显示手信号后),发现行车凭证错误,亦为错误办理行车凭证发车。

填写的行车凭证,错填、漏填电话记录号码、车次、区间、地点时,按本项论。

自动闭塞、自动站间闭塞、半自动闭塞区间未开放出站(进路)信号机,列车起动停车未越过信号机或警冲标时,视同一般 D 类事故情形。越过关闭的停车信号或警冲标时,视同一般 C 类事故情形。

二、发生接发列车惯性事故的主要原因

1. 离岗、打盹或做与接发列车作业无关的事情

接发列车作业人员擅离职守、打盹睡觉、看书看报、闲谈打闹,都直接影响作业人员的注意力,造成误听、误传车次、股道,忘办、错办闭塞、信号,忘扳、错扳道岔等后果,一旦各种原因叠加,就很可能造成事故。

2. 办理闭塞没有确认区间空闲

行车闭塞设备在正常情况下,可以保证在同一时间、同一区间内只有一个列车占用。但在设备发生故障或有些特殊情况下有可能产生区间空闲的假象,特别是电话闭塞完全靠作业人员控制,办理闭塞前如不确认区间空闲,就有可能向占用区间发出列车,发生严重的行车事故。

3. 不按规定检查确认接发列车进路

不按规定检查确认接发列车进路是造成接发列车事故的重要原因,特别是在无轨道电路的车站或停电、施工等无联锁状态下接发列车,如果不按规定认真检查接发列车进路,极易发生未准备好进路接发列车的行车事故。

4. 不认真核对行车凭证

行车凭证是列车占用区间的依据,非正常情况下办理接发列车时,如果漏填、错填、未交、错交、未拿、错拿行车凭证,轻则耽误列车,影响正常运行,重则造成向占用区间发出列车等严重后果。

5. 错办或未及时办理信号

及时、正确地开放信号是保证行车安全和不间断地接发列车的一项重要工作。信号开放不正确或不及时,会造成列车晚点或机外停车,甚至造成向占用线接车或向占用区间发车等严重后果。

6. 取消、变更接发列车进路联络不彻底

车站在办理接发列车时,原则上不许变更接发列车进路,但如果遇特殊情况,必须变更

发车进路时,应先通知发车人员取消发车后再变更;原规定为通过的旅客列车由正线变为到发线时,应经列车调度员准许事先预告司机,降低列车进站速度,才能保证行车安全。

7. 抢钩作业

抢钩作业是指在准备接发列车进路时,不按规定停止影响列车进路的调车作业。抢钩作业除直接造成列车晚点外,还会因抢钩作业容易简化作业过程,匆忙中极易造成行车事故,特别是在没有隔开设备的线路上危险性更大。

三、接发列车作业惯性事故的预防

为了保证安全地、不间断地接发列车,必须认真贯彻执行《接发列车作业标准》,抓早抓实,层层设防,把事故减少到最低限度。

1. **办理闭塞时必须确认区间空闲**

车站值班员在办理闭塞时,为防止向占用区间发出列车,必须认真做好以下工作:

(1) 检查确认前一列车是否完整到达

在半自动闭塞、无轨道电路、无联锁状态下接车时,车站值班员必须听取扳道员前一列车全部到达的报告。助理值班员应认真确认列车尾部标志,防止区间遗留车辆。

(2) 通过闭塞设备确认区间空闲

自动闭塞区段根据控制台上的信号表示灯接近、远离及道岔区光带进行确认。半自动闭塞区段根据闭塞机上邻站发出列车到达的闭塞表示灯确认。电话闭塞根据车站行车日志、电话记录登记簿列车到达的电话记录号码确认,并与揭挂的表示牌进行核对。

(3) 检查确认有关记录情况

在确认区间空闲时,还要认真核对轻型车辆使用书、行车设备检查登记簿、调度命令等有关记录。

2. **认真检查确认接发列车进路**

车站值班员布置接发列车进路时,必须向有关人员讲清接发列车的车次和占用线路。车站一端连接两个以上方向或双线反方向接发列车时还应特别说明。为防止有关人员误听、错听,受令人应按规定复诵。此外,在准备接发列车进路时,还应重点检查确认以下事项:

(1) 确认接车线路空闲

①设备检查:即利用控制台上的线路占用光带或表示灯检查确认。

②目视检查:即天气良好时,车站值班员(助理值班员)或扳道员现场目视检查线路空闲。

③分段检查:即在夜间或昼间天气不良、曲线半径过小和施工停电联锁设备失效的情况下,车站值班员(助理值班员)或扳道员按划分地段分别检查确认。

④辅助检查:即从占用线路揭示板核对确认。

(2) 确认进路上的道岔位置正确

扳道员或信号员在准备接发列车进路时,必须严格执行"一看、二扳(按)、三确认、四显示(呼唤)"制度。特别是在无联锁或联锁失效时,扳道员和引导员不仅要确认道岔位置正确,还要确认对向道岔和邻线上的防护道岔是否加锁,由始端至末端逐个检查确认后,方可向值班员报告接发列车进路准备妥当。

(3) 确认占用区间凭证填写正确

这里所说的占用区间行车凭证,主要指书面凭证,包括路票、绿色和红色许可证或通知书,以及作为行车凭证的调度命令。占用区间行车凭证填完后,必须经过两人互检或一人两次检查,重点核对电话记录号码或调度命令号码、区间、车次和地点,做到准确无误。

(4) 确认影响进路的调车作业已经停止

在准备接发客运列车进路时,能进入接发列车进路线路而没有隔开设备或脱轨器时,不准进行调车作业。特别是在开行快速旅客列车的区段,更应严格遵守,甚至要提前停止影响进路的调车作业,绝对禁止抢钩作业。接发超限列车,线间距不足 5m 时,还应停止邻线上的调车作业;接发非超限列车但邻线调动超限车辆时,也应停止调车作业。

上述事项检查确认完毕后方可开放信号机或交付行车凭证指示发车。

3. 正确掌握开闭信号的时机

信号开闭时机的把握,直接影响到行车安全和设备运用效率。"早开晚关"虽然对列车运行安全有利,但降低了设备的运用效率;"晚开早关"将会造成列车机外停车或进路提前解锁,危及列车运行安全。

在非集中联锁的车站,信号关闭过早,会使进路上的有关道岔提前解锁,敌对信号开放;过晚关闭信号,道岔不能解锁,其他进路不能及时准备。因此,必须按《站细》规定,正确掌握开闭信号的时机。

(1) 开放进站信号机的时机

开放进站信号机的时机是列车运行到预告信号机之前,司机能确认信号显示的地点的时刻。这也是开放进站信号机的最晚时机。遇有特殊情况,需要变更接车进路时,应在保证列车在进站信号机外不停车、不减速的情况下,方可关闭进站信号机,变更进路。电气集中联锁的车站,应在列车进入预告信号机之前,方可变更接车进路。

(2) 开放出站信号机的时机

开放出站信号机的时机应根据出站信号机开放后至列车起动前办理的全部作业所需时间而定,主要包括车站助理值班员确认出站信号、显示发车指示信号的时间,运转车长确认发车指示信号、显示发车信号的时间,司机确认发车信号、起动列车的时间。

(3) 关闭信号机的时机

到达列车全部进入接车线警冲标内方后,方可关闭进站(进路)信号机;出发(通过)列车全部越过最外方道岔,方可关闭出站信号机;列车全部越过线路所通过信号机后,方可关闭该信号机;列车头部越过引导信号后,方可关闭引导信号或按规定收回引导手信号。

自动闭塞区段及集中联锁的车站,因设有轨道电路,信号机自动关闭。半自动闭塞的出站信号机,列车进入出站方向轨道电路区段,信号机也自动关闭,但是出站信号机手柄必须在列车全部出站后方可恢复,以免进路上的道岔提前解锁。

4. 接发列车必须立岗监督

接发列车立岗制度是保证列车和人身安全,防止接发列车惯性事故的一项重要措施,必须认真执行。

接车时,列车接近车站时,根据扳道员或信号员"××次接近"的报告,助理值班员应提前出动到《站细》规定地点立岗接车。认真检查进路上有无障碍物和行人,监督列车进站走行、货物装载情况,发现异状,及时向车站值班员报告;如遇危及行车、人身安全的紧急情况时,应显示停车信号或用无线列调电话通知司机停车。

发车前,发车人员确认发车进路准备妥当、行车凭证交付完毕、出发信号机开放正确、旅客乘降完成、行包装卸结束、列检防护信号撤除,方可指示发车或发车。发车时,发车人员和出站方向扳道员应于列车起动后,手持信号在规定地点立岗监督列车出站。

凡是不能从设备上确认列车进路和出站情况的车站,接发列车人员应及时向车站值班员报告列车进、出站情况。认真检查确认列车尾部标志。

5. 开通区间不能简化作业过程

开通区间是接发列车作业的最后一道作业程序,也是下一次作业的准备,绝不能因为列车已经接入或发出而简化作业过程,否则就会埋下事故隐患。

列车接入或发出后,车站值班员必须亲自或通过助理值班员或扳道员确认列车是否全部到达警冲标内方或全部开出车站,及时解锁进路,关闭信号机或收回行车凭证,办理闭塞机复原,并与邻站办理区间开通手续。

四、车机联控

车机联控是指车务、机务等行车有关人员使用列车无线调度通信设备,按规定联络,提示行车安全信息、确认行车要求的互控措施。车机联控是以列车安全为对象,以防止列车"冒进信号""错办进路"等惯性事故为重点,以加强列车运行中的动态控制、强化行车各部门的"结合部"作业为目的,以落实基本作业制度为前提的重要安全措施。

车机联控的主要设备包括车站电台、机车电台、便携电台及通信记录装置等。车机联控实施两种制度,即指路行车和问路行车。普速列车和货运列车执行问路行车;动车组、城际高速动车组等高速列车执行指路行车。

(一)铁路局集团公司车机联控组织

在中国国家铁路集团有限公司安全监督管理局的领导下,各铁路局集团公司成立车机联控领导小组,由分管安全的副局长任组长,运输、机务、电务、财务、劳资、工务、供水、供电、基建、房建、计统处长为组员。

铁路局集团公司安全监察室下设车机联控办公室,由安全监察室副主任兼任车机联控办公室主任,配备不少于3名监察为车机联控办公室专职人员。运输、机务、电务处指定专人配合车机联控办公室负责本部门的日常车机联控工作。

各直属站、车务、机务、电务、列车段成立车机联控小组,配齐专职人员负责本单位的车机联控工作。

(二)车机联控标准

《车机联控标准》(TB/T 3059—2002)明确了车机联控的基本概念,规定了车机联控的设备、人员、信息、用语和作业标准等要求。

(三)车机联控注意事项

(1)使用列车无线调度通信设备通话时,应清楚、准确,并按规定用语呼叫应答。

(2)通话中,必须互相确认,防止误听误传、臆测行车,有关行车事项必须应答(复诵)。

(3)列车无线调度通信设备仅限作业、维修,发现险情、处理事故时,有关人员按规定使用。禁止使用列车无线调度通信设备谈及与工作无关的事项;严禁在工作中关机和压死通话键。

(4)未配备列车无线调度通信设备或该设备不良时,机车不准出段。在列车运行途中,发生列车无线调度通信设备故障时,应按铁路局集团公司规定的办法,通知车站转报列车调度员,采取确保列车安全运行的有效措施。

(5)作业人员要正确使用和爱护设备。当发生设备故障时,应及时通知维修人员。维修单位应保证列车无线调度通信设备的正常使用。

(四)车机联控的重要作用

为进一步加强接发列车作业安全,切实提高列车运行的全质量,《技规》(普速部分)第333条规定:"列车运行中,各有关作业人员应按规定执行车机联控。"

车机联控对改善行车环境、沟通行车信息、增强安全意识、掌握列车运行都发挥了极为重要的作用。尤其在防止切轴事故、防止道口事故、防止塌方、防止水害事故、防止列车火灾事故、防止线路障碍事故、防止车辆配件脱落事故、防止错办列车进路事故、防止折角塞门关闭事故、防止钢轨断裂事故、防止信号错误显示事故、防止列车制动失效事故、防止货物装载不良事故,以及防止邻线列车事故等方面,的确是立下了"汗马功劳"。

【案例3-4】 ××××年××月××日00:13,××局N5次货物列车在××站5道停车会让。司机发现上行1632次货物列车通过时,其尾部前8位车辆的2位轴头冒烟,立即用列车无线调度通信设备通知车站及1632次司机停车。经检查,该列车尾部8位右侧2轴头燃轴,轴头已烧红,白合金全部熔化。及时防止了列车切轴事故。

【案例3-5】 ××××年××月××日,××局旅客列车617次,运行至××线××—××间K803+500处,机车乘务员和添乘干部均发现列车严重晃动,司机立即采取减速运行措施,同时以列车无线调度通信设备通知就近的前方×××站。车站立即报告列车调度员,通知邻站扣住续行列车,并通报工务部门。经工务部门现场检查核实,该路基已下沉了200mm。防止了一起后续列车可能发生的列车颠覆重大事故。

【案例3-6】 ××××年××月××日9:40,××局××工务段在××线K18+080处进行线路钢轨探伤作业时,发现站内4号道岔左侧尖轨在距尖端900mm处严重断裂,裂缝长达130mm。此时,特快旅客列车54次已经开过来了,情况万分紧急,探伤工×××立即用无线列调电话呼叫54次司机停车。当特快旅客列车54次紧急制动停下时,距4号道岔故障点仅75m。防止了一起可能发生的旅客列车重大事故。

【案例3-7】 ××××年××月××日,××局×××机务段$DF_4$1850机车牵引枣1次,列车运行至××站外联控时,车站通知3道停车。司机进行调速时发现列车制动失常,立即采取非常制动,并以无线列调电话呼叫前方接车站,通报列车制动失控情况,该站迅速采取措施,变更枣1次为正线通过。枣1次非常制动滑行约7000m后,终于停在相邻的

××站进站信号机外。防止了一起可能发生的列车颠覆的重大事故。

五、接发列车事故案例分析

【案例3-8】"1·9"京九线周铁岗站未准备好进路发车一般C8事故

1. 事故概况

××××年××月××日,武汉局京九线X218次货运列车(HXD1B型0550号,南昌局向塘机务段值乘)运行至周铁岗站Ⅱ道通过时,因下行线封锁施工,1号道岔更换基本轨,上行线采用无联锁方式发车,车站值班员在未准备好发车进路的情况下,盲目填写绿色许可证,并联控司机Ⅱ道通过,挤坏进路上的11号道岔,构成铁路交通一般C8事故。

2. 事故原因

(1)车站值班员办理X218次列车发车时,未确认进路上11号道岔开通位置,盲目填写绿色许可证并发出列车,导致通过列车挤坏11号道岔。

(2)武汉局麻城车务段盯控把关干部未落实车务段施工安全措施,没有盯住进路、凭证等关键环节,且违章指挥,错误指示车站值班员执行施工特定行车办法。

(3)南昌局向塘机务段司机违反普速《技规》规定,在未收到绿色许可证的情况下,按照车站使用列车无线调度通信设备通知的绿色许可证号码和助理值班员显示的手信号通过车站。

3. 事故责任

武汉铁路局集团公司麻城车务段负主要责任,南昌铁路局集团公司向塘机务段负次要责任。

4. 事故教训

(1)干部职工违章指挥。按照施工计划和施工安全措施,周铁岗站下行线封锁施工,上行线发车应向司机交付绿色许可证,但麻城车务段安技科盯岗干部违章指挥,错误指示车站值班员采用施工特定行车办法组织行车,车站值班员也错误执行。

(2)职工违章蛮干。周铁岗站车站值班员在27232次4道进路已准备到位的情况下,列车调度员临时变更计划,27232次待避X218次,办理X218次Ⅱ道发车时,未确认列车进路上的11号道岔开通位置,盲目填写绿色许可证并安排助理值班员发出列车。南昌局向塘机务段X218次司机未能发现并制止周铁岗站擅自按照施工特定行车办法组织行车的违章行为。

(3)干部盯控不到位。办理X218次Ⅱ道发车时,车站行车室及现场盯控干部均未盯住关键,未确认进路上的11号道岔位置。

【案例3-9】"6·17"长沙动车所错办闭塞发车一般C9事故

1. 事故概况

××××年××月××日,55351次列车(CRH3C-3050号,广州动车段配属,广州机务段值乘)计划由长沙动车所19道开,经动车走行B线进长沙南站武广场4道,长沙南站6:25开车至广州南站。5:23,长沙动车所站值班员错误排列19道经动车走行C线的进路,并将列车错误发出至动车走行C线。5:28,列车调度员发现动车所错办发车进路后,根据值班副主任指示,将列车接入长沙南站沪昆场24道,换端后5:47开,6:01经动车走行C线运行至长沙车所13道,6:19经动车走行B线出库至长沙南站武广场4道,构成铁路交通一般

C9 类事故。

2. 事故原因

动车所车站值班员违反高速《技规》第285条"在扳动道岔、操纵信号时,认真执行'一看、二扳(按)、三确认、四显示(呼唤)'制度"的规定,发车前未认真核对线别,错误排列了55351次19道开往动车走行C线的发车进路。行车室盯岗人员擅离岗位,未全过程盯控车站值班员作业。

3. 事故责任

长沙车站负全部责任,追究广铁集团调度所隐瞒事故责任。

4. 事故教训

(1)长沙站生产组织管理不到位。长沙动车所行车室长期使用非常站控模式,3名车站值班员实行三班制、每班24h,精力难以得到保证。随着沪昆高铁开通,动车所作业量增大,每班增配了1名盯控人员,但未明确其职责和工作标准,基本没有发挥盯控作用。

(2)教育培训不到位。长沙站为接管沪昆线杭长、长怀段等新建高铁,在行车人员不足的情况下,从客运等岗位调整了一批职工到高铁车站值班员岗位,这些人员没有经过系统的行车业务培训,且在短时间内单独上岗,其接发列车能力和经验均不足。

(3)设备保安作用发挥不到位。长沙动车所行车室CTC系统开通以来,一直未启用进路触发功能,而由车站值班员人工排列进路,埋下错办隐患。

(4)安全检查不到位。长沙动车所位置相对偏远、交通不便,长沙站、长沙南站管理人员疏于检查指导,没有发现和纠正动车所车站值班员和盯控人员的日常违章行为。

【案例3-10】 "7·24"京九线向塘站错办闭塞发车一般C9事故

1. 事故概况

××××年××月××日10:14,南昌局京九线X41076次货物列车(DF4B型6472号,向塘机务段值乘)在向塘站发车作业时,车站值班员未核对列车运行计划和调度命令,将本应开往西环线生米站方向的列车,错误开往京九线横岗站方向,且在值乘司机开车前对列车运行方向表示异议后,车站仍坚持开往京九线横岗站方向。值乘司机在未接到调度命令的情况下,盲目修改支线号,构成铁路交通一般C9事故。

2. 事故原因

(1)向塘站车站值班员签收"准许X41076次列车在向塘站至乐化普速场间由原京九径路,改经西环线运行,各站按现点运行"的命令后,未认真阅读,也未打印并向助理值班员、信号员等传达。办理X41076次列车发车时,未核对列车运行计划和调度命令,错误与京九线横岗站办理预告,并布置信号员开放信号。当司机告知X41076次列车应走西环线、助理值班员追问时,向塘站车站值班员仍不核对列车运行计划、调度命令,盲目回复是横岗方向。

(2)向塘机务段司机在无变更径路调度命令的情况下,擅自修改支线号开车。

(3)南昌车务段横岗站车站值班员在未核对列车运行计划和调度命令的情况下,盲目同意了向塘站车站值班员X41076次列车预告。

3. 事故责任

向塘西车站负主要责任,追究向塘机务段同等主要责任,车务段负重要责任。

4.事故教训

(1)规章制度和作业标准不执行。向塘、横岗站车站值班员违反《技规》和《接发列车作业标准》,在签收第12026号变更X41076次列车基本径路的调度命令后,没有认真阅读命令内容,也没有打印并向助理值班员、信号员等传达,办理列车预告前,也未核对列车运行计划,盲目办理预告。向塘机务段司机违反《技规》规定,在无变更径路调度命令的情况下,擅自修改支线号开车。

(2)管理制度落实不到位。向塘运转车间交接班制度不落实,长期以来不按规定召开班前点名会,未组织作业人员学习调度日班计划,也不对变更列车运行径路的列车进行重点布置。向塘西站对向塘运转车间长期以来不召开早生产交班会失察失管,造成当班人员对日班计划、接发列车变更事项、施工安全重点不掌握。

(3)安全风险研判缺失。运输处对频繁调整列车运行径路的安全风险排查不到位,西环线与京九线间因运输需要经常变更列车运行径路,7月1日调图前日均变更8.4列,调图后有增无减,日均变更达到8.9列,对如何优化运输组织,降低变更运行径路列车频次,及时阻断调整变更列车运行径路带来的安全风险等方面缺少有效管控措施;调度所没有严格按照列车基本运行图组织日常运输工作,日班列车运行计划制定不严谨,造成部分多径路区段频繁变更列车运行径路,给现场接发列车防错办埋下安全隐患;向塘西站未针对多方向接发列车、机车进出库换挂频繁,列车运行图调整后西环线列车运行密度加大,与京九线图定的货物列车经常变更基本径路等情况,认真研判多方向接发列车的安全风险,制定防错办安全卡控措施。

【案例3-11】 "7·29"兰新线货物列车脱轨一般C2事故

1.事故概况

×××年××月××日5时06分,兰州局兰新线X11028次货物列车在金昌站Ⅳ道通过时,因下行线封锁施工,上行线采用无联锁方式接车,信号员未按规定监视进路及列车进站情况,违章解锁进路上单独锁闭的14号道岔,盲目单操14/16/18号道岔,提前准备后续Z70次旅客列车1道接车进路,造成本务机车脱轨,中断上行正线1小时44分,构成铁路交通一般C2事故。

2.事故原因

(1)信号员未得到车站值班员命令,违章解锁进路上单独锁闭的14号道岔,又盲目单操14/16/18号道岔,提前准备后续旅客列车1道接车进路,违反普速《技规》第352条"扳道、信号人员在值班时应做到:严格按照车站值班员的接发列车命令、调车作业计划,正确及时地准备进路"和《接发列车作业标准》"通过控制台监视进路、信号及列车进(出)站"。

(2)铁路局集团公司运输处审查编制7月份施工计划时,未核对运行图,错误确定上行线接车采用施工特定行车办法。武威南车务段技术信息科也错误制定了施工特定行车安全措施。7月28日施工日计划变更了行车组织方式后,武威南车务段技术信息科未重新制定施工行车安全措施。

(3)车站值班员办理接车时,应采用引导总锁闭方式开放引导信号接车,但错误采用人工引导接车,盯控干部没有纠正。违反普速《技规》第359条"进站、接车进路信号机不能使用时,应开放引导信号。引导信号不能开放或无进站信号机时,应派引导人员接车"的规定。

3.事故责任

武威南车务段负主要责任,追究运输处同等主要责任。

4.事故教训

(1)施工安全管理混乱。施工单位长期以来提报月度施工计划随意,业务处施工计划审核和运输处月度计划编制审查不认真,调度所擅自变更计划问题频发,车务站段现场安全卡控不力,特别是变更行车组织方式的施工,车务段不派段业务干部盯控,全部交由车站负责。

(2)技术管理存在漏洞。运输处错误确定上行线接车采用施工特定行车办法。武威南车务段技术信息科也错误制定了施工特定行车安全措施。7月28日施工日计划变更了行车组织方式后,武威南车务段技术信息科未重新制订施工行车安全措施。

(3)现场作业违章蛮干问题突出。"7.29"事故发生前,武威南车务段就发生多次车站值班员、信号员不落实《接发列车作业标准》的问题,但车务段没有引起重视,没有认真分析。车务段自身检查发现的问题质量不高,对上级检查发现的问题仅是简单考核职工,而不追究有关管理人员的责任,长此以往造成现场作业失控。

第三节 调车作业惯性事故的预防

一、发生调车作业惯性事故的常见原因

在调车作业中发生的事故,叫作调车事故。调车事故中频率较高的事故,称为调车作业惯性事故。调车作业过程中常见事故的种类有"撞、脱、挤、溜"四类,即调车冲突、调车脱轨、挤道岔、车辆溜逸。

发生调车作业惯性事故的常见原因包括以下几个方面:

1.调车作业计划不清或传达不彻底

调车作业计划是调车组、扳道组、信号员及调车机车乘务组统一的行动计划,如果调车作业计划本身不清,造成调车进路排错,机车车辆进入异线,作业方法错误,不该溜放的车辆溜放;调车作业计划不清或传达不彻底,造成调车组、扳道组或信号员及调机司机行动不一致,极易发生事故。

2.作业前检查不彻底,准备不充分

调车作业前,必须按规定提前排风,摘解风管,核对计划,确认进路,检查线路、道岔和停留车辆情况。手闸制动时要选闸、试闸,铁鞋制动时要准备足够、良好的铁鞋。

3.忘扳、错扳、抢扳道岔

在非集中控制区,忘扳、错扳和抢扳道岔会直接造成事故;在集中联锁区,信号员误排进路,调车长和调车机车司机不认真确认信号,极易造成冲突、脱轨和挤岔事故。

4.调车手信号显示不标准

调车手信号显示不标准有3种情况:一是未按规定的要求显示信号;二是错过了显示信号的时机;三是错误地显示信号。上述情况都有可能导致事故的发生。

5.溜放作业速度掌握不当或提钩时机不当

实现溜放作业安全的关键是正确掌握好溜放速度,正确把握提钩时机,保证溜放车组适

当的间隔距离。如果溜放速度过快,会给制动工作造成困难;溜放速度过慢,易造成"堵门",影响后面车组的溜放。提钩过早,容易造成车组间隔距离不够,给扳道和制动作业造成困难,容易造成尾追冲突;提钩时机过晚,又会提不开钩,直接影响作业效率。特别是在计划不清、联系不彻底时随意提钩,后果更为严重。

6. 制动不当

目前,我国铁路调车作业采用的制动工具有手闸、铁鞋、减速器、减速顶、制动小车等。但绝大多数车站的主要制动工具是铁鞋和手闸,就是在机械化驼峰作业中,也要辅以铁鞋和手闸制动。此处所说的制动不当,主要是指铁鞋和手闸制动不当。制动不当的表现有:

(1)选闸、选鞋不当。选闸、选鞋不当造成手闸制动不灵、"飞鞋",容易发生调车冲突。

(2)观距调速不当。溜放作业观速不准,调速不当,特别是手闸制动采用"一把闸"的错误操作方法,以及单车溜放时不执行"双基本",都容易发生事故。

(3)漏钩。调车作业中一旦漏钩,车组无人制动,特别是在线路两端同时作业时,极易造成严重后果。

7. "推黑车"或推进车辆不试拉

推进作业时,车组前端无人领车叫作"推黑车"。"推黑车"时,由于机车乘务员无法确认线路和停留车情况,极易造成撞车和挤岔事故。推进车辆不试拉,一旦车辆中有假联结,制动或停车时车辆脱钩发生溜逸,也容易发生撞车、脱轨、挤岔和溜逸等事故。

8. 未按规定采取防溜措施

调车作业在线路上停放车辆时,如不按规定采取防溜措施,极易发生车辆溜逸事故,一旦车辆溜入区间,后果不堪设想。

二、调车作业惯性事故的预防措施

调车作业按其目的可分为解体、编组、取送、摘挂和其他调车5种作业形式;按设备状况可分为牵出线调车和驼峰调车两类。不同目的和设备的调车作业,预防惯性事故的措施不尽相同。

(一)正确及时地编制和布置调车作业计划

1. 编制调车作业计划

编制计划必须在确保安全的前提下,充分考虑调车效率,做到有调车机车名称,有编解或摘挂车次,有作业起止时分,有编制人员姓名、日期。同时还要"五全",即作业顺序、股道、经由线路,作业方法,摘挂车数(10辆以上有车号),代号车标志,注意事项等内容齐全。一批作业超过3钩或变更计划超过3钩,应使用调车作业通知单;中间站利用本务机车调车时,不论钩数多少,均应使用附有示意图的调车作业通知单。

2. 布置调车作业计划

调车作业计划要正确及时布置,调车领导人要将调车作业计划亲自传达给调车指挥人,由于设备原因,亲自交接计划确有困难时,布置调车计划的办法,按《站细》规定办理。调车指挥人亲自传达给参加调车作业的司机、连结员和制动员。扳道长向扳道员传达,铁鞋组长向铁鞋制动员传达。调车指挥人必须确认有关人员均已了解调车作业计划后,方可开始作业。

3. 变更调车作业计划

在需要变更调车作业计划时,要以书面形式重新按程序下达。变更计划时,调车领导人必须停止调车作业,将变更内容重新传达给每一名作业人员,确认无误后方可作业,只变更钩数、辆数、股道时,可不通知司机。

(二)做好调车作业前的准备工作

1. 提前排风、摘管、松闸

有关作业人员要提前出场,排净副风缸的风,以免车辆在溜放过程中发生余风制动。按调车作业钩计划要求摘解风管,做到不错、不漏。并按规定检查提钩位置车辆的钩销链是否完好,发现钩销链脱开时,要用铁丝绑牢,检查车辆闸链,松开拧紧的手闸。

2. 认真检查线路、道岔、停留车情况

一是,检查进行调车作业的线路上有无障碍物;二是,检查停留车位置;三是,检查防溜措施;四是,检查确认道岔开通位置;五是,检查"道沿"距离;最后,检查确认无误后方可作业。

3. 手闸制动要认真选闸、试闸

车列停留时按照"一看、二拧、三蹬、四松"的方法检查手闸;车列牵出时,按照"一听、二看、三感受"的方法检查手闸。主要做到"六选六不选",即选前不选后、选大不选小、选重不选空、选高不选低、选双不选单、选标不选杂。

4. 铁鞋制动要选好铁鞋

按照调车作业计划要求,提前上岗做好准备工作。根据计划钩数、辆数,预计每一钩车的上鞋位置和数量,准备足够数量的铁鞋,并全面检查铁鞋和鞋叉,不能使用的应提前更换,并将铁鞋排放在预计下鞋地点的枕木头上。

(三)正确及时地显示信号

调车作业主要是通过信号来指挥的,同时,手信号还用于调车作业人员相互间的联系。因此,调车作业人员不但要熟悉信号显示内容,还必须熟练掌握显示方法,做到灯正圈圆、横平竖直、正确及时。

1. 正确选择显示信号的位置

调车指挥人员应站在易于瞭望、能确认前方进路又能使司机看见信号的位置上显示信号。推送调车时,应尽可能选派连结员或有经验的制动员在最前面的车辆上显示信号,调车长在靠近机车的位置上中转信号,严禁"推黑车"。在牵出线上溜放作业时,调车长应在连结员与司机之间的位置上显示信号,既能使司机及时确认信号,又能监督连结员摘解车辆,同时还可以瞭望扳道员准备进路和信号显示情况。

2. 正确显示连挂信号

在推进车辆连挂作业时,为了使司机及时了解调车车列与停留车之间的距离,调车指挥人必须向司机显示"十、五、三车"距离信号,以做到平稳连挂。调车指挥人显示信号后,没有听到司机鸣示回示信号时,要立即显示停车信号。为了避免司机误认信号,在显示"十、五、三车"距离信号时,不应再显示减速信号。遇有天气不良、照明不足或地形地物影响,调车指挥人看不清停留车位置时,应派人在停留车前显示停留车位置信号,以便调车指挥人正确及时地显示"十、五、三车"距离信号。推送车辆前应指挥司机进行试拉。

3. 严格执行"要道还道"制度

在非集中联锁的线路上进行调车作业时,为防止挤道岔或误入异线,在机车乘务员、调车人员和扳道员之间通过信号显示建立的调车进路的准备检查、通报进路开通的联系制度叫作"要道还道"制度。单机或牵引运行时由司机鸣笛要道,推进运行时由车列前端的调车人员以手信号或口笛要道,扳道员按"一看、二扳、三确认、四显示"的作业程序,确认进路准备妥当后,先显示股道号码信号,然后显示道岔开通信号进行还道。在连续溜放和驼峰解散车列时,第一钩必须"要道还道"。此外,每批计划的第一钩,溜放作业的开始钩和加减钩,停放爆炸品的线路调车时,变更计划或进路,非固定调车区调车时,也要执行"要道还道"制度。当集中联锁的道岔施工、停电或其他原因改为就地操纵时,要执行钩钩"要道还道"制度。在此种情况下,驼峰采取单钩溜放法调车时,提钩人员没见到道岔开通信号不得提钩。调车机车由集中区去非集中区或由非集中区去集中区时,由于各站情况不同,须按《站细》规定执行。

(四)溜放作业要认真掌握速度、车组间隔和提钩时机

在溜放作业中,要严格遵守禁止溜放的车辆、线路、作业项目和其他规定,同时重点掌握速度、车组间隔和提钩时机三个关键。

1. 正确掌握速度

在溜放作业中,调车指挥人应根据当时的气候条件、线路停留车位置的远近和大小车组的排列、作业人员的技术水平等情况,及时调整溜放速度。例如,车列的头几钩都是小组车,溜放后机车带的车辆还很多,这时速度就不宜过大;相反,车列的头几钩都是大组车,溜放后车列所剩车数不多时,则溜放大组车的速度可适当加大。遇有顶风、降雪等气候条件时应适当提高速度;如遇雨雾、顺风等气候条件时,由于轨面较滑,溜放速度应适当降低。

2. 正确掌握车组间隔

在溜放作业时,除要掌握好溜放速度外,还要正确掌握溜放车组的技术间隔。间隔过大,会影响效率;间隔太小,会给扳道造成困难,危及安全。如图 3-1 所示,两车组溜放的技术间隔是从前行车组离开分路道岔尖轨跟部起,至道岔扳妥,后行车组刚好运行到该分路道岔尖轨尖端处止。如果小于这个间隔,道岔来不及转换,将造成两车组进入同一股道,甚至道岔"四开",造成脱轨。在现场实际溜放作业中,一般目测前后车组在分歧道岔处要有两辆车的距离,即为正确的车组技术间隔。

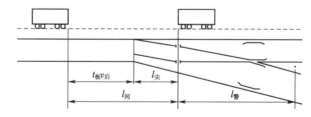

图 3-1 溜放车组最小间隔距离示意图

3. 正确掌握提钩时机

驼峰调车应本着"宁可峰上慢,不叫峰下乱"的原则掌握提钩时机。具体应做到"六不提",即前钩不脱后钩不提,没有信号不提,车组间隔不够不提,计划不清不提,禁止过峰车辆不提,前手闸、后铁鞋时前手闸未过分歧道岔警冲标后车组不提。平面溜放调车的"六不提"是在驼峰调车的前"四不提"的基础上,增加"未得到手闸制动员试闸良好信号不提;禁溜车不提"。

(五)制动作业做到准确观速、正确调速、制动得当

1. 准确观速

观速主要有看速、数数计速、步行测速3种方法。"看速"即调车人员在车上看枕木头状况来判断车辆的走行速度。如调车线每节钢轨长12.5m,下铺18根枕木,能较慢数清枕木根数时,速度在4km/h左右;能较快数清枕木根数时,速度在7km/h左右;能看清但数不清时,速度在10km/h左右;看不清枕木根数时,速度在15km/h左右。"数数计速"就是根据车辆走过的相对固定距离(电线杆、钢轨等)用自己数数的方法来确定车辆的速度。"步行测速"即根据人慢行、快行、跑步等确定车辆走行的方法。正确运用以上方法,就能准确测速。

2. 正确调速

正确调速是在溜放车组还没有溜到停留车位置前,就把溜放车组调整到需要的速度。手闸制动时,调速的方法是急拧闸盘后立即松开,连续几次就可以调到需要的速度。这样做既不造成过早停车,又可获得较强的制动力。铁鞋制动时,调速的方法主要采用"一轨双基本"。理由是:在一根钢轨上前后安放两只鞋,制动员可根据车组速度随时调整基本鞋的位置,速度小时可撤下一只,速度大时有可能将第一只铁鞋打掉,后一只铁鞋可以起到保护作用,达到制动目的。

3. 制动得当

人力制动要根据天气、坡道、弯道、车辆空重、车组大小等因素的影响,在正确调速的基础上按规定尽可能使车组停在预定的地点。一般做法是:对单个车组和小组车坚持使用"一车三鞋双基本,远摆近推";对中组车采用"远下基本近掏挡";对大组车采取"让头拦尾,集中下鞋"的方法,达到目的制动的要求。

(六)按规定认真采取防溜措施

编组站、区段站在到发线、调车线以外的线路上停留车辆,不进行调车作业时,应连接在一起,拧紧两端车辆人力制动机或安放铁鞋(或止轮器)。中间站停留车辆时,无论停留的线路是否有坡道,均应按规定采取防溜措施。在超过2.5‰的线路上摘车时,须等车列停妥后拧紧人力制动机,安放铁鞋或止轮器和防溜枕木,牢靠固定后,方可提钩。挂车时应首先检查防溜措施状况,确认无误后才能挂车。未挂妥之前不得撤除防溜措施。

三、调车作业事故案例及分析

【案例3-12】 奎屯车务段"12·20"布列开调车脱轨一般D类事故

1. 事故概况

××××年××月××日0:20,布列开站57322次本务机车执行D101号调车作业计划1批10钩,调车作业至第9钩铁运2-2后,单机返回站内时,因调车长未将单机车钩提开,就向司机显示启动信号,造成单机拖拽已设置防溜铁鞋的车辆滑行约156m后,在第101号道岔距尖轨尖端6.1m处停车,造成G17BK6140912车辆2位端脱线,构成铁路交通一般D2类脱轨事故。

2. 作业经过

(1)调车作业计划:布列开站57322次本务机车执行D101号调车作业计划1批10钩,21:30开始作业。计划内容为第1钩:3道有电单机出东;第2钩:农2+17有电换侧;第3钩:4-17有电全甩;第4钩:中油+49无电换侧全挂;第5钩:3-49有电全甩;第6钩:5道有电过东;第7钩:3+2有电;第8钩:5有电过西;第9钩:铁运2-2有电对位全甩;第10钩:1道有电开57321。

(2)作业过程:12月19日21:30,D101号调车作业计划开始执行,0:14调车作业至第9钩铁运2-2完毕后,调车长朱某关闭机车车辆折角塞门,并将机车风管堵头堵上,使用车辆拉风杆将机次车辆(G6140912)缓解,设置东端铁鞋、紧固器;连结员张某使用车辆拉风杆将尾部车辆(G6140966)缓解,设置西端铁鞋、紧固器。调车长朱某得到连结员西端防溜已做好的汇报后,登上驾驶室(在驾驶操作室一端)。连结员张某与企业货运员办理防溜签认后,调车长朱某在驾驶室内口头询问连结员张某:"我忘了钩是否提开,你看一下。"张某在登乘机车的过程中回头看了一眼,在未确认车钩提开的情况下回答道:"好了。"随后调车长朱某在驾驶室内显示了启动信号。运行一段时间后,调车长朱某感到机车突然开始颠簸,显示停车信号后发现由于车钩未全开,拖拽已设置防溜措施的车辆滑行,于101号道岔前停车,造成G6140912车辆2位端1台车脱线。

(3)现场盯控情况:站长王某在21:30开始盯控D101号调车作业,作业至第6钩5道单机转线时,转而去盯控助理值班员对45302次列车车辆检查情况,之后再未对铁运2线调车作业进行现场盯控。

3. 原因分析

(1)调车长朱某安全责任心缺失,臆测作业,未对提钩状态进行确认,盲目显示启动信号。

调车长朱某违反了《调标》第7部分:列车摘挂作业中"车列起动后,需确认车组分离'好了'信号……"的规定。在意识到车钩可能未提开的情况下,臆测听取连结员汇报,没有停车并亲自确认车辆是否分离,安全责任心严重缺失,是造成事故的直接原因,承担事故的主要责任。

(2)连结员张某责任心欠缺,未履行本岗位安全职责,在作业中未起到互控作用。连结员张某在调车机摘车后未拉挡情况下,不纠正调车长简化作业行为,就登上机车。在调车长怀疑车钩可能未提开情况下指示检查车组是否分离时,没有认真确认就盲目汇报"好了",没有发挥作业互控作用,责任心欠缺,错失了事故防止的最后时机,是造成事故发生的重要原因,承担事故的重要责任。

(3)站长王某没有履行关键作业环节盯控职责,中途离开调车作业现场,未严格落实到岗监控制度。

站长王某对最后一组专用线送车未跟踪监控作业,违反了段关于班组长上岗监控管理制度中专用线、货物线调车作业到岗监控的规定,履行职责严重缺失,对现场作业存在的安全风险心中无数,对可能防止的事故因职责履行缺失而错失了时机,是造成这起事故的又一重要原因,承担事故的重要责任。

(4) 班组日常安全基础管理不到位。

一是,班组对作业人员的日常安全责任意识教育不到位,未养成对单机挂车拉挡进行确认的作业习惯,作业人员工作责任心严重缺失。

二是,车站日常推标不认真,推标没有针对性,对调车长长期存在的单机甩车不拉挡的违章行为,未能通过推标检查发现并纠正,不良作业习惯和潜在的安全风险在作业现场长期存在,最终导致事故的发生。

三是,安全大检查活动开展不深入,隐患排查整治不认真、不彻底,没有对班组存在的问题深层次分析整改,活动开展质量较低。

(5) 车间管理者安全警觉性、敏感性差,责任心不强,履职存在盲区死角。

一是,车间主要管理人员安全警觉性严重缺失,车间管理力量、现场控制力量分布、安排不合理,对布列开站驻站检查管理力量安排缺少均衡性和延续性。车间干部缺乏扎实的工作作风,驻站检查发现问题少、质量低。

二是,车间推标工作不认真、不深入,推标过程中检查发现的考核信息和纠错问题质量普遍偏低,未发现调车作业中关键作业环节和人身安全方面的深层次隐患,致使不良作业习惯长时间没有被发现。

三是,车间周、月工作管理粗放,没有形成管理闭环,致使车间安全管理较段要求有较大差距,尤其是在强化现场推标、班组长到岗监控等确保现场安全的制度落实上存在严重漏洞,也是造成事故发生的一个主要管理原因。

(6) 段专业管理作用发挥欠缺,现场安全检查存在漏洞,指导帮助班组提升现场安全控制能力不强。

一是,段专业科室对调车安全风险分析、研判上存在漏项,没有及时发现和补充完善调车作业中的安全风险点,导致现场疏于对提钩确认这一关键作业环节的把控。

二是,段专业科室对现场推标过程中,检查督导不力,在频繁的推标检查中均未发现作业人员不确认脱钩状态方面的考核问题,致使安全隐患在现场长期存在。

三是,段在抓班组长到岗监督工作制度落实上标准不高、管理不严,处理考核力度轻,致使班组长对要求必须监控的作业项目不盯控,岗位职责严重缺失。

四是,段对布列开班组驻站检查少、检查工作质量低的问题,没有在安全大检查活动中及时发现并予以纠正,没有采取有效的手段督促车间落实工作,对车间安全管理工作检查指导上存在严重漏洞。

4. 整改措施

(1) 深刻反思吸取事故教训,加强现场安全控制,扭转安全被动局面。

一是,认真反思分析,吸取事故教训。段、车间、班组立即组织召开三级安全反思会,围绕这起事故,全员要反思查找自身存在的安全责任意识、作业现场存在的隐患、不良作业行为、管理制度落实等方面存在的突出问题和漏洞,通过分析、研判,制定切实可行的措施进行防范、补强。

二是,实施干部包保和安全诊断,强化现场安全控制。为扭转当前安全不利局面,确保岁末年首安全稳定工作,12月22日起至年底,段、车间管理人员深入各站点实施检查包保和安全诊断,采取座谈、跟班写实、现场推标等方式,协助班组和车间抓好现场安全检查、各作业环节潜在安全隐患排查整治工作,全力遏制安全不良态势。

三是,从严追责,改进工作作风。严抓干部包保、班组长到岗监控职责履行,对干部作用发挥不实、职责履行欠缺、重点工作落实不到位,班组长重点作业环节监控不到岗等问题,严肃追责、从严从重处罚,切实转变工作作风。

(2)多措并举,合力抓好安全风险管理控制工作。

一是,分析研判和补强安全风险点。通过现场安全检查和潜在安全隐患查找诊断,全面梳理、补强调车等岗位安全风险点和防控措施,做到管理源头无盲区和遗漏。

二是,集中开展调车安全专项整治活动,补强调车基础管理工作。段从12月23日起至2月5日,集中开展为期45d的调车安全专项整治活动,对管内的所有调车人员进行一次全方位作业推标、鉴定和作业行为诊断,全面排查调车安全管理、人员素质、标准落实和潜在安全隐患,深挖作业层、管理层漏洞,尽全力解决调车安全深层次问题。

三是,严格落实推标制度和班组长到岗监控制度。进一步完善推标管理制度,加强对班组、车间推标工作开展的检查,确保推标取得实效;抓好班组长到岗监控制度的落实,全面排查整治班组长关键作业环节到岗监控缺失问题,加大引导和追责力度,确保制度得到良好落实。

【案例3-13】 "2·9"侯阎线白村站企业机车调车脱轨事故

1. 事故概况

××××年××月××日16:25,侯阎线白村站陕西黑猫焦化股份有限公司企业自备专用线调机DF7G-5241号,在站调车作业5道-23车后,待避1道通过的36028次。车站开放1道36028次列车出站信号后,调机乘务员未确认信号,盲目动车,越过5道关闭的S5信号机挤坏15号道岔,顶回1道出站信号,司机又盲目退行,导致机车在15号岔后94+168m处脱轨。21:22起复完毕。影响货车2列,客车1列,构成铁路交通一般C8事故。

2. 事故原因

(1)陕西黑猫焦化股份有限公司企业自备机车司机,①违反《技规》224条规定,臆测行车、中断瞭望、未确认信号、不执行调车联控的情况下盲目牵引运行,导致机车越过关闭的调车信号,挤坏15号道岔,破坏了已建立的36028次1道发车进路;②违反《行规》第136条"列车冒进信号机后,不得擅自动车"的规定,挤岔后,司机既不检查确认,又不向车站值班员汇报,盲目退行,致使机车4~6轴脱轨,是事故发生的直接原因。

(2)白村车站作业人员在办理36028次通过进路前,没有按照《西安铁路局集团公司调车工作细则》第33条规定,提前通知企业机车停止作业,待避列车。同时,车站没有对企业机车在站调车作业进行有效的监控和管理,是事故发生的重要原因。

3. 事故定性、定责

(1)根据《铁路交通事故调查处理规则》第二章第十四条规定,构成铁路交通一般C类事故(C8)。

(2)陕西黑猫焦化股份有限公司企业机车乘务员违章作业,造成调机脱轨事故,事故定陕西黑猫焦化股份有限公司负主要责任,韩城车务段负重要责任。

4. 存在问题

(1) 企业方面

①作业标准不落实。陕西黑猫焦化股份有限公司企业自备机车司机,调车作业中间断瞭望,在没有确认进路上的调车信号,漏呼唤确认 S5 出站兼调车信号机显示情况,也不执行调车联控的情况下,以 16km/h 速度闯过了关闭的 S5 信号机,违反《技规》第 224 条第三款:"时刻注意确认信号,不间断地进行瞭望,认真执行呼唤应答制,正确及时地执行信号显示(作业指令)的要求"和第 229 条"在调车作业中,单机运行或牵引车辆运行时,前方进路的确认由机车司机负责"以及《西安铁路局集团公司调车工作细则》第 94 条"除上述规定外的调车作业,有关人员必须按规定执行调车联控"的规定。

②司机对站场设备不熟悉。值乘司机对白村站信号设备及走行径路不熟悉,对 5 道出要经过 S5 的径路不清楚。违反《铁路机车操作规则》第五十五条:"调车机车乘务员要熟悉《站细》及有关规定,熟记站内线路(包括专用线)、信号机以及各种标志等站场情况,严格执行《技规》调车工作有关规定"的规定。

③臆测运行,擅自动车。机车越过关闭的调车信号,挤坏 15 号道岔后,司机既不检查确认,又不向车站值班员汇报,盲目联系调车长要求显示推进运行指令,擅自退行 25m,致使机车 4~6 轴脱轨。违反《技规》第 224 条"调车机车司机在作业中应做到:没有信号(指令)不准动车,信号(指令)不清立即停车"和《行规》第 136 条"列车冒进信号机后,不得擅自动车"的规定。

④安全培训流于形式。陕西黑猫焦化股份有限公司尽管每月组织机车乘务员进行安全知识培训考试,机车乘务员也有学习笔记,但培训教育流于形式,针对性不强,对《技规》《铁路机车操作规则》《站细》等机车乘务员必知必会的内容基本上没有涉及。

(2) 车站方面

①调车作业标准执行不到位。企业机车 5 道作业完毕,车站值班员排列 1 道 36028 次进路前,未通知企业自备机车、作业人员 5 道待避,违反《西安铁路局集团公司调车工作细则》第 33 条"调车作业如需临时待避接发列车作业时,车站值班员(或信号操纵人员)应提前通知调车指挥人(单机作业无调车指挥人时为司机),调车指挥人(或司机)须对车站值班员(或信号操纵人员)的通知进行复诵并将通知有关作业人员,立即停止影响接发列车进路的作业。车站值班员(或信号操纵人员)确认无误后,方可办理相应的接发列车作业。"

②信息传递不及时。现场确认汇报时间过长,事故发生时间为 16:25,在列车调度员多次询问现场情况下,没有及时准确汇报,直至 16:44 才向列车调度员汇报 15 号道岔挤岔机车脱轨。

③应急处置不当。企业机车依次越过关闭的 S5 信号机、21DG、15-23DG、13/15WG 区段,导致上述区段出现红光带,而且调车灯显设备出现紧急停车情况,车站值班员、信号员没有及时联控司机停车,并告知机车司机严禁动车,依然按照设备故障处理,错过防止事故的最佳时机。同时车站值班干部在岗监控,但在控制台挤岔报警后应急处置不当、作用发挥不力。

④运统-46登记不及时。运统-46虽登记时间为16:25,但实际在17:00后才进行登记,违反西铁总函〔2013〕141号文件规定。

(3)救援方面

①韩城救援队未配备起复机车专用锁具,无法使用液压设备对机车进行顶复,等待机车专用锁具时间较长。

②在日常救援演练中仅对车辆脱轨进行演练,未对机车脱轨进行演练,造成首次使用带逼轨的人字形复轨器拉复时,忽视了机车重量,致使机具损坏。

③因事故地点处在岔区,距汽车能够到达地点较远,搬运救援机具时间过长,救援预想不足。

5. 整改要求

(1)陕西黑猫焦化股份有限公司、韩城车务段要对事故进行认真分析,全面查找安全管理、风险控制、调车作业、制度落实等方面存在的突出问题,从安全管理、职工培训、司机配班、特殊时段(节假日、休息日)和干部作用发挥等方面深层次查找问题产生的根源,制订并落实防范措施,确保调车安全。

(2)白村车站要加强对企业自备机车在站内调车作业的管理,进一步完善、细化调车作业安全措施和机车联控办法,教育车站值班员、企业自备机车司机认真执行调车联控制度,规范联控用语。

(3)加大对专用铁道、专用线的检查。在站内作业时,值班干部要认真盯控每一批、每一钩计划,特别是加强企业自备机车切割正线作业的盯控。

【案例3-14】 关于"4·27"西安客技站调车冲突事故的调查报告

1. 事故概况

××××年××月××日20:40,西安车站运转车间一班调二机车(DF7-5288号)执行第1号调车作业计划,在西安客技站库内作业至第10钩K10-3时,客技站二号扳道员错将K15号道岔扳至K12道,前方领车制动员采取停车措施不及时,造成所带3辆车与K12道原存车(2672次车底)发生冲撞,构成铁路交通一般D类事故(D1)。

2. 原因分析

(1)西安客车车辆段库检车间客技站扳道人员在准备K10道调车进路时,未认真核对调车作业计划,错误准备第12钩K12的调车进路,违反《铁路调车作业表标准》第5.5.3条"扳动道岔准备调车进路时,先确认道岔开通位置,再扳向所需位置……作业中,扳道人员要按照调车作业计划对作业钩序进行扳道"的规定,是事故发生的直接原因。

(2)西安车站调车领车人员,仅确认K15号道岔开通情况,就向调车长显示连接信号(进路上K15号道岔表示器的位置未认真确认),在发现误入异线后,没有使用"简易紧急制动阀"停车,跳车后仍然没有使用"调车灯显设备"显示紧急停车,错过防止事故的有利时机,违反《行规》第64条"调车作业运行中,如发现危及行车或人身安全时,应显示停车信号……"的规定,是事故发生的重要原因。

3. 定性定责

根据《铁路交通事故调查处理规则》第十五条规定,构成铁路交通一般D类(D1)事故,定西安客车车辆段负主要责任,西安车站负重要责任。

4. 存在问题

(1) 西安客车车辆段存在问题

①班组层面：

a. 作业标准严重不落实。4号扳道员苏某严重违反扳道作业标准，未认真执行《扳道岗位作业指导书》中"调车作业过程中一看、二扳、三确认、四显示……应认真检查道岔是否处于正确显示位置，并确认下一道岔显示是否正确，相互联控确认后方可向机车或调车员显示动车信号"的制度。4号扳道员苏某在顶替3号扳道员刘某进行扳道作业时，在对调车进度掌握不清、未确认调车计划进度的情况下，盲目扳道作业，提前扳动15号道岔，造成调机误入K12道。

b. 交叉作业存在漏洞。经调查15号道岔应由3号扳道员刘某负责，刘某因身体不适需去厕所，要求4号扳道员苏某临时顶岗作业，但刘某未主动将调车进度情况告知苏某，苏某也未对调车进度进行询问，苏某在不掌握调机作业动态的情况下顶岗作业，并且未认真核对《调车作业通知单》调车进度，岗位交叉作业存在严重漏洞，手续交接不清，造成人员在不掌握调车进度的情况下盲目顶岗作业。

c. 岗位互控流于形式。《扳道岗位作业指导书》中对调车作业过程中"一看、二扳、三确认、四显示"制度明确要求，由作业者进行自检，工长负责盯控。但当日调扳作业班组工长李某岗位互控措施不落实，工班长岗位职责履行不认真，没有按照作业指导书要求对苏某确认扳道情况进行盯控，任由苏某盲目顶岗扳道，致使问题发生。

d. 钩钩抹消制度不落实。4号扳道员苏某当班期间注意力不集中，未严格执行钩钩抹消制度，臆测调车计划进度，提前抹消未执行的调车计划，误认为K10-3计划已执行完毕，将道岔扳至K12道，导致进路准备错误。

e. 立岗接车制度不落实。《扳道岗位作业指导书》规定"机车车辆通过本岗位所管辖的道岔时，必须立岗进行不间断瞭望，直至机车车辆安全通过该道岔"，但4号扳道员苏某在机车准备进K10道时未按标准进行立岗接车，未及时发现道岔进路错误的问题。

f. 未严格执行钩钩"要道还道"制度。机车从K17越过K15号道岔折返准备进入K10道时，扳道员未严格执行"要道还道"联控制度，臆测进路开通正常，岗位之间互控不到位，导致准备进路准确性无法保证。

g. 工班长岗位监督联控执行差。一是，扳道工长不掌握3号扳道员离开岗位中断作业的情况，监督检查不到位。二是，在准备机车车辆进路时未执行联控制度，未瞭望确认进路准备是否正确。

②车间层面：

a. 管理人员包保检查不到位。车间管理人员日常检查流于形式，对扳道班组长期存在的信誉交接、越岗、越权作业和不按规定联控等问题未及时发现，对调车计划钩钩抹消制度落实不力等惯性问题督促整改不力，导致上述问题长期存在。

b. 技术标准方面。车间扳道、脱轨器、防溜各岗位职责及作业指导书不完善，未对计划执行完毕后抹消时机、越区调车作业联控标准、离岗接车具体位置等事项进行明确。

c. 管理制度方面。一是，未明确职工非正常情况下的作业办法或互补关系，未明确作业人员临时离岗时工作交接、工长互控及管理人员盯控要求。二是，车间对扳道班组涉及的风险点研判不全面,部分安全隐患未纳入风险控制,安全风险控制措施单一,针对性不强。

d.日常检查存在漏洞。一是,车间日常检查重心放在库检班组作业标准的落实上,对扳道班组作业情况检查较少,导致扳道班组职工在日常作业中的不按标作业的陋习长期存在。二是,车间未明确管理人员对扳道班组的检查量化及检查重点,检查效果不佳。

e.班组基础管理失控。一是,扳道班组现场放置的《扳道岗位作业指导书》仍为2013年12月发布的旧作业指导书,2014年4月份发布的新作业指导书车间未及时对班组进行传达。同时询问扳道班组人员车间组织学习情况,作业人员回答为"3月份组织学习"。二是,西安库检车间未将涉及相关班组的风险控制项点打印后发放至班组,组织职工学习,反映出西安库检车间日常基础管理弱化,对重点工作落实不力。

③车辆段层面:

a.安全管理重视程度不足。2014年以来西安客车车辆段组织开展了春运、春整、防洪、青工等9项专项培训,培训人员达6371人次,其中涉及扳道作业岗位只有春运及1号文件培训,且为统筹性培训,其间未针对扳道作业岗位开展业务针对性较强的专项培训,造成调扳作业人员存在培训力度弱化、人员业务素质较差的情况,在安全管理上顾此失彼,对关键岗位人员素质未能做到心中有数。

b.风险管控体系未能形成闭环。《西安客车车辆段关于印发〈客车安全关键、质量、风险控制体系〉的通知(试行)》(西客辆段〔2014〕46号)中"调车及调扳作业控制"为车间控制风险点,其中明确了"自控、互控、机控、盯控"措施、内容、重点及量化标准,但西安客车车辆段未对车间控制落实情况组织进行复查,对西安库检车间调扳作业在安全管理、标准执行、生产组织、人员素质等方面存在的问题没有及时发现,风险体系闭环式管理未能有效形成。

(2)西安车站存在问题

①班组层面:

a.安全意识淡薄,作业标准得不到落实。一是,领车制动员王某在推送运行过程中未认真确认进路上的道岔位置,对进路开通位置心中无数。二是,作为新定职人员,不清楚运行中还要认真确认进路上道岔开通位置,作业标准不清楚,业务素质不高。三是,在发现道岔位置不正确的突发问题,不清楚应如何处理,未能及时按压"紧急停车"按钮采取有效措施,导致事态的进一步扩大。

b.班组互控流于形式,对"三新"人员互控不到位。调车长安全责任心不强,作业分工时,对班组人员业务技能、应急处置能力不清楚,班前安全预想不到位,对新定职人员没有做到重点掌握。

c.信息传递不及时。一是,调车区长在问题发生后思想上没有引起重视,只是向在客技站盯控的业务指导进行了汇报,未按信息上报制度报告相关人员。二是,调车区长、调车长在交班时,主观认为此问题已向业务指导汇报,且问题系车辆部门造成,未将此信息在交班会上向车间汇报。

②车间层面:

a.车间基础管理不扎实。一是车间对"三新"人员卡控不到位。制动员王某为2014年2月11日下令的新职人员,但车间值班干部在接班后未重点对调二作业进行盯控,车间对安全关键排查不彻底。二是当班业务指导在问题发生后,主观臆测责任在车辆部门,未向车间值班干部汇报,在28日早交班会上也未将此问题上报车间,造成信息流失。

b. 风险卡控措施不落实。"西安车站安全风险项点控制措施表""调车作业控制"中,客技站未加入集中联锁,作为人工扳道存在较高安全风险,车间值班干部要重点进行盯控,但车间值班干部未能加强对关键风险的卡控,思想上对调车作业没有引起高度重视,而是按照日常干部包保进行盯控,车间安全管理针对性不强。

c. 车间日常应急处置培训不到位。车间日常业务培训只是注重基础业务和接发列车应急处置培训,尤其是对调车"三新"人员的应急处置培训缺失,教育不到位、走过场,忽视了职工真正掌握了多少,牢记了多少,实际工作中处理应急突发问题的能力没有得到加强,造成了现场作业与职工培训不能有机结合,存在培训与实际"两张皮"现象。如现场询问领车制动员第10钩K10-3进路上有几个道岔、道岔表示器显示黄灯和紫灯时道岔的位置等均不清楚;误入异线后,领车制动员没有按照有关规定,及时采取停车措施;调机司机在推进运行中在调车作业人员没有显示"十、五、三车"信号的情况下,突然接收到调车长发出停车信号指令,没有采取紧急制动,而是采取正常制动,等等。上述举例充分说明车间日常对应急演练没有引起重视,造成作业人员应急处理能力未得到提高。

③车站层面:

a. 日常现场检查发现、解决问题能力不足。问题在车间、在现场,根子在管理。调车作业作为车务系统的安全关键,车站及车间行车管理人员日常安全盯控检查不扎实,检查力度不够、不细致,包保检查"走过程"。核对调二区长室设置的"干部巡视检查登记簿",4月28日—5月31日车站、车间干部共计巡视检查122次(昼间75次、夜间47次),发现各类问题9件,平均14次发现1件问题。

b. 安全隐患排查、整治不到位。调车安全专项整治效果不明显,没有针对车站段管线、尽头线及客车车型繁杂的作业的特点,排查车站调车作业的风险点,完善安全风险卡控措施,强化监督检查。一是,客技站零星甩挂作业中,作业车辆车门不能打开,调车人员在作业中左手抓车辆扶手,右手还要发出调车信号指令,存在严重的人身安全隐患,但是车站、车间对此情况未能与车辆部门及时沟通解决。二是,自2013年4月份西安客技站对11组道岔进行更换后,车站未根据施工后道岔位置发生的变化加强与车辆段横向联系,在结合部管理方面存在漏洞。

5. 整改措施及建议

(1) 深刻吸取事故教训。责任单位要从事故发生的原因及后果危害等方面进行认真分析,切实从中吸取教训,站段相关职能科室要组织调车人员对作业标准等相关规章和近年来全路调车事故进行补强学习,夯实业务基础,提高业务技能,进一步强化安全责任意识、安全防范意识和安全自我保护意识。

(2) 大力强化调车作业安全控制。结合当前开展调车安全、劳动安全专项整治活动,要求各级行车管理人员严格落实调车作业安全控制措施和干部上岗盯控检查制度,深入现场,加大对调车作业存在的问题分析、整治和责任追究力度,强化对调车作业的全过程控制及调监检索分析和影像分析的频度,有效遏制现场作业严重违章违纪,督促现场作业人员严格按标准化作业,杜绝危险镜头的发生,确保调车作业安全稳定。

(3) 强化对班组的检查指导。加强对班组长的教育培训,要求班组长切实发挥管理作用,提高班组长的技术业务素质和安全管理水平,进一步规范和完善班组内部管理,确保班组管理有序可控,强化对班组作业现场的检查指导,督促班组日常严格落实作业标准,确保班组作业过程的自控、互控有效运作。

(4)加强运输安全信息管理。各级工作人员要严肃安全信息报告纪律,杜绝安全信息流失。安全科要加强安全信息管理情况的监督检查,对违反安全信息上报制度的行为要严肃追究相关部门和人员的责任。

(5)完善管理制度。西安客车车辆段要立即与西安车站联系,结合现场生产实际和作业流程,共同研究完善调车管理制度,明确各自职责及相关安全卡控措施,尽快实现结合部管理的无缝对接。

第四节 设备施工条件下的行车安全

一、封锁区间施工

工作量大或施工条件复杂、施工时间较长,一般采用封锁区间或限速运行的施工方案,如线路改造及大中修连续性的施工,应在列车运行图内留出施工天窗。繁忙干线客货列车对数多,列车间隔时间短,为保证行车安全和设备维修,也要在运行图中预留综合天窗。影响行车的施工、维修作业不得利用列车间隔进行,必须纳入天窗。

封锁区间施工时,施工负责人应确认已做好一切施工准备,按批准的施工方案,在车站"行车设备检查登记簿"上登记,通过车站值班员向列车调度员申请施工。车站值班员应迅速联系,并应根据封锁或开通命令,在信息控制台或规定位置上揭挂或摘下封锁区间表示牌。列车调度员应保证施工时间,并向施工区间两端站、有关单位及施工负责人及时发出实际施工命令。施工负责人接到调度命令,确认施工起止时刻,设好施工防护信号后,方可开始施工,并保证在规定时间内完成。

施工封锁前,通过施工地点的最后一趟列车前进方向为不大于6‰的上坡道时,列车调度员可根据施工领导人的要求,在施工命令中规定该次列车通过施工地点后即可开始施工,列车到达前方站后再封锁区间。上述命令应抄送司机及运转车长,该次列车不准退行。

二、确保行车安全的有关规定

1. 严格执行施工申报审批制度

既有线路施工必须把安全放在首位,加强对施工的组织领导,制定好施工过渡方案,严格执行施工申报审批制度。施工单位提出封锁要点和慢行计划,须经运输部门审批,纳入月度运输方案。未经申报审批严禁施工,擅自施工影响运输和行车安全的,应追究施工单位的领导责任。

2. 施工区间、慢行处所不得超过规定

运输能力紧张区段,为了兼顾施工与运输生产,单线铁路一个区段内同时施工封锁区间不得超过1处,慢行处所不得超过2处;双线铁路一个区段内每个方向(上行或下行)施工封锁区间不得超过1处,慢行处所不得超过2处,但同一区间上下行方向的施工慢行不得超过

1处。重点技术改造工程可根据实际情况报部批准,不受此项限制。

3. 严格执行施工计划和方案

运输部门必须按批准的施工计划和方案,根据施工最低需要和运输实际情况,按时给足封锁区间的时间,不得任意变动或压缩时间。施工部门必须充分做好组织准备工作,按时开工,按时收工,不得延长封锁时间。

4. 合理安排施工天窗

确定施工封锁和慢行,应根据线路通过能力和施工需要统筹兼顾,合理安排,采取集中作业、平行作业等办法,充分、合理地利用天窗。采取一次停运,多区间封锁,多处或多项施工的方法,减少封锁要点的次数。

5. 施工联系与防护

施工时,应配备经培训考试合格的驻站联络员和工地防护人员,每一施工点的工地防护人员不能少于3人,视线不良地段,应增设中间联络员传递信号。施工地点与相邻车站应有可靠的直通电话联络,相互做好通话记录。施工地点发生妨碍行车安全情况时,施工负责人除采取排除行车故障外,并应立即命令防护人员显示停车信号,通知车站值班员(或驻站联络员转告)拦停列车。

驻站人员要随时与防护人员保持联系,如联系中断,防护人员应立即通知施工负责人停止作业,必要时将线路恢复到准许放行列车的条件。

当线间距小于6.5m的施工地点邻线来车时,防护人员应及时通知停止作业,机械、物料或人员,不得在两线之间放置或停留。放置路肩的设备物料,应与列车保持安全距离,物料应堆码放置牢固。

6. 施工协调与指挥

施工期间运输处负责组织有关单位制订审核施工时的行车办法、安全措施落实情况及机务、工务、电务等有关部门间的协调。对车站行车工作影响较大的施工项目,应以车站为主,施工与运营部门参加,共同组成现场施工指导小组,统一指挥、协调现场施工工作。

7. 工程验收与交接

严格做好工程验收交接工作。施工单位应严格按批准的设计要求和施工过渡方案进行施工,确保工程质量,达到有关规范和验收标准,准备好必要的竣工资料,方能申请验收开通。运营部门要提前做好各项接收准备工作,电气集中设备必须进行联锁试验,合格后方可开通使用。

8. 制定特定行车办法

行车设备施工后,改变设备性质和使用方法时,应及时修改《行规》《站细》及其有关规定,必要时应组织培训后上岗。

三、施工特定行车办法

(1)车站采用固定进路的办法接发列车。施工开始前,车站须将正线进路开通,并对进路上所有的道岔加锁。

(2)引导接车并正线通过时,准许列车司机凭特定引导手信号显示,以不超过60km/h的速度进站。

(3)准许车站不向司机递交书面凭证和调度命令,但车站仍按规定办理行车手续,并使用列车无线调度通信设备(其通信记录装置须作用良好)将行车凭证号码(路票为电话记录号码,绿色许可证为编号)和调度命令号码通知司机,得到司机复诵正确后,方可显示通过手信号。列车凭通过手信号通过车站。

四、站内行车设备检查及故障处理的有关规定

在车站(包括线路所和辅助所)内的线路、道岔上作业或检修信号、联锁、闭塞设备影响使用时,应事先在"行车设备检查登记簿"上登记,并经车站值班员确认检修内容、起止时间及影响使用的范围,结合列车运行及调车作业进度进行签认。如检修地点距行车室较远,可在扳道房或信号楼登记"行车设备检查登记簿",扳道员、信号员取得车站值班员的同意后,在登记簿上签认,方可进行检修作业。

检修作业中需使用该设备时,必须取得检修人员的同意,以便检修人员及时将设备恢复到正常状态,以保证行车和检修人员的安全。

设备检修完后,应会同使用人员进行检查试验,确认设备良好方可恢复使用,并将试验结果记入"行车设备检查登记簿"。

为了保证行车安全,对处于闭塞状态的闭塞设备和办理进路后处于锁闭状态的信号、联锁设备,严格禁止进行检修作业,以免发生类似荣家湾车站旅客列车相撞的行车特别重大事故。

铁路职工发现设备故障危及行车和人身安全时,应立即向开来列车发出停车信号(昼间无红色信号旗时,两臂高举头上向两侧急剧摇动;夜间无红色灯光时,用白色灯光上下急剧摇动),并迅速通知车站、工务、供电等部门。

五、轻型车辆及小车的使用

轻型车辆是指可由随乘人员随时撤出线路外的轻型轨道车及其他非机动轻型车辆。

小车是指轨道检查小车、钢轨探伤小车及单轨小车。

1. 轻型车辆及小车的使用原则

轻型车辆及小车主要在施工及检查线路时使用,原则上只准在施工作业时和昼间开行。由于其本身重量轻,可由随乘或使用人员随时撤出线路,因此不按列车办理,不发给行车凭证。开行轻型车辆及使用小车时,应利用列车间隔时间或跟随列车后面运行。在任何情况下,均不得影响列车的正常运行。

使用轻型车辆时,须与车站值班员办理必要的手续,并取得车站值班员对使用时间的承认。遇夜间或暴风雨时,仅限于消除线路故障或执行特殊任务时使用轻型车辆。为了确保行车安全,此时开行的轻型车辆必须有照明设备及停车信号等备品,并应按列车办理。

2. 使用轻型车辆的手续

为避免有对向列车或尾随列车驶来而发生冲突,使用轻型车辆时必须取得车站值班员对使用时间的承认,并填写"轻型车辆使用书"(表3-1,一式两份)。使用负责人和车站值班员分别在使用书上签认后,各留一份备查。如轻型车辆在区间搬入线路时,允许使用负责人

在区间用电话取得车站值班员的承认,此时双方应分别填写"轻型车辆使用书",并复诵核对,互报姓名,以备检查。

轻型车辆使用书　　　　　　表 3-1

使用日期	车种	使用区间	上下行别	起讫时间	使用目的	负责人	承认号码	承认站车站值班员
月 日		站 自 千米 站 至 千米		第 次列车后 自 时 分 至 时 分				
注意事项								

在使用轻型车辆时,若车站值班员承认的时间已到,而轻型车辆尚未到达目的地,不论此时是否有列车驶来,都应将轻型车辆立即撤出线路,不得超时使用。如还需继续使用时,必须重新取得车站值班员的承认,重新登记并填写"轻型车辆使用书"。

区间有长大上坡道时,为防止列车发生坡停、退行甚至失控等情况后与轻型车辆发生冲突,禁止续发轻型车辆。

车站值班员在承认轻型车辆的使用后,应在闭塞机或闭塞电话上揭挂使用轻型车辆表示牌,以防遗忘。

3.使用小车的手续

由于小车自重轻,撤除线路方便,故使用时不必取得车站值班员的承认,但使用负责人必须在切实了解运行情况,并按照规定进行防护后,方可使用。使用中,应保证在列车到达前撤出线路以外。

在车站内使用线路平车及装载较重的单轨小车(如装载一根钢轨、一组辙叉、一根混凝土轨枕、五根普通木枕)时,因车站接发列车及调车作业频繁,使用人员不易掌握机车车辆动态,所以使用时必须与车站值班员办理承认手续。为保证安全,在小车或线路平车前后 50m 处,应有手持停车手信号的防护人员随车移动进行防护。

4.使用轻型车辆及小车须具备的条件

(1)须有经使用单位指定的负责人。

(2)轻型车辆具有年检合格证。

(3)须有足够的人员,能随时将轻型车辆或小车撤出线路以外。

(4)须备有防护信号、列车运行时刻表、钟表及列车无线调度通信设备。

(5)轻型车辆应有制动装置(其他非机动轻型车辆根据需要安装);牵引拖车时,连挂处应使用自锁插销,拖车必须有专人负责制动。

(6)在有轨道电路的线中或道岔上运行时,应设置绝缘车轴或绝缘垫。

车站值班员在承认轻型车辆使用前应确认是否具备以上条件。对不具备条件的轻型车辆或小车不予承认,确保行车和人身安全。

六、施工条件下行车事故案例及分析

【案例 3-15】 黔桂线 50005 次列车脱线险性事故

1. 事故经过

××××年××月××日,由贵阳开往贵阳南的 50005 次列车(三机重联,本务机车 SS34193 号,附挂机车 SS34186 号、SS34232 号)21:49 由贵阳站开车,21:57 关田站通过,22:05 贵阳南站机外停车。贵阳南站跟班学习值班员布置信号员准备 6 道接车进路,信号员两次排列均排不出进路,请教电务值班人员,发现 192 号道岔被单锁后,在场的调度车间主任等人员均未追究其原因,即采取了解锁措施。××月××日,黔桂线贵阳南站进行信号倒替拨接施工并开通使用。封锁施工结束后,继续封锁 192 号道岔曲股,只开通直股,贵阳工务段同时对曲股线路进行降低路基施工。贵阳电务段根据贵阳南站要求,对 192 号道岔直股(反位)实行了单锁。192 号道岔解锁后,信号员重新排列 6 道接车进路,正常开放侧线进站信号,50005 次列车随即动车进站。22:13,当列车运行至 192 号道岔前,司机发现前方线路异常,立即采取紧急制动,停车不及,本务机车及机后第一位重联机车进入施工未完的道岔曲股脱轨。经救援于××日 1:50 起复,造成机车小破 2 台。

2. 事故定性

构成列车脱轨险性事故。

3. 违反规章

《技规》规定,车站值班员在办理闭塞时,应确认区间空闲。接车前,必须亲自或通过有关人员确认接车线路空闲、进路道岔位置正确、影响进路的调车作业已经停止后,方可开放进站信号机,准备接车;发车前,检查确认进路道岔位置正确、影响进路的调车作业已经停止后,方可开放出站信号机,交付行车凭证,在旅客上下、行包装卸和列检作业完成后,指示发车或发车。

车站值班员下达准备接发车进路命令时,必须简明清楚,正确及时,讲清车次和占用线路(一端有两个及以上列车运行方向或双线反方向行车时,应讲清方向、线别),并要受令人复诵,核对无误。

接发列车时,按规定程序办理,并使用规定用语。

扳道、信号人员在值班时应做到:

(1)严格按照车站值班员的接发列车命令、调车作业计划,正确及时地准备进路。

(2)在扳动道岔、操纵信号时,认真执行"一看、二扳(按)、三确认、四显示(呼唤)"制度;对进路上不该扳动的道岔,也应认真进行确认。

(3)接发列车进路准备工作完成后,及时报告车站值班员(能从设备上确认者除外)。

4. 原因分析

(1)贵阳南站当班信号员盲目解锁 192 号道岔,将 50005 次列车接入施工未完的线路,造成机车脱轨,是事故发生的主要原因。贵阳南站未向职工认真传达学习贵分运电〔2004〕313 号电报及本站配合施工的措施,安全管理脱节,制度、措施传达、学习贯彻不到位。当班人员对施工站线的使用条件(27 日工务封锁施工结束后继续封锁 192 号道岔曲股,只开通直股)心中无数,现场监督干部对设备状况不清楚,导致车站值班员错误布置接车进路,信号员盲目解锁192号道岔,将50005次接入施工未完的线路。

(2)贵阳工务段27日施工结束后运统-46销记不规范,漏登"封锁施工结束后继续封锁192号道岔曲股,只开通直股"这一关键内容;施工结束后192号道岔的曲股未设置停车防护,也未进行加锁或钥固,是造成事故发生的次要原因。

(3)贵阳电务段对贵分运电[2004]313号电报传达、学习贯彻不到位,对"封锁施工结束后192号道岔继续封锁曲股,只能开通直股"这一内容,职工根本不清楚;施工完成后,根据贵阳南站的请求,对192号道岔直股(反位)实行了单锁,未按规定登记并交接,未布置切断192号道岔启动电路中的启动保险,考虑不周,是发生事故的次要原因。

5. 事故责任

责任单位——贵阳南站负事故主要责任;贵阳工务段负事故次要责任;贵阳电务段负事故次要责任。

6. 事故教训

施工作业前,必须认真组织召开施工安全会。一是,要加强对施工方案和施工电报的学习。二是,要制订施工作业组织办法和安全措施。对施工的各个环节开展深入细致的安全预想,对关键环节和重点部位做到心中有数;要加强施工结合部的协调配合,对各相关单位提出具体要求。对作业中可能出现的问题,研究确定防范措施。三是,加强施工文电和安全措施的传达布置,使现场作业的所有人员清楚施工内容、安全措施及安全要求。

调度所必须对施工后车站的设备状况做详细了解,并认真进行交接、传达和布置。列车调度员必须详细核对施工计划、方案、电报,确认施工负责人的请求、施工内容符合规定后方可发布施工调度命令,并与请求的施工内容一致;列车调度员发布开通区间或恢复设备正常使用的调度命令时,必须确认施工单位已在"行车设备检查登记簿"中销记,并认真确认开通条件,根据销记内容发布调度命令。

【案例3-16】 封锁施工改单线行车,未排进路即交令发车,造成列车险性事故

1. 事故概况

××××年××月××日,××站—××站间下行线封锁施工,改单线行车,2738次列车××站2道通过后,接283次旅客列车进4道停车递交调度命令,然后在未排发车进路且进路不对的情况下盲目发车,构成列车险性事故。

2. 原因分析

车站值班员简化作业程序、未排进路、盲目发车是造成事故的主要原因。

3. 事故责任及处理

责任单位:××车务段。

事故处理:××车务段段长、党委书记、分管副段长警告,站长、扳道员记过,车站值班员撤职。

4. 采取措施

严格非正常情况下接发列车作业标准,认真确认进路正确,加强干部监控、岗位自控和邻岗互控,严把进路、信号、凭证关。

【案例 3-17】 陇海线××站向封锁区间发出货物列车险性事故

1. 事故概况

××××年××月××日 5:20,陇海线××—××站区间上行线封锁施工。由××机务段 DF$_4$1894 号机车牵引 85066 次货物列车(编组 40 辆,1451t,换长 54.1m)按调度命令在××站停车,由于车站值班员错误办理,致使该列车于 5:20 通过××站,进入封锁区间,用无线列调呼叫后停车,构成向封锁区间发出列车险性事故。

2. 事故原因

(1)××站车站值班员不执行调度命令并严重违反作业标准。作业中,既未按规定揭挂"区间封锁"的安全帽,也未向邻站发出列车预告,尤其在未与列车调度员联系清楚的情况下,违章蛮干,盲目将列车放入封锁区间,是导致此次事故发生的主要原因。

(2)列车调度员发布调度命令极不严谨、不严肃。作业中既不按标准作业,也没有抓住安全关键,对本应该严格控制的关键列车,没有作为工作重点向有关车站进行布置交代,从而导致××站车站值班员误将列车放入封锁区间,是导致此次事故发生的重要原因。

(3)××站助理值班员严重违反作业标准。在调度员发布命令后,不看、不问命令内容,车站值班员开放了 85066 次的通过信号后,就出去接车,没有起到互控联控作用,是导致此次事故发生的次要原因。

(4)机车乘务员严重违章,已经接到命令和指示,明知××—××站间封锁时间及地点,当列车接近××站进行车机联控时,车站通知通过,机车乘务员既不询问该地段是否封锁施工,也不执行调度命令,本可以防止的事故不但没有防止,反而违章进入封锁区间,也是造成此次事故的原因之一。

3. 事故责任

××车务段负主要责任;××调度所负重要责任;××机务段负次要责任。

4. 采取措施

(1)切实把好非正常情况下接发列车时的命令、进路、凭证关。一是,严格调度命令的发布和执行。调度所施工台发布的施工命令,必须经调度所主任(副主任)签认;列车调度员发布的施工命令,必须经调度所负责施工盯岗把关的调度员签认;列车调度员发布的《技规》第 181 条第 13 表 1 至 5 项规定的调度命令,必须经值班主任签认。车站负责施工盯岗的干部要及时阅读签认有关施工的调度命令,严格按照命令组织施工。车站值班员抄收有关施工的调度命令,必须执行两人以上的检查、核对制度,并严格按照命令要求办理行车。二是,严格进路、凭证的检查确认。封锁区间的命令发布后,作业人员要按规定及时揭挂"区间封锁"安全帽,准备列车进路。交付行车凭证必须严格遵守"一人两次或两人以上的检查、确认、核对、汇报制度"。

(2)严格施工"八不准"制度的执行。对各类施工,坚决落实路局按职盯岗的规定。车务站段负责施工盯岗的干部要提前 30min 到岗,用集中电话向列车调度员汇报上岗情况;负责施工盯岗的干部不到岗,车站值班员不准请求调度命令;列车调度员未接到盯岗干部的上岗汇报,不准发布同意施工的调度命令。各施工单位相应职级的盯岗干部到岗后必须用对讲机将上岗情况通知在信号楼(行车室)工作的本单位施工联系人员,再由被通知人在进行施工登记时一并登记盯岗干部到岗情况。没有施工人员的盯岗干部上岗情况登记,车站值班员不得请求调度命令。违反上述规定或因此影响施工的,要追究责任人的责任。

(3)切实加大对施工安全的检查力度,进一步加强对施工安全的过程检查和过程控制,确保施工安全的万无一失。

(4)举一反三,抓好各项安全措施的落实。深刻查找安全管理中存在的逐级负责制落实不到位、现场控制措施不细化、干部职工的安全意识不深入等问题,认真做好整改,确保各项安全措施落到实处,夯实安全管理基础,稳定安全生产。

【案例 3-18】 京九线 1539 次旅客列车撞施工机械事故

1. 事故概况

××××年××月××日 10:40,龙川机务段 $DF_4 2622$ 号机车牵引郑州—深圳的 1539 次旅客列车(全列编组 15 辆,总重 789t,换长 33.0m;郑州局担当客运乘务)行至京九陈江—新屋间上行线 K2273+200 处,撞上未及时下道的小型液压捣固机停车,处理后列车于 11:01 开,构成旅客列车撞施工机械事故。

2. 原因分析

(1)京九线陈江—新屋间上行线为京九复线新建线路,××××年××月××日起,××公司线路事业部委托的××施工队(整道队)就一直在该段线路上进行机械捣固作业。××××年××月××日 8:10,行车调度发布 01260 号调度命令:准予中铁××局在陈江—新屋间上行线进行线路换侧拨接施工。10:18,行车调度发布 01263 号调度命令:陈江—新屋间上行线线路换侧拨接施工完毕线路开通使用。由于民工整道队严重违章作业,违反了《铁路工务安全规则》第 2、第 4、第 13 条中"在线路上使用小型养路机械作业时,应由线路工长担任施工领导人"的规定,施工队伍在无铁路正式职工到场进行安全防护和安全监督、未向车站派驻联络员及施工现场不设防护的情况下上道作业。同时,民工队负责人在接到工号负责人"新线路将于××月××日 10:18 拨接完毕开通使用"的通知后,没有向线路捣固作业现场带班人进行传达,导致民工整道队未能及时将施工机械撤离线路,造成 10:40,1539 次旅客列车行至该处撞上施工机械停车,是造成此次事故的直接原因。

(2)施工组织、安全管理混乱。一是,线路事业部京九线桥技术部工号负责人发出的《工程开工报告》内容不全,而且没有传达至东莞东线路领工区和陈江线路领工区及相关业务部门,只发给民工整道队,并越级指挥,擅自安排民工整道队进驻工点,上道进行机械捣固作业。以致东莞东线路领工员在事故发生前,一直不知道其管内有机械捣固作业,失去领工区对民工整道队施工安全的控制。二是,在新线路开通之前没有彻底检查施工作业是否完毕、线路是否达到开通条件,就盲目开通线路,违反了《广州铁路集团公司确保营业线施工安全管理规则》第 5.5 条中"验收合格,确认新设备达到开通使用标准后,由设备管理单位发出开通电报,施工单位方可组织新设备拨接施工"的规定。三是,施工作业现场安全严重失控,从××月××日 6:00 民工整道队上线作业至事故发生前近 5h 内,线路事业部无人到场进行安全监控,任由民工整道队违章盲目乱干,是造成此次事故的主要原因。

3. 事故责任

鉴于上述原因,××公司线路事业部负全部责任。

4. 采取措施

(1)将事故迅速传达到××公司每一位员工,举一反三,认真吸取事故教训,结合正在开展的"学、查、改"活动,认真查找安全隐患,堵塞安全漏洞。

(2)对管内所有民工整道队伍进行安全专项整顿,并进行一次技术业务的考试认证,待彻底整顿完成后,方可重新开始上道作业。

(3)线路事业部要针对此次事故暴露出来的问题进行认真整改,要作为安全管理工作重中之重来落实。

(4)严格执行有关施工安全管理的规定。复线施工线路的开通运营,一定要全面检查,严格把关,落实到人。

 复习思考题

1. 人身安全的通用标准有哪些?
2. 调车作业中上、下车时,怎样保证人身安全?
3. 在电气化铁路的条件下,怎样保证作业中的人身安全?
4. 何谓接发列车作业惯性事故?
5. 简述发生接发列车惯性事故的主要原因。
6. 预防接发列车作业惯性事故的措施有哪些?
7. 何谓调车作业惯性事故?简述调车作业惯性事故发生的主要原因。
8. 预防调车作业惯性事故的措施有哪些?
9. 简述施工条件下确保行车安全的有关规定。
10. 轻型车辆及小车的使用有哪些规定?

第四章 铁路交通事故管理

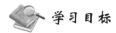
学习目标

1. 理解铁路交通事故的定义和分类、铁路交通事故等级。
2. 理解《事规》相关内容解释、机车车辆报废及大、中破的条件。
3. 掌握事故报告的主要内容、事故调查的相关规定。
4. 掌握事故责任判定和损失认定、事故统计分析的规定。
5. 掌握救援组织的基本任务与要求、事故救援的组织机构。
6. 掌握铁路交通事故救援设备的种类及事故救援方法。
7. 掌握铁路交通事故应急处理方法和应急预案的概念及分类。

第一节 铁路交通事故认知

一、铁路交通事故的定义和分类

国务院发布了《铁路交通事故应急救援和调查处理条例》(简称《条例》),原铁道部依据《条例》分别制定了《铁路交通事故调查处理规则》(简称《事规》)和《铁路交通事故应急救援规则》(简称《救规》)。

《事规》是调查和处理铁路交通事故的基本依据,对铁路交通事故的调查处理、定性、定责和统计分析具有鲜明的法规性和权威性。

铁路交通事故是指铁路机车车辆在运行过程中发生冲突、脱轨、火灾、爆炸等影响铁路正常行车的事故,包括影响铁路正常行车的相关作业过程中发生的事故,或者铁路机车车辆在运行过程中与行人、机动车、非机动车、牲畜及其他障碍物相撞的事故。

铁路交通事故分类的依据:
(1)事故性质的严重程度。
(2)事故损失的大小。
(3)事故对行车造成影响的大小。

据此,铁路交通事故可以分为特别重大事故、重大事故、较大事故和一般事故,其中一般事故又分为A、B、C、D四等。

另外,根据事故内容还可以分为列车事故、调车事故等。

二、铁路交通事故等级

1. 特别重大事故
有下列情形之一的,为特别重大事故:

(1)造成 30 人以上死亡。
(2)造成 100 人以上重伤(包括急性工业中毒,下同)。
(3)造成 1 亿元以上直接经济损失。
(4)繁忙干线客运列车脱轨 18 辆以上并中断铁路行车 48h 以上。
(5)繁忙干线货运列车脱轨 60 辆以上并中断铁路行车 48h 以上。

2. 重大事故

有下列情形之一的,为重大事故:

(1)造成 10 人以上 30 人以下死亡。
(2)造成 50 人以上 100 人以下重伤。
(3)造成 5000 万元以上 1 亿元以下直接经济损失。
(4)客运列车脱轨 18 辆以上。
(5)货运列车脱轨 60 辆以上。
(6)客运列车脱轨 2 辆以上 18 辆以下,并中断繁忙干线铁路行车 24h 以上或者中断其他线路铁路行车 48h 以上。
(7)货运列车脱轨 6 辆以上 60 辆以下,并中断繁忙干线铁路行车 24h 以上或者中断其他线路铁路行车 48h 以上。

3. 较大事故

有下列情形之一的,为较大事故:

(1)造成 3 人以上 10 人以下死亡。
(2)造成 10 人以上 50 人以下重伤。
(3)造成 1000 万元以上 5000 万元以下直接经济损失。
(4)客运列车脱轨 2 辆以上 18 辆以下。
(5)货运列车脱轨 6 辆以上 60 辆以下。
(6)中断繁忙干线铁路行车 6h 以上。
(7)中断其他线路铁路行车 10h 以上。

4. 一般事故

一般事故分为一般 A 类事故、一般 B 类事故、一般 C 类事故和一般 D 类事故。

(1)一般 A 类事故

有下列情形之一,未构成较大以上事故的,为一般 A 类事故:

A1. 造成 2 人死亡。

A2. 造成 5 人以上 10 人以下重伤。

A3. 造成 500 万元以上 1000 万元以下直接经济损失。

A4. 列车及调车作业中发生冲突、脱轨、火灾、爆炸、相撞,造成下列后果之一的:

A4.1 繁忙干线双线之一线或单线行车中断 3h 以上 6h 以下,双线行车中断 2h 以上 6h 以下。

A4.2 其他线路双线之一线或单线行车中断 6h 以上 10h 以下,双线行车中断 3h 以上 10h 以下。

A4.3 客运列车耽误本列 4h 以上。

A4.4 客运列车脱轨 1 辆。

A4.5 客运列车中途摘车 2 辆以上。

A4.6 客车报废 1 辆或大破 2 辆以上。

A4.7 机车大破 1 台以上。

A4.8 动车组中破 1 辆以上。

A4.9 货运列车脱轨 4 辆以上 6 辆以下。

（2）一般 B 类事故

有下列情形之一，未构成一般 A 类以上事故的，为一般 B 类事故：

B1. 造成 1 人死亡。

B2. 造成 5 人以下重伤。

B3. 造成 100 万元以上 500 万元以下直接经济损失。

B4. 列车及调车作业中发生冲突、脱轨、火灾、爆炸、相撞，造成下列后果之一的：

B4.1 繁忙干线行车中断 1h 以上。

B4.2 其他线路行车中断 2h 以上。

B4.3 客运列车耽误本列 1h 以上。

B4.4 客运列车中途摘车 1 辆。

B4.5 客车大破 1 辆。

B4.6 机车中破 1 台。

B4.7 货运列车脱轨 2 辆以上 4 辆以下。

（3）一般 C 类事故

有下列情形之一，未构成一般 B 类以上事故的，为一般 C 类事故：

C1. 列车冲突。

C2. 货运列车脱轨。

C3. 列车火灾。

C4. 列车爆炸。

C5. 列车相撞。

C6. 向占用区间发出列车。

C7. 向占用线接入列车。

C8. 未准备好进路接、发列车。

C9. 未办或错办闭塞发出列车。

C10. 列车冒进信号或越过警冲标。

C11. 机车车辆溜入区间或站内。

C12. 列车中机车车辆断轴，车轮崩裂，制动梁、下拉杆、交叉杆等部件脱落。

C13. 列车运行中碰撞轻型车辆、小车、施工机械、机具、防护栅栏等设备设施或路料、坍体、落石。

C14. 接触网接触线断线、倒杆或塌网。

C15. 关闭折角塞门发出列车或运行中关闭折角塞门。

C16. 列车运行中刮坏行车设备设施。

C17. 列车运行中设备设施、装载货物（包括行包、邮件）、装载加固材料（或装置）超限（含按超限货物办理超过电报批准尺寸的）或坠落。

C18. 装载超限货物的车辆按装载普通货物的车辆编入列车。

C19. 电力机车、动车组带电进入停电区。

C20. 错误向停电区段的接触网供电。

C21. 电化区段攀爬车顶耽误列车。

C22. 客运列车分离。

C23. 发生冲突、脱轨的机车车辆未按规定检查鉴定编入列车。

C24. 无调度命令施工、超范围施工、超范围维修作业。

C25. 漏发、错发、漏传、错传调度命令导致列车超速运行。

（4）一般 D 类事故

有下列情形之一，未构成一般 C 类以上事故的，为一般 D 类事故：

D1. 调车冲突。

D2. 调车脱轨。

D3. 挤道岔。

D4. 调车相撞。

D5. 错办或未及时办理信号致使列车停车。

D6. 错办行车凭证发车或耽误列车。

D7. 调车作业碰轧脱轨器、防护信号，或未撤防护信号动车。

D8. 货运列车分离。

D9. 施工、检修、清扫设备耽误列车。

D10. 作业人员违反劳动纪律、作业纪律耽误列车。

D11. 滥用紧急制动阀耽误列车。

D12. 擅自发车、开车、停车、错办通过或在区间乘降所错误通过。

D13. 列车拉铁鞋开车。

D14. 漏发、错发、漏传、错传调度命令耽误列车。

D15. 错误操纵、使用行车设备耽误列车。

D16. 使用轻型车辆、小车及施工机械耽误列车。

D17. 应安装列尾装置而未安装发出列车。

D18. 行包、邮件装卸作业耽误列车。

D19. 电力机车、动车组错误进入无接触网线路。

D20. 列车上工作人员往外抛掷物体造成人员伤害或设备损坏。

D21. 行车设备故障耽误本列客运列车 1h 以上，或耽误本列货运列车 2h 以上；固定设备故障延时影响正常行车 2h 以上（仅指正线）。

中国国家铁路集团有限公司可对影响行车安全的其他情形，列入一般事故。

因事故死亡、重伤人数 7 日内发生变化，导致事故等级变化的，相应改变事故等级。

三、《事规》内容解释

（1）机车车辆：包括铁路机车、客车、货车、动车、动车组及各类自轮运转特种设备等。

自轮运转特种设备：系指在铁路营业线上运行的轨道车及铁路施工、维修专用车辆（包括轨道起重机、架桥机、铺轨机、接触网架线车、放线车、检修车、大型养路机械等）。

(2) 列车：系指编成的车列并挂有机车及规定的列车标志。单机、自轮运转特种设备，虽未完全具备列车条件，亦应按列车办理。

客运列车：系指旅客列车（含动车组）、按客车办理的回送空客车车底及其他列车。

货运列车：系指客运列车以外的其他列车。

军用列车除有特殊通知外，均视为货运列车。

列车与其他调车作业的机车车辆等互相冲撞而发生的事故，定列车事故。列车在站内以调车方式进行摘挂或转线而发生事故，定调车事故。

客运列车或客运列车摘下本务机车后的车列，被货运列车、机车车辆冲撞造成的事故，以及客运列车在中途站进行摘挂（包括摘挂本务机车）或转线作业发生的事故，均定客运列车事故。

区间调车作业、机车车辆溜入区间，发生冲突、脱轨事故时，定列车事故。在封锁区间内调车作业发生事故，定调车事故。

(3) 运行过程中：系指铁路机车车辆运行的全过程，也包括在其运行中的停车状态。

(4) 行人：系指在铁路线路上行走、停留的自然人（包括有关铁路作业人员）。

(5) 其他障碍物：系指侵入铁路限界及线路，并影响铁路行车的动态及静态物体。

(6) 相撞：系指铁路机车车辆在运行过程中与行人、机动车、非机动车、牲畜及其他障碍物相互碰、撞、轧，造成人员伤亡、设备设施损坏。

(7) 冲突：系指列车、机车车辆互相间或与轻型车辆、设备设施（如车库、站台、车挡等）发生冲撞，致使机车车辆、轻型车辆、设备设施等破损。

在列车运行中由于人为失职或设备不良等原因，将车辆挤坏或拉坏构成中破及其以上程度，或在调车作业中由于人为失职或设备不良等原因，将车辆挤坏或拉坏构成大破以上程度时，亦按冲突论。

由于机车车辆冲撞造成货物窜动将车辆撞坏、挤坏时，定冲突事故，并根据所造成的后果，确定事故等级。

(8) 脱轨：系指机车车辆的车轮落下轨面（包括脱轨后又自行复轨），或车轮轮缘顶部高于轨面（因作业需要的除外）。

每辆（台）只要脱轨 1 轮，即按 1 辆（台）计算。

(9) 列车发生火灾：系指列车起火造成机车车辆破损，影响行车设备设施正常使用，或发生人员伤亡，货物、行包烧毁等。

(10) 列车发生爆炸：系指机车车辆在运行过程中发生爆炸，造成其设备损坏，墙板、车体变形或出现孔洞，影响正常行车。

(11) 正线：系指连接车站并贯穿或直股伸入车站的线路。

(12) 繁忙干线：系指京哈（不含沈山线）、京沪、京广、京九（含广州至深圳段）、陇海、沪昆（不含株洲至昆明段）线及客运专线。

繁忙干线单线：系指连接繁忙干线以外的线路。

(13) 其他线路：系指繁忙干线的联络线。

新交付使用的线路等级分类,在交付时公布。

在连接不同等级线路的车站发生事故时,按繁忙干线算。

(14)中断铁路行车:系指不论事故发生在区间或站内,造成铁路单线、双线区间或双线区间之一线不能行车。中断行车的时间,由事故发生时间起(列车火灾或爆炸由停车时间算起)至恢复客货列车原牵引方式连续通行时止。

如列车能在站内其他线通行,又回到原正线上进入区间的,不按中断行车算。

施工封锁区间发生冲突或脱轨的行车中断时间,从事故发生前原计划开通的时间起计算。

(15)耽误列车:系指列车在区间内停车;通过列车在站内停车;列车在始发站或停车站晚开、在运行过程中超过图定的时间(局管内)或调度员指定的时间;列车停运、合并、保留。

(16)客运列车中途摘车:系指编挂在客运列车中的车辆发生冲突、脱轨、火灾、爆炸、相撞未达到中破及以上程度,不能运行,必须在途中摘下(不包括始发站和终到站)。

(17)占用区间:①区间内已进入列车。②区间已被列车取得占用的许可(包括准许时间内未收回的出站、跟踪调车凭证)。③封锁的区间(属于《技规》第265、第302、第310条的情况下除外)。④区间内有停留或溜入的机车车辆、施工作业车辆。列车发出后溜入的亦算。⑤发出进入正线的列车而区间内道岔岔线开通。⑥邻线已进入禁止在区间交会的列车。

列车前端越过出站信号机或警冲标即算。

办理越出站界调车后,没有取消手续,也没有办理列车闭塞手续,就用该调车手续将列车开出,亦按本项论。

(18)占用线:系指车站内已办理进路的线路或停有机车车辆的线路或已封锁的线路。

列车前端越过进站(进路)信号机或站界标即构成"向占用线接入列车"。按《技规》第283条规定办理的列车除外。

(19)进路、未准备好进路:

进路:①接入停车列车时,由进站信号机起至接车线末端计算该线有效长度的警冲标或出站信号机止的一段线路。②发出列车时,由列车前端起至相对进站信号机或站界标为止的一段线路。③通过列车时,为该列车通过线两端进站信号机或站界标间的一段线路。

未准备好进路:①进路上的道岔未扳、错扳、临时扳动或错误转动。②进路上有轻型车辆(包括拖车)、小车及其他能造成脱轨的障碍物(不包括其他交通车辆)。③邻线的机车车辆越过警冲标。④违反《技规》第279条禁止办理相对方向同时接车和同方向同时发接列车的规定而办理同时接车或发接列车。⑤超限列车(包括挂有超限货物车辆的列车)、客运列车由于错误办理造成进入非固定股道。

接入停车或通过的列车,列车前端进入进站(进路)信号机或站界标以及发出的列车起动均算。

设有进路信号机的车站,分段接发列车时,按分段算。如果每段都发生,每段各定1件事故;如果一次准备的全通路,为一个进路,定1件事故。

凡由于信号联锁条件错误或有关人员违章作业,致使信号错误升级显示进行信号或强行开放进行信号,造成耽误列车或列车已按错误显示的进行信号运行,虽未造成后果,均定事故。

(20)未办或错办闭塞发出列车:系指未和邻站、线路所、车场办理闭塞手续,或办理闭塞的区间与列车运行的区间不一致而发出的列车。列车前端越过车站信号机(包括线路所通过信号机)或警冲标即构成。客运列车,错办闭塞的区间虽与列车的运行区间一致,亦按本项论。

没有调度命令,擅自改变或错办列车运行径路,亦按本项论。

未按规定办理手续而越出站界调车时,亦按本项论。

(21)列车冒进信号或越过警冲标:系指列车前端任何一部分越过地面固定信号显示的停车信号;停车列车越过到达线末端计算该线有效长度的警冲标或轧上线路脱轨器(系指用于接发列车起隔开作用的脱轨器)时亦算。双线区间反方向运行,列车冒进站界标,亦按本项论。

在制动距离内,由于误碰、错办或维修设备,致使临时变更信号显示、信号关闭或临时灭灯,造成列车冒进信号时,不论联锁条件是否解锁,亦按本项论。

在制动距离内,信号自动关闭或临时灭灯,在进路联锁条件不解锁的情况下,列车冒进信号时,不按本项论。

(22)机车车辆溜入区间或站内:系指以进站信号机或站界标为界,机车车辆由站内溜入区间或由区间、专用线溜入站内。

在区间岔线内停留的机车车辆溜往正线越过警冲标,亦按本项论。

(23)断轴:机车车辆出段、出厂或由固定停放地点开出后,发生即算。列车中的车辆在运行、停留或始发、到达检查时发现即算。

(24)关闭折角塞门发出列车或运行中关闭折角塞门:列车前端越过出站信号机或警冲标即算。

采用双管供风的列车因错接风管发出列车,按本项论。

(25)电力机车、动车组带电进入停电区:系指电力机车、动车组未降弓断电进入已经停电的接触网区。

(26)发生冲突、脱轨的机车车辆,未经检查鉴定编入列车运行:未按规定通知检查或未按规定检查,擅自编入列车,按本项论。

(27)自轮运转设备:无须铁路货车装运,能依靠自有轮对在铁路上运行,但须按货物向铁路办理托运手续的机械和设备,包括编入列车的自轮运转特种设备、无火回送机车等。

(28)无调度命令施工、超范围施工、超范围维修作业:包括未按规定在车站登记要点进行施工、维修作业的,施工点前超范围准备的,未按规定施工维修作业内容进行作业的,均按本项论。

(29)漏发、错发、漏传、错传调度命令导致列车超速运行:列车运行监控装置未输或错输限速指令、机车出库后司机未接到线路限速命令,致使列车超过规定限速行驶,按本项论。

(30)挤道岔:系指车轮挤过或挤坏道岔。

(31)错办或未及时办理信号导致列车停车:①因办理不及时或忘办、错办信号使列车在站外或站内停车。②禁止同时接车的车站或不准同时接入站内的列车,误使两列车均在站外停车。③接发列车人员未及时或错误显示手信号,使列车停车。

(32)错误办理行车凭证发车或耽误列车:系指与邻站已办妥闭塞手续,但由于未交、错交、未拿、错拿、漏填、错填行车凭证,自动闭塞、自动站间闭塞、半自动闭塞区间未开放出站(进路)信号机发车或耽误列车。

行车凭证交与司机或运转车长显示发车手信号后(车站直接发车时为发车人员显示手信号后),发现行车凭证错误,亦为错误办理行车凭证发车。

填写的行车凭证,错填、漏填电话记录号码、车次、区间、地点时,按本项论。

自动闭塞、自动站间闭塞、半自动闭塞区间未开放出站(进路)信号机,列车起动停车未越过信号机或警冲标时,视同一般 D 类事故情形。越过关闭的停车信号或警冲标时,视同一般 C 类事故情形。

(33)调车作业碰轧脱轨器、防护信号或未撤防护信号动车:

脱轨器:系指固定脱轨器及移动脱轨器。

防护信号:系指防护施工、装卸及机车车辆检修整备作业的固定信号或移动信号。

机车车辆碰上、轧上脱轨器或防护信号即算。对插有停车信号的车辆,碰上车钩及未撤防护信号的动车,按本项论。

(34)施工、检修、清扫设备耽误列车:如因特殊情况需要延长施工时间时,须提前通知车站值班员、列车调度员,经列车调度员承认后(发布调度命令)耽误列车时,不定事故。

施工、检修、清扫设备人员躲避不及时,造成列车停车,按本项论。

(35)滥用紧急制动阀耽误列车:系指违反《技规》第 271 条第 4 款的规定使用紧急制动阀。

(36)擅自发车、开车、停车、错办通过或在区间乘降所错误通过:

擅自发车:系指车站发车人员未确认出站信号,运转车长未得到发车人员的发车指示信号,车站发车人员未确认运转车长发车手信号直接发车。

擅自开车:系指司机未得到车站发车人员或运转车长的发车信号而开车。

擅自停车:系指在正常情况下,不应停车而停车。

错办通过:系指应停车的客运列车错办通过(不包括列车调度员按照列车运行情况临时调整变更通过的列车)。

(37)错误操纵、使用行车设备耽误列车:系指作业人员违反操作规程耽误列车或使用方法不当造成机车车辆等行车设备损坏,耽误列车。

(38)列车运行中碰撞轻型车辆、小车、施工机械、机具、防护栅栏等设备设施或路料、坍体、落石:刮上、碰上或轧上即算。

小车:系指人工推行的作业车、检测车、梯车等。

路料:系指钢轨、道砟、轨枕、道口铺面板等。

施工机械:系指起道机、捣固机、螺栓紧固机、弯轨器、撞轨器、切轨机、轨缝调整器、拨道器等。

机具:系指施工、维修作业中使用的动力扳手、撬杠等。

列车运行中碰撞道砟未造成机车车辆损坏或人员伤亡,不按本项论。

(39)应安装列尾装置而未安装发出列车:有规定或调度命令的不按本项论。

(40)行包、邮件装卸作业耽误列车:系指在装卸作业过程中,因组织不当耽误列车,包括超载偏载、侵限或机动车(包括平板车)侵限、掉进股道、抢越平过道耽误列车。

(41)作业人员伤亡:系指在铁路行车相关作业过程中发生的,与企业管理、工作环境、劳动条件、生产设备等有关的,违反劳动者意愿的人身伤害,含急性工业中毒导致的伤害。

(42)作业过程:系指作业人员在本职工作岗位上或领导临时指派的工作岗位上,在工作时间内,从事铁路企业生产经营活动的全过程。作业人员请假离开、返回工作岗位、下班离岗、退勤退乘等,尚未离开其作业场所的,均视为作业过程。

工作时间:原则上以现行各种班制、乘务交路规定的工作时间和铁路综合计算工时工作制为依据。若不在规定的工作时间内,但属于因生产经营、工作需要而临时占用的时间,也视为工作时间。

(43)事故伤害损失工作日:系指作业人员在事故中导致伤残、死亡,造成劳动能力损失的程度,以工作日为度量单位。事故伤害损失工作日与实际歇工天数不同。确定某种伤害损失工作日数的具体数值,应以《事故伤害损失工作日标准》(GB/T 15499—1995)为依据查定。

(44)作业人员重伤:系指造成作业人员肢体残缺或某些器官受到严重损伤,致使人体长期存在功能障碍或劳动能力有重大损失的伤害。按照《事故伤害损失工作日标准》(GB/T 15499—1995)查定,其伤害部位及受伤害程度对应的事故伤害损失工作日或多处负伤其损失工作日合并计算等于或超过300个工作日的,属于重伤。该标准未做规定的,按实际歇工天数确定,实际歇工天数超过299天的,按299天统计;各伤害部位计算数值超过6000天的,按6000天统计。作业人员死亡,其事故伤害损失工作日按6000个工作日统计。

(45)急性工业中毒事故:系指生产性毒物一次或短期内,通过人的呼吸道、消化道或皮肤大量进入体内,使人体在短时间内发生病变,导致中断工作,须进行急救处理,甚至死亡的事故。中毒程度通常分为轻度、中度和重度。按照有关规定,凡是住院治疗的急性工业中毒,均按重伤报告、统计和处理。

(46)伤亡人数发生变化:系指轻伤发展成重伤,重伤发展成死亡,以及伤亡人数发生变化等情况。

(47)作业人员:系指参加铁路行车相关作业的所有从业人员,含已参加铁路企业生产经营活动,与铁路用人单位形成事实劳动关系的人员。

(48)职业禁忌症:系指某个工作岗位因其特殊性而对从业人员患有的可能造成事故的疾病作出限制的范围。如视力减退对于机车乘务员;恐高症、高血压对于电力工、架子工;高血压、心脏病对于巡道工、调车人员等均属职业禁忌症。

(49)事故责任待定:系指事故原因、责任尚未查清,需待认定的情况。事故件数暂时统计在发生月,若最后认定为非责任事故,则予以变更。

(50)人员失踪:系指发生事故后找不到尸体,如在河流湖泊中沉溺、泥石流中掩埋等,与出走不归等情况不同,无须经法院认定。

(51)交叉作业:系指分别属于两个或两个以上企业的作业区域相互重叠,从业人员同一作业场所各自作业,包括铁路作业人员在专用线内取送车等作业。

(52)因正常手术治疗而加重伤害程度:系指从业人员在事故中受伤后,为避免伤势恶化而必须实施截肢、器官摘除等手术措施,致使伤害程度加重的情况。

四、机车、车辆报废及大中破条件

(一)机车报废条件

(1)一次修理费用超过该型机车新车现价60%的。
(2)机车主要配件(主变压器、柴油机、转向架、主车架、承载式车体)破损严重,不能恢复基本性能的。

(二)机车大破条件

1. 蒸汽机车
下列各部件之一必须解体修复时:
锅炉、车架、汽缸(煤水车按货车办理)。

2. 内燃机车
(1)下列各项之一必须大修修复时:
柴油机、转向架。
(2)车体及各梁按货车有关规定办理。

3. 电力机车
(1)下列各项之一必须大修修复时:
主变压器、转向架。
(2)车体及各梁按货车有关规定办理。

(三)机车中破条件

1. 蒸汽机车
下列各部件之一必须更换时:
轮对、滑板托架(煤水车按货车办理)。

2. 内燃机车
(1)下列各项之一必须大修修复时:
3台牵引电动机、轮对、主发电机、液力变速器。
(2)转向架、车体及各梁按货车有关规定办理。

3. 电力机车
(1)下列各项之一必须大修修复时:
3台牵引电动机、轮对。
(2)转向架、车体及各梁按货车有关规定办理。

(四)客车报废条件

符合下列条件之一时:
(1)外墙、顶板需全部分解,并须更换铁立柱达2/3。
(2)需要解体更换中梁。
(3)中、侧梁垂直弯曲超过200mm或横向弯曲超过100mm。
(4)两根侧梁折损或一根侧梁及两根端梁折损。
(5)车底架扭曲,其倾斜度在车底架1m以内超过70mm或全部车底架超过300mm。

(6)底、体架破损程度较大或火灾事故后严重变形,以及旧杂型客车腐蚀、破损严重,经鉴定无修复价值。

(五)货车报废条件

(1)需要更换中梁一根及切换另一根中梁的。
(2)需要更换中梁一根及底架上的枕、横梁40%的。
(3)需要更换中梁一根及侧梁一根的。
(4)因事故底、体架破损严重,确无修复价值(如钢质焊接结构车,底、体架需解体1/2以上的)。

各梁更换条件:需截换全梁长度25%以上;或补强板超过梁高1/2,且各块补强板长度总和超过梁长25%的。

(六)车辆大破条件

破损程度达到下列条件之一时:

(1)中梁、侧梁、端梁、枕梁中任何一种弯曲或破损合计够两根(中梁每侧按一根计算)。
(2)牵引梁折断两根,或折断一根加上述各梁弯曲或破损一根(贯通式中梁牵引部分按中梁算,非贯通式及无中梁的按牵引梁计算)。
(3)货车车体(底架以上部分,以下同)破损或凹凸变形(不包括地板),敞车面积达50%,棚车、冷藏车、罐车、守车面积达30%。火灾或爆炸烧损计算车体面积时,包括地板在内。0.8m以下低边车和平车发生火灾或爆炸烧损面积达90%(包括端、侧板及地板)。
(4)客车、机械冷藏车、发电车车体破损,需施修车棚橼子、侧梁、侧柱、通过台顶棚中梁、车棚内角柱、端柱之任何一项。
(5)机械冷藏车、发电车、柴油机、发电机破损,任何一项需要大修时。
(6)客车、发电车火灾或爆炸内部烧损需要修换的面积达20m^2(包括顶、端、侧、地、门板及间隔板)。

(七)车辆中破条件

破损程度达到下列条件之一时:

(1)中梁、侧梁、端梁、枕梁中任何一根弯曲或破损。
(2)牵引梁折断一根(牵引梁定义与大破同)。
(3)货车车体破损凹凸变形(不包括地板),敞车面积达25%,棚车、冷藏车、罐车、守车面积达15%。火灾或爆炸烧损计算车体面积时,包括地板在内。0.8m以下低边车和平车发生火灾或爆炸烧损面积达50%(包括端、侧板及地板)。
(4)转向架的侧架、摇枕、均衡梁或轮对破损需要更换任何一项。
(5)机械冷藏车、发电车的冷冻机、柴油机、发电机破损任何一项需要段修时。
(6)客车、发电车火灾或爆炸内部烧损需要换修的面积达10m^2(包括顶、端、侧、地、门板及间隔板)。

(八)动车组报废条件

符合下列条件之一时:

(1)修理费用超过该型动车组新车现价70%的。

(2)动车组主要配件(主变压变流器、转向架)破损严重,不能恢复基本性能的。
(3)车体结构变形或破损严重,无法修复的。

(九)动车组大破条件

符合下列条件之一时:
(1)修理费用超过该型动车组新车现价50%的。
(2)下列各项之一必须大修修复时:
主变压器、牵引变流器、转向架。

(十)动车组中破条件

符合下列条件之一时:
(1)修理费用超过该型动车组新车现价30%的。
(2)下列各项之一必须大修修复时:
3台牵引电动机、轮对、辅助变流器。

(十一)车辆各梁大、中破程度的计算(表4-1、表4-2)

客车、动车　　　　　　　　　　　　　　　　　表4-1

梁别	弯曲(上、下、左、右)	破损
侧梁	40mm	裂纹破损达到原断面积1/2
端梁	30mm	裂纹破损达到原断面积1/2
中梁	50mm	裂纹破损延伸至垂直面(不包括盖板)
枕梁	30mm	裂纹破损延伸至垂直面(不包括盖板)

货　　车　　　　　　　　　　　　　　　　　　表4-2

梁别	弯曲(上、下、左、右)	破损
侧梁	110mm	裂纹破损达到原断面积1/2
端梁	100mm	裂纹破损达到原断面积1/2或冲击座上部断面全部裂损
中梁	50mm(下垂为60mm)	裂纹破损延伸至垂直面(不包括盖板)
枕梁	50mm	裂纹破损延伸至垂直面(不包括盖板)

(1)客车端梁包括通过台端梁。守车端梁弯曲、破损,以外端梁计算。
(2)非贯通式侧梁、端梁,不按侧梁、端梁算。
(3)货车端梁在角部向内延伸200mm范围内的破损不按大、中破损计算,超过200mm范围时,破损限度合并计算。
(4)机械冷藏车(包括机械车、乘务车、冷藏车)、发电车各梁大、中破损程度按客车计算。
(5)0.8m以下低边车底架以上无论破损程度如何,均按小破计算(火灾或爆炸除外)。
(6)货车改造的简易客车破损时按货车办理。
(7)淘汰及旧杂型车辆破损程度按降一级计算。
(8)计算破损程度时,原有裂纹破损旧痕的尺寸不计算在内。
(9)中、侧梁弯曲测量方法,以两个枕梁间平直线的延长线为基准。两轴车应找出原底架的水平线,然后延长测量。端梁弯曲测量方法以两端引出平行线为基准,垂直测量。每根梁如多处弯曲时,按弯曲最大的一处算,上、下、左、右不相加。

(10)蒸汽机车、煤水车车体破损按罐车办理;内燃机车、电力机车车体破损按冷藏车办理。

第二节　铁路交通事故调查处理

一、事故报告

事故发生后,事故现场的铁路运输企业工作人员或者其他人员应当立即向邻近铁路车站、列车调度员、公安机关或者相关单位负责人报告。有关单位和人员接到报告后,应立即将事故情况向企业负责人和事故发生地安全监管办安全监察值班人员报告,安全监管办安全监察值班人员按规定向安全监管办负责人报告。

铁路运输企业列车调度员要认真填写《铁路交通事故(设备故障)概况表》(安监报1),分别向事故发生地安全监管办安全监察值班人员、中国国家铁路集团有限公司列车调度员报告。

事故发生地安全监管办安全监察值班人员接到"安监报1"或现场事故报告后,要立即填写《铁路交通事故基本情况表》(安监报3),并向国务院铁路主管部门安全监察司值班人员报告。报告后要进一步了解事故情况,及时补报"安监报3"。

涉及其他安全监管办辖区的事故,发生地安全监管办安全监察值班人员应及时将"安监报3"传送至相关安全监管办的安全监察部门。

铁路管理机构接到事故报告,应当尽快核实有关情况,并立即报告国务院铁路主管部门;对特别重大事故、重大事故,国务院铁路主管部门应当立即报告国务院并通报国家安全生产监督管理等有关部门。

发生特别重大事故、重大事故、较大事故或者有人员伤亡的一般事故,安全监管办应向事故发生地县级以上地方人民政府及其安全生产监督管理部门通报。

事故报告的主要内容:
(1)事故发生的时间、地点、区间(线名、公里、米),事故相关单位和人员。
(2)发生事故的列车种类、车次、部位、计长、机车型号、牵引辆数、吨数。
(3)承运旅客人数或者货物品名、装载情况。
(4)人员伤亡情况,机车车辆、线路设施、道路车辆的损坏情况,对铁路行车的影响情况。
(5)事故原因的初步判断。
(6)事故发生后采取的措施及事故控制情况。
(7)具体救援请求。

事故报告后,出现新情况的,应当及时补报。

事故现场通话按"117"立接制应急通话级别办理。

国务院铁路主管部门、铁路管理机构和铁路运输企业应当向社会公布事故报告值班电话,受理事故报告和举报。

二、事故调查

(一) 事故调查组的组建

特别重大事故按《条例》规定由国务院或国务院授权的部门组织事故调查组进行调查。

重大事故由国务院铁路主管部门组织事故调查组进行调查。调查组组长由国务院铁路主管部门负责人或指定人员担任,安全监察司、运输局、公安局等部门和国务院铁路主管部门派出机构、相关安全监管办等部门(单位)派员参加。

较大事故和一般事故由事故发生地安全监管办组织事故调查组进行调查。调查组组长由安全监管办负责人或指定人员担任,安全监管办安全监察部门、有关业务处室、公安机关等部门派员参加。

国务院铁路主管部门认为必要时,可以参与或直接组织对较大事故和一般事故进行调查。

根据事故的具体情况,事故调查组还可由工会、监察机关有关人员以及有关地方人民政府、公安机关、安全生产监督管理部门等单位派人组成,并应当邀请人民检察院派人参加。事故调查组认为必要时,可以聘请有关专家参与事故调查。

发生一般B类以上、重大以下事故(不含相撞的事故),涉及其他安全监管办辖区时,事故发生地安全监管办应当在事故发生后12h内发出电报通知相关安全监管办。相关安全监管办接到电报后,应当立即派员参加事故调查组。

自事故发生之日起7d内,因事故伤亡人数变化导致事故等级发生变化,依照《条例》规定由上级机关调查的,原事故调查组应当及时报告上级机关。

(二) 事故调查组的职责

事故调查组履行下列职责:
(1) 查明事故发生的经过、原因、人员伤亡情况及直接经济损失。
(2) 认定事故的性质和事故责任。
(3) 提出对事故责任者的处理建议。
(4) 总结事故教训,提出防范和整改措施建议。
(5) 提交事故调查报告。

事故调查组在事故发生后应当及时通知相关单位和人员;一般B类以上、重大以下的事故(不含相撞的事故)发生后,应当在12h内通知相关单位,接受调查。

事故调查组到达现场前,组织事故调查组的机关可指定临时调查组组长,组成临时调查组,勘查现场,掌握人员伤亡、机车车辆脱轨、设备损坏等情况,保存痕迹和物证,查找事故线索及原因,做好调查记录,及时向事故调查组报告。

事故调查组到达后,发生事故的有关单位必须主动汇报事故现场真实情况,并为事故调查提供便利条件。事故发生单位的负责人和有关人员在事故调查期间应当随时接受事故调查组的询问,如实提供有关资料和物证。

事故调查组有权向有关单位和个人了解与事故有关的情况,并要求其提供相关文件、资料,有关单位和个人不得拒绝。

(三)专业小组的职责

事故调查组根据需要,可组建若干专业小组,进行调查取证。

(1)搜集事故现场物证、痕迹,测量并按专业绘制事故现场示意图,标注现场设备、设施,遗留物的名称、尺寸、位置、特征等。

需要搬动伤亡者、移动现场物体的,应做出标记,妥善保存现场的重要痕迹、物证;暂时无法移动的,应予守护,并设明显标志。

(2)询问事故当事人及相关人员,收取口述、笔述、笔录、证照、档案,并复制、拍照。不能书写书面材料的,由事故调查组指定人员代笔记录并经本人签认。无见证人或者当事人、相关人员拒绝签字的,应当记录在案。

(3)对事故现场全貌、方位、有关建筑物、相关设备设施、配件、机动车、遗留物、致害物、痕迹、尸体、伤害部位等进行拍照、摄像。及时转储、收存安全监控、监测、录音、录像等设备的记录。

(4)收取伤亡人员伤害程度诊断报告、病理分析、病程救治记录、死亡证明、既往病历和健康档案资料等。

(5)对有涂改、灭失可能或以后难以取得的相关证据进行登记封存。

(6)查阅有关规章制度、技术文件、操作规程、调度命令、作业记录、台账、会议记录、安全教育培训记录、上岗证书、资质证书、承(发)包合同、营业执照、安全技术交底资料等,必要时将原件或复印件附在调查记录内。

(7)对有关设备、设施、配件、机动车、器具、起因物、致害物、痕迹、现场遗留物等进行技术分析、检测和试验,组织笔迹鉴定,必要时组织法医进行尸表检验或尸体解剖,并写出专题报告。

(8)脱轨事故发生后,在全面调查的基础上,必要时应对事故地点前后一定长度范围内的线路设备进行检查测量,并调阅近期内该段线路质量检测情况;对事故地点前方(列车运行相反方向)一定长度的线路范围内,有无机车车辆配件脱落、刮碰行车设备的痕迹等进行检查,对脱轨列车中有关的机车车辆进行检查测量,并调阅脱轨机车车辆近期内运行情况监测记录。

事故调查中需要对相关的铁路设备、设施进行技术鉴定或者对财产损失状况以及中断铁路行车造成的直接经济损失进行评估的,事故调查组应当委托具有国家规定资质的机构进行技术鉴定或者评估。技术鉴定或者评估所需时间不计入事故调查期限。

各专业小组应按调查组组长的要求,及时提交专业小组调查报告。调查组组长应组织审议专业小组调查报告,并研究形成《铁路交通事故调查报告》,由调查组所有成员签认。调查组成员意见不一致时,应在事故报告中分别进行表述,报组织调查的机关审议、裁定。

事故调查中发现涉嫌犯罪的,事故调查组应当及时将有关证据、材料移交司法机关。

(四)《铁路交通事故调查报告》的内容

(1)事故概况。

(2)事故造成的人员伤亡和直接经济损失。

(3)事故发生的原因和事故性质。
(4)事故责任的认定以及对事故责任者的处理建议。
(5)事故防范和整改措施建议。
(6)与事故有关的证明材料。

(五)事故调查期限

事故调查组应在下列期限内向组织事故调查组的机关提交《铁路交通事故调查报告》：
(1)特别重大事故的调查期限为60日。
(2)重大事故的调查期限为30日。
(3)较大事故的调查期限为20日。
(4)一般事故的调查期限为10日。
事故调查期限自事故发生之日起计算。

事故调查组形成《铁路交通事故调查报告》，报组织事故调查的机关同意后，事故调查组的工作即告结束。国务院铁路主管部门、安全监管办的安全监察部门应在事故调查组工作结束后15日内，根据事故报告，制作《铁路交通事故认定书》，经批准后，送达相关单位。

一般B类以上、重大以下事故(相撞事故为较大事故)的档案材料，应报国务院铁路主管部门备案(3份)。

国务院铁路主管部门发现安全监管办对事故认定不准确时，应予以纠正。必要时，可另行组织调查。

事故调查组成员在事故调查工作中应诚信公正、恪尽职守，遵守事故调查组的纪律，保守事故调查的秘密。未经事故调查组组长允许，调查组成员不得擅自发布有关事故的调查信息。

调查事故应配备必要的调查设备和装备，保证调查工作顺利进行。调查设备和装备包括通信设备、摄影摄像设备、录音设备、绘图制图设备、便携电脑及其他必要的装备。

(六)事故认定书的制作

《铁路交通事故认定书》是事故赔偿、事故处理及事故责任追究的依据。
《铁路交通事故认定书》应按照国务院铁路主管部门规定的统一格式制作，内容包括：
(1)事故发生的原因和事故性质。
(2)事故造成的人员伤亡和直接经济损失。
(3)事故责任的认定。
(4)对有关责任单位及人员的处理决定或建议。
事故责任单位接到《铁路交通事故认定书》后，于7日内，填写《铁路交通事故处理报告表》(安监报2)，按规定报送《铁路交通事故认定书》制作机关，并存档。

三、事故责任判定和损失认定

(一)事故责任判定

事故分为责任事故和非责任事故。

事故责任分为全部责任、主要责任、重要责任、次要责任和同等责任。

铁路运输企业或相关单位发布的文电,违反法律法规、铁路相关技术标准和作业标准等,直接导致事故发生的,定发文电单位责任。

因设备管理不善造成的事故,定设备管理单位责任。

因产品质量不良造成事故,属设计、制造、采购、检修等单位责任的,定相关单位责任;应采用经行政许可或强制认证的产品而采用其他产品的,追究采用单位责任;采购不合格或不达标产品的,追究采购单位责任。

自然灾害原因导致的事故,因防范措施不到位,定责任事故。确属不可抗力原因导致的事故,定非责任事故。

营业线施工中发生责任事故,属工程建设、设计、监理、施工等原因造成的,定上述相关单位责任;同时追究设备管理单位责任。

已经竣工验收的设备,因质量问题发生责任事故,确属工程建设、设计、施工、监理等单位责任的,定上述相关单位责任;属设备管理不善的,定设备管理单位责任。

涉嫌人为破坏造成的事故,在公安机关确认前,定发生单位责任事故;经公安机关确认属人为破坏原因造成的,定发生单位非责任事故。

机车车辆断轴造成事故,由于探测、监测工作人员违章违纪或设备不良、管理不善等原因造成漏报、误报或预报后未及时拦停列车的,定相关单位责任。由于货物超载、偏载造成车辆断轴事故,定装车站或作业站责任。

因列车折角塞门关闭造成事故,无法判明责任的,定发生地铁路运输企业责任事故。

错误办理行车凭证发车或耽误列车事故的责任划分:司机起动列车,定车务、机务单位责任;司机发现未动车,定车务单位责任;通过列车司机未及时发现,定车务、机务单位责任;司机发现及时停车,定车务单位责任。

应停车的客运列车错办通过,定车站责任;在区间乘降所错误通过,定机务单位责任。

因断钩导致列车分离事故,断口为新痕时定机务单位责任(司机未违反操作规程的除外),断口为旧痕时定机车车辆配属或定检单位责任;机车车辆车钩出现超标的砂眼、夹渣或气孔等铸造缺陷,定制造单位责任。

未断钩造成的列车分离事故,根据具体情况进行分析定责。

因货物装载加固不良造成事故,定货物承运单位责任;属托运人自装货物的,定托运人责任,货物承运单位监督检查失职的,追究货物承运单位同等责任。因调车作业超速连挂和"禁溜车"溜放等造成货物装载加固状态破坏而引发的事故,定违章作业站责任;因押运人员在运输途中随意搬动货物和降低货物装载加固质量而引发的事故,定押运人员所在单位责任,货物承运单位管理失职的,追究同等责任;货检人员未认真履行职责的,追究货检人员所在单位同等责任。因卸车质量不良造成事故,定卸车单位责任,同时追究负责检查的单位责任。

自轮运转设备编入列车因质量不良发生事故时,定设备配属单位责任;过轨检查失职的,定检查单位责任;违规挂运的,定编入或同意放行的单位责任。

因临时租(借)用其他单位的设备、设施、人员,发生事故,定使用单位责任。

产权单位委托其他单位维修设备设施,因维修质量不良造成事故,定维修单位责任;产权单位管理不善的,追究其同等责任。

凡经中国国家铁路集团有限公司批准或铁路运输企业批准并报中国国家铁路集团有限公司核备后的技术革新项目、科研项目在运营线上试验时,在限定的试验期限内确因试验项目本身原因发生事故,不定责任事故;但由于违反操作规程及其他人为因素造成的事故,定责任事故。

事故发生后,因发生单位未如实提供情况,导致不能查明事故原因和判定责任的,定发生单位责任。

事故涉及两个以上单位管理的相关设备,设备质量均未超过临修或技术限度时,按事故因果关系进行推断,确定责任单位。

事故调查组未及时通知有关单位接受事故调查,不得定有关单位责任。有关单位接到通知后,应派员而未派员接受事故调查的,事故调查组可以直接定责。

铁路作业人员在从事与行车相关的作业过程中,不论作业人员是否在其本职岗位,由于违反操作规程、作业纪律,或铁路运输生产设备设施、劳动条件、作业环境不良,或安全管理不善等造成伤亡,定责任事故。具体情形按以下规定办理:

(1)乘务人员及其他作业人员在企业内候班室、外地公寓、客车宿营车等处候班、间休期间,因违章违纪、设备设施不良等造成伤亡的,定有关单位责任。

(2)作业人员在疏导道口、引导或帮助旅客上下车、维持站车秩序过程中被列车撞轧而伤亡的,定作业人员所在单位责任。

(3)事故发生过程中,作业人员在避险或进行事故抢险时因违章作业再次发生伤亡,应按同一件事故定责;事故过程已终止,在事故救援、抢修、复旧及处理中又发生事故导致伤亡的,按另一件事故定责。

(4)铁路运输企业所属临管铁路发生的责任伤亡事故,定该企业责任事故。

(5)作业人员在工作或间歇时间擅自动用铁路运输设备设施、工具等导致伤亡的,定该作业人员所在单位责任事故,同时追究设备设施配属(或管理)单位的责任。

(6)作业人员因患有职业禁忌症而导致行为失控,造成伤亡的,定该作业人员所在单位责任。

(7)两个及以上铁路运输企业在交叉作业中发生伤亡,定主要责任单位事故;若各方责任均等,定伤亡人员所在单位责任,同时追究其他相关单位责任。若各方责任均等且均有人员伤亡,分别定责任事故。

作业人员发生伤亡,经二级以上医院、急救中心诊断或经法医检验、解剖,证明系因脑出血、心肌梗死、猝死等突发性疾病所致,并按事故处理权限得到事故调查组确认的,不定责任事故。医院等级不够的,须经法医进行尸表检验或尸体解剖鉴定。法医尸检或解剖鉴定报告结论不确定的,定责任事故。

作业人员伤亡事故原因不清,或公安机关已立案但尚无明确结论的,定责任事故。暂时不能确定事故性质、责任的,按待定办理。若跨年度仍不能确定或处理时间超过法定期限的,定伤亡人员所在单位责任。在年度统计截止前,该事故已查清并作出与原处理决定相反结论的,可向原处理部门申请更正。

铁路机车车辆与行人、机动车、非机动车、牲畜及其他障碍物相撞造成事故,按以下规定判定责任：

(1) 事故当事人违章通过平交道口或者人行过道，或者在铁路线路上行走、坐卧造成人身伤亡，定事故当事人责任。

(2) 事故当事人逃逸或者有证据证明当事人故意破坏、伪造现场，毁坏证据，定事故当事人责任。

(3) 事故当事人违反国家法律法规，有明显过失的，按过错的严重程度，分别承担责任。

中国国家铁路集团有限公司、安全监管办有关部门及其人员未能依法履行职责，发生下列情形之一的，应当追究其行政责任。涉嫌犯罪的，移送司法机关处理。

(1) 违反国家公布的技术标准或中国国家铁路集团有限公司颁布的规章、技术管理规程和作业标准，擅自公布部门技术标准，导致事故发生的，追究相关部门及其人员的责任。

(2) 在实施行政许可、强制认证、技术审查或鉴定，以及产品设备验收等监督管理职责的过程中，违反法定权限、法定程序和有关规定，或对相关产品设备等监督检查不力，造成不合格、不达标产品设备等投入运用，导致事故发生的，追究相关部门及其人员的责任。

(二) 事故损失认定

事故相关单位要如实统计、申报事故直接经济损失，制作明细表，经事故调查组确认后，在《铁路交通事故认定书》中认定。

下列费用列入事故直接经济损失：

(1) 铁路机车车辆、线路、桥隧、通信、信号、供电、信息、安全、给水等设备设施的损失费用。报废设备按报废设备账面净值计算，或按照市场重置价计算；破损设备设施按修复费用计算。

(2) 铁路运输企业承运的行包、货物的损失费用。

(3) 事故中死亡和受伤人员的处理、处置、医治等费用(不含人身保险赔偿费用)。

(4) 被撞机动车、非机动车、牲畜等财产物资，造成的报废或修复费用。

(5) 行车中断的损失费用。

(6) 事故应急处置和救援费用。

(7) 其他与事故直接有关的费用。

有作业人员伤亡的，直接经济损失统计范围、计算方法等按《企业职工伤亡事故经济损失统计标准》(GB 6721—1986)执行。

负有事故全部责任的，承担事故直接经济损失费用的100%；

负有主要责任的，承担损失费用的50%以上；

负有重要责任的，承担损失费用的30%以上、50%以下；

负有次要责任的，承担损失费用的30%以下。

有同等责任、涉及多家责任单位承担损失费用时，由事故调查组根据责任程度依次确定损失承担比例。

负同等责任的单位，承担相同比例的损失费用。

四、事故统计分析

国务院铁路主管部门、安全监管办、铁路运输企业及基层单位应按照本规则规定，建立事故统计分析制度，健全统计分析资料，并按规定及时报送。

各级安全监察部门负责事故统计分析报告的日常工作,并负责监督指导有关部门(单位)做好事故统计分析报告工作。

事故的统计报告应当坚持及时、准确、真实、完整的原则。

事故的统计应按照事故类别、等级、性质、原因、部门、责任等项目分别进行统计。

每日事故的统计时间,由上一日18时至当日18时止。但填报事故发生时间时,应以实际时间为准,即以零点改变日期。

责任事故件数统计在负全部责任、主要责任的单位,非责任事故和待定责事故件数统计在发生单位,相撞事故统计在发生单位。

负同等责任或追究同等责任的,在总数中不重复统计件数。

一起事故同时符合两个以上事故等级的,以最高事故等级进行统计。

发生人员伤亡的事故应按以下规定统计:

(1)人员在事故中失踪,至事故结案时仍未找到的,按死亡统计。

(2)事故受伤人员因正常手术治疗而加重伤害程度的,按手术后的伤害程度统计。

(3)事故受伤人员经救治无效,在7日内死亡,按死亡统计;经医疗事故鉴定委员会确认为医疗事故的,或7日后死亡的,按原伤害程度统计。

(4)事故受伤人员在7日内由轻伤发展成重伤的,按重伤统计。

(5)未经医疗事故鉴定委员会确认为医疗事故的伤亡,按责任事故统计。

(6)相撞事故发生后,经调查确认为自杀、他杀的,不在伤亡人数中统计。

铁路各级安全监察部门应建立"铁路交通事故登记簿"(安监统1)、"铁路交通事故统计簿"(安监统2)、"铁路运输企业安全天数登记簿"(安监统3)、"铁路作业人员伤亡登记簿"(安监统4)和"铁路交通事故分析会记录簿"。

铁路运输企业专业部门、各基层站段应分别填记"铁路交通事故登记簿"(安监统1),并建立"铁路交通事故分析会记录簿"。

以上台账长期保存。

有关部门、单位应按以下规定填写、传送、管理各种事故表报:

(1)各级安全监察部门须建立"铁路交通事故(设备故障)概况表"(安监报1)和"铁路交通事故基本情况表"(安监报3)的管理制度,规范统计、分析、总结、报送及保管工作。要及时补充填记"安监报3"各项内容,事故结案后,必须准确填写。

铁路运输企业调度部门应当及时、如实填写"铁路交通事故(设备故障)概况表"(安监报1),建立登记簿,进行统计分析,并制定管理制度。

铁路运输企业的专业部门应当建立"安监报1"登记簿,认真统计分析。

(2)安全监管办须建立"铁路交通事故处理报告表"(安监报2)管理制度。基层单位按要求做好填记上报。"安监报2"保管3年。

(3)安全监管办于月、半年、年度后次月5日前填写"铁路交通事故报告表"(安监报4),报中国国家铁路集团有限公司。"安监报4"长期保存。

(4)安全监管办于月、半年、年度后次月5日前填写"铁路交通事故路外伤亡统计分析表"(安监报5),报中国国家铁路集团有限公司。"安监报5"长期保存。

(5)有从业人员伤亡的事故,事故发生单位填写《铁路作业人员伤亡概况表》(安监报

6-1),上报安全监管办;一般 B 类以上事故,安全监管办填写《铁路作业人员伤亡概况表》(安监报 6-1),上报中国国家铁路集团有限公司。

安全监管办于次月 5 日前(次年 1 月 10 日前),填写《铁路作业人员伤亡统计报表》(安监报 6-2),报中国国家铁路集团有限公司。

中国国家铁路集团有限公司所属铁路运输企业每月 27 日前将本月安全分析总结报中国国家铁路集团有限公司安全监察司。企业内部各业务部门须按月、半年、年度,对本系统事故进行分析总结,向上级主管部门报告,并抄送安全监管办安全监察部门。

合资铁路、地方铁路、专用铁路须按月、半年、年度,对本单位事故进行分析,并报安全监管办。

五、罚则

铁路运输企业及其职工违反法律、行政法规的规定,造成事故的,由中国国家铁路集团有限公司或者安全监管办依法追究行政责任。构成犯罪的,依法追究刑事责任。

铁路运输企业及其职工迟报、漏报、瞒报、谎报事故的,对单位,由中国国家铁路集团有限公司或安全监管办处 10 万元以上 50 万元以下的罚款;对个人,由中国国家铁路集团有限公司或安全监管办处 4000 元以上 2 万元以下的罚款;属于国家工作人员的,依法给予处分;构成犯罪的,依法追究刑事责任。

安全监管办迟报、漏报、瞒报、谎报事故的,由中国国家铁路集团有限公司对直接负责的主管人员和其他直接责任人员依法给予处分;构成犯罪的,依法追究刑事责任。

干扰、阻碍事故调查处理的,对单位,由中国国家铁路集团有限公司或安全监管办处 4 万元以上 20 万元以下的罚款;对个人,由中国国家铁路集团有限公司或安全监管办处 2000 元以上 1 万元以下的罚款;情节严重的,对单位,由中国国家铁路集团有限公司或安全监管办处 20 万元以上 100 万元以下的罚款;对个人,由中国国家铁路集团有限公司或安全监管办处 1 万元以上 5 万元以下的罚款;属于国家工作人员的,依法给予处分;构成违反治安管理行为的,由公安机关依法给予治安管理处罚;构成犯罪的,依法追究刑事责任。

在事故调查中,调查人员索贿受贿、借机打击报复或不负责任,致使调查工作有重大疏漏的,由组成事故调查组的机关给予处分,构成犯罪的,依法追究刑事责任。

第三节 铁路交通事故救援

一、事故救援工作的基本原则

事故救援是指隔离事故区域,抢救生命财产,防止事故扩大和蔓延,清理事故现场,抢修损坏设备,开通线路,恢复行车的一切有组织的行为。为了减少事故损失,尽快开通线路恢复行车,铁路发生交通事故后,应积极组织救援。事故应急救援工作应当遵循"以人为本、逐级负责、应急有备、处置高效"的原则。

二、事故救援组织机构

国务院铁路主管部门应当加强铁路运输安全监督管理,建立健全事故应急救援和调查处理的各项制度,按照国家规定的权限和程序,负责组织、指挥、协调事故的应急救援和调查处理工作。

各铁路安全监管办应当指导、督促铁路运输企业落实事故应急救援的各项规定,依法组织、指挥、协调本辖区内的事故应急救援工作。

铁路运输企业应当相应成立事故应急救援领导小组并设工作机构,建立健全工作制度,制订和完善事故应急救援预案,加强救援队、救援列车的建设,负责事故应急救援的人员培训、装备配置、物资储备、预案演练等基础工作,积极开展事故应急救援。

我国铁路事故救援组织由机务部门负责管理,各铁路局集团公司机务处均设专人负责事故救援工作。在部(局)规定地点(主要干线上的技术站所在地)设置适当等级的救援列车,在无救援列车的技术站或较大的中间站,组织救援队。

(一)事故救援列车

各局救援列车的增设、调整应报中国国家铁路集团有限公司审批,并在《行规》中公布。救援列车为当地机务段独立车间一级单位,受机务段段长的直接领导。

救援列车设主任 1 名,领导救援列车的全部工作。救援列车专业人员为救援工作的骨干力量,由机务段挑选身体健康、责任心强、具有一定技术业务水平的人担任,无特殊理由不得变动。救援列车职工应集中居住于救援列车附近的住宅,具有较为方便的通信工具,以保证迅速集结与出动。休班时间应尽量在家休息,必须离开住宅时,应向主任说明去向。

救援列车的基本任务:

(1)担负救援列车管辖区域的行车事故救援,及时起复机车车辆,清除线路上的障碍,开通线路,保证迅速恢复行车。

(2)负责救援列车管辖区域内各救援队的技术训练和业务指导,以及工具备品的配置、改进、修理和补充工作。

(3)不断分析和总结救援工作的先进经验,改进事故救援方法。

(二)事故救援班

在救援列车所在地,由各站、段、医院挑选有救援经验的职工 10~15 名,分别组成不脱产的救援班。救援班是救援列车的后备力量,其任务是补充救援列车专业人员和技术力量的不足,保证救援任务的顺利完成。

(1)救援班班长由各单位领导者担任,报上级领导批准后,告知救援列车主任。

(2)各单位救援班的具体人数和召集办法,由救援列车主任考虑,商得各单位领导同意确定。救援班的人员素质除身体健康外,还应注意技术专长的搭配,人员有变动时,应及时补充并告知救援列车主任。

(3)各救援班按调度命令出动。事故救援班所属单位值班人员接到出动的调度命令后,救援班长应立即召集本单位救援班人员,迅速赶到救援列车处报到,听从救援列车主任指挥,与救援列车协同行动。

(三)事故救援队

在无事故救援列车的车站上,组织事故救援队,救援队为不需要出动救援列车时处理轻微脱轨事故的组织。遇有重大、大事故,必要时,也应参加救援列车的救援工作。

1. 救援队的组成

设队长 1 名、救援队员 15~20 名（由车站、机务、车辆、工务、电务、供电、水电、卫生等部门的人员组成）。

2. 救援队的任务

(1) 积极抢救负伤人员或送附近医院抢救治疗。

(2) 采取一切措施，起复机车车辆，清除线路上的一切障碍物，迅速恢复行车。

(3) 事故严重时，应于救援列车到达前做好救援准备工作。

(4) 保护铁路财产及运输物资（行李、包裹、货物）的安全。

3. 救援队的召集出动

(1) 救援队所在地设有电话所或电话总机的，救援队长所在单位接到救援调度命令后，立即用电话通知电话所领班，由电话员直接通知救援队有关单位。

(2) 在无电话所的车站，由车站值班员直接通知有关单位。

有关单位接到出动调度命令后，立即通知救援队长并召集本单位的救援队员，在 30min 内迅速赶到指定地点集合。救援队长赶到集合地点后，立即了解事故情况，提出初步救援方案，向列车调度员汇报，征得同意后携带救援工具和备品赶赴事故现场进行救援工作。

三、救援组织的基本任务与要求

事故应急救援的总目标是通过有效的应急救援行动，尽可能地降低事故的后果，包括人员伤亡、财产损失和环境破坏等。

立即组织营救受害人员是应急救援的首要任务。在应急救援行动中，快速、有序、有效地实施现场急救与安全转送伤员是降低伤亡率、减少事故损失的关键。

迅速控制事态，并对事故造成的危害进行检测、监测，测定事故的危害区域、危害性质及危害程度。及时控制住造成事故的危险源是应急救援工作的重要任务，只有及时地控制住危险源，防止事故的继续扩展，才能及时有效地进行救援。

最后消除危害后果，做好现场恢复，查清事故原因，评估危害程度。事故发生后应及时调查事故发生的原因和事故性质，评估出事故的危害范围和危险程度，查明人员伤亡情况，做好事故调查。

四、铁路交通事故救援设备

在中国国家铁路集团有限公司指定地点设事故救援列车、电线路修复车、接触网检修车，并经常处于整备待发状态，其工具备品应保持齐全整洁、作用良好。

机车、动车、重型轨道车上应备有复轨器。

救援队在车站的适当处所的备品室（库）内存放必备的起复救援工具、备品、器材，如人字形复轨器、海参形复轨器、千斤顶、钢丝绳、大锤、短钢轨等。

（一）救援列车

1. 救援列车的编组

救援列车一般由轨道起重机及游车、工具车、发电车、救护车、办公宿营车、炊事车、备品车、平车、水槽车、装有拖拉机的棚车等车辆组成。轨道起重机应挂于救援列车的一端,不得挂于中间。救援列车应编成完整的车列,所有车辆应全部连接完好并接通制动软管,制动机作用保持良好。

2. 救援列车的停放

(1)救援列车应停留在固定使用的机务段段管线或所在车站的站线上,该线路应两端贯通,不需转线即可直接发车进入区间。救援列车停留线两端的道岔应扳向不能进入该线的位置并加锁,钥匙由段(站)值班员或救援列车值班员保管。

(2)救援列车所在地点,应设有办公室及生产、生活用房屋,办公室应装设值班电话。

(二)电线路修复车

为了修复因自然灾害或其他原因造成的信号、通信线路损坏,装有工具、器材的专用车辆可随时编入救援列车,开往事故现场。

(三)接触网检修车

为了修复电气化铁道发生接触网断线、电杆及铁塔倒伏、瓷瓶破损等而特设的专用车。

(四)车辆脱轨的起复工具

1. 人字形复轨器

人字形复轨器两个为一组,左为"人"字形,右为"入"字形。使用时,先在脱轨车辆复轨方向一端,按照车轮距钢轨的距离,选择适当地点,将复轨器按左"人"右"入"的位置安放在钢轨上,其后端部须落在枕木上,再在头部与钢轨顶接触处加上防滑木片或棉丝、破布等,尾部用道钉钉固在枕木上,在腰部底下两侧充满石砟。如后部带串锁,应使尾部与枕木边相齐,串锁由钢轨底下穿过。如复轨器前面带有加固板,应将加固板放在钢轨底部用螺钉与复轨器上部连接加固。人字形复轨器如图4-1所示。

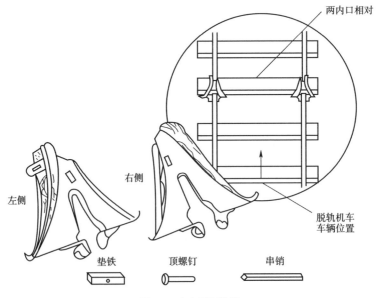

图4-1 人字形复轨器

使用人字形复轨器时,应注意以下几点:

(1)必须摆放一致,注意左右分开。
(2)不要在钢轨接头处和腐朽枕木上安装。
(3)如遇混凝土或腐朽枕木时,可根据具体情况在两枕木间插入枕木或枕木头并捣实,将复轨器安装在新插入的枕木上。
(4)复轨器固定后,在脱轨车轮的前方铺垫石砟,以免损坏轨枕和防止车轮改变方向。
(5)人字形复轨器适合于脱轨车轮离钢轨较远时的起复工作。

2. 海参形复轨器

海参形复轨器一组两个:一个为外侧复轨器,安放于脱落在线路外侧的车轮的前方;另一个为内侧复轨器,安放于脱落在两钢轨之间的车轮的前方。海参形复轨器体小轻便,适用于脱轨车轮距离较近的起复工作。海参形复轨器如图4-2所示。

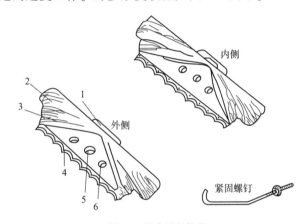

图4-2 海参形复轨器
1-扒锔铁;2-轮缘侧向边;3-斜面;4-刺齿;5-用手握持复轨器用孔;6-斜面

海参形复轨器的使用方法如下:
(1)内外侧复轨器必须摆齐。
(2)外侧复轨器与基本轨要密贴,内侧复轨器要与基本轨留出35~40mm的间隙,以便轮缘通过。
(3)与人字形复轨器一样,复轨器必须固定在完好的或插入的枕木上。
(4)禁止在钢轨接头附近摆放复轨器。

3. 手动简易复轨器

手动简易复轨器是起复脱轨车辆的简易工具,它适用于中间小站、隧道、站台处,起复载重60t及其以下发生脱轨的空重车辆。该起复器具有使用轻便、灵活、起复迅速、操作简便安全、便于携带、不需要动力机械等特点。

(1)简易复轨器由起重部件和横向位移部件组成。

起重部件包括上滑铁板、滑盘、下滑铁板、顶起千斤顶、支撑千斤顶、千斤顶托、千斤顶托软盘、垫木。横向位移部件包括横向移动千斤顶、拉链钩、拉杆、卸扣、牢销。

(2)使用手动简易复轨器起复车辆的作业顺序如下:

第一步,用顶起千斤顶,顶起脱轨车辆(轮对轴身下面顶起)。

第二步,用横向移动千斤顶,将轮对推至对准钢轨上方。

第三步,落下顶起千斤顶,将轮对落在轨面上复位。

第四步,撤出手动简易复轨器。

五、事故救援方法

救援工作应充分利用事故现场的地形、地物和设备条件,选择既快又安全的救援方案,尽量采用多种方法多处进行平行作业,争分夺秒,开通线路,恢复行车。

(一)原线复轨开通法

原线复轨开通法是在脱轨的机车车辆堵塞线路时,利用复轨器、线路设备、千斤顶、轨道起重机等设备,采用拉、吊、顶等手段,使脱轨的车轮复轨,达到自轮运转、开通线路的目的。原线复轨开通法是事故救援中普遍采用的方法,它具有复轨速度快、时间短、效率高,可一次复轨完毕,避免重复作业的优点,且较便线开通法和拉翻法节省人力、物力,也不会扩大机车车辆的破损程度。这种方法能把事故的损失和影响减少到最低程度。因此,有条件时,应首先采用原线复轨开通法。

(二)便线开通法

便线开通法一般是在事故现场两侧有可供利用的线路,或虽无线路可利用,但地势平坦,铺设便线较容易的情况下采用。

1. 借用线路拨道开通法

当机车车辆颠覆脱轨事故发生在车站咽喉道岔区或站外附近某段线路上且正线两侧有牵出线或其他岔线线路可借用时,采用便线开通法,可以大大缩短正线中断时间。此时,应组织工务人员实施拨道开通正线。

2. 新铺便线开通法

新铺便线工作量大、动用劳动力和路料数量多,开通时间长,仅在下列情况下采用:

(1)堵塞正线的机车车辆或货物在较短时间内难以清除,正线两侧无其他线路可供利用,但地形适合铺设便线。

(2)由于火灾或危险货物影响等原因,救援人员作业困难,而现场两侧具有铺设便线的条件时。

(3)在运输繁忙区段发生列车重大颠覆事故,机车车辆和线路破坏较为严重,但又必须迅速开通线路时,即使新铺便线有一定困难,但正线开通恢复行车后,可利用便线起复事故机车车辆,故仍可采用新铺便线开通法。

(三)清除障碍原线开通法

清除障碍原线开通法是利用机车、起重机等动力机械,将堵塞线路的机车车辆清除出线路,然后抢修被破坏的线路,迅速恢复通车的方法。通常采用移车法和拉翻法清除障碍。

1. 移车法

移车法又分吊移和拉移两种方法。

吊移是利用轨道起重机吊起,将机车车辆吊离线路至临时位置;拉移是用人力或拖拉机等将机车车辆移开线路。

移车法的优点是不扩大车辆和货物的损失,用于装载危险货物的车辆比较安全,但其作业过程复杂,与拉翻法相比,效率较低,开通线路需要时间较长。

下列情况可采用移车法:

(1)事故车辆中装有危险品、爆炸品或现场无法卸车时。

(2)颠覆脱轨的车辆已大部分离开线路,只有部分侵入限界时。

(3)由于地形限制,只能平面移动使车辆离开线路时。

(4)事故车辆中装载贵重物品或其他不得损坏的货物,而轨道起重机又无法靠近时。

2. 拉翻法

拉翻法是利用机车、轨道起重机或拖拉机,将堵塞线路的、损坏的机车车辆拉倒或拉翻,使其离开正线,迅速恢复行车的一种方法。

拉翻法在较大的颠覆事故中已广泛采用,可从当地农村、厂矿、驻军借用拖拉机、重型牵引车,将事故车拉开、拉翻,迅速恢复行车,比等待救援列车时间上要快得多。

但拉翻法可能会扩大机车车辆的破损程度,翻动的距离可能大于机车车辆限界,给以后重新起复机车车辆带来困难。

拉翻法是以迅速开通线路、恢复行车为主,将扩大机车车辆的损失放在第二位的救援方法。

符合以下条件之一时,可采用拉翻法:

(1)机车车辆破损严重甚至报废时。

(2)机车车辆走行部分严重损坏,堵塞线路无法使用复轨器起复时。

(3)破损的机车车辆主体与转向架脱离、歪倒比较严重或离开线路过远,无法使用复轨器复轨,且离救援列车驻地较远或多个车辆颠覆脱轨时。

(4)破损机车车辆叠压成堆时。

六、电力机车脱轨颠覆的起复方法

电力机车发生脱轨、颠覆等行车事故,起复电力机车的方法主要有拉复和吊复两种。一是使用复轨器等工具,将轻微脱线的电力机车拉复;二是使用救援列车中的轨道起重机将其吊复。由于使用救援起重机吊复电力机车,一般都需要拆除和恢复接触网,加上起重机点火出动、驶往事故现场的时间,有可能延长中断行车的时间,扩大事故对行车的影响和损失,所以尽可能不采用吊复方法。

(一)拉复电力机车的方法

电力机车有两个完全相同、各自独立的转向架。每台转向架有3根车轴,每根车轴由1台牵引电动机驱动。它的6根轴全部是动轴,而且采用单独传动方式。

电力机车构造上的特点:下部重量大,机车重心低,运行比较稳,机车本身不易脱轨;电力机车没有导轮,脱轨后不拐弯,仍然走直线,加上机车排障器、齿轮箱卡住钢轨,一般脱轨后距离钢轨不会太远。同时,电力机车牵引力大,轻微脱轨不需要另派救援机车,利用本身的拉力就可以起复。因此,电力机车发生一般脱轨事故后,大都采用顶、拉的办法使其复轨。

使用复轨器时,由于电力机车脱轨后,齿轮箱等下部装置落地,人字形、海参形复轨器一般都塞不进去,应先垫上石砟等物,将机车拉向高处,再塞进复轨器使机车复轨。如果电力机车脱轨后距离钢轨较远时,常使用一种大型复轨装置,复轨的效果比较好。这种复轨装置由引轨、攒轨和复轨器组成。

(二) 吊复电力机车的方法及安全注意事项

当电力机车发生严重脱轨或颠覆歪倒时，应采用大型救援起重机将其吊复或抬复。吊复电力机车时应注意以下几点：

1. 不能用钢丝绳直接捆绑和吊装

电力机车的车体均系钢板压型外壳，不适于钢丝绳直接吊装，以免挤扁车体后，不易整修恢复原形。因此，在吊装电力机车时，均应使用特制的支撑梁和吊具，避免作业中钢丝绳割坏车体，扩大损失。

2. 使用钩框垫铁保护车钩

考虑到电力机车重量较大，车钩强度不够，为了吊装时不致损坏钩头，有的救援列车特制了钩框垫铁，套装在车钩上，以加强承受重量的能力。

3. 使用专用索具将车体和转向架连成整体

电力机车结构上不是一个整体，其走行部类似车辆的转向架结构，但无心盘。在起吊作业前，须用专用索具将转向架与车体连接在一起，吊装时才能一起复位。

(三) 救援起重机作业

电力机车或车辆脱轨、颠覆须利用轨道起重机吊复时，接触网导线最低高度只有5700mm（旧线改造最低只有5330mm），而且带有25kV的高压电。根据电气化铁路有关电气安全规则规定，起重机本身和吊装的物件与接触网带电部分需保持2m以上安全距离。因此，救援起重机在电气化铁路上进行吊复事故机车车辆时，需按下列规定办理：

1. 接触网停电后方可进行吊装作业

目前，我国铁路常用的轨道起重机的起重臂，其工作高度均超过接触网导线高度，且起复行车事故一般需顺铁路方向作业，起重臂工作位置与接触网带电部分难以保持2m的安全距离。因此，救援起重机起吊作业前，接触网需拆除、偏移或停电后，方可进行吊装作业。作业完毕，救援列车主任应通知停电负责人拆除地线，办理复电手续。接触网送电后，禁止起重机再进行吊装作业。

起重机在接触网支柱附近进行作业时，接触网虽已停电，但仍需要接触网工配合工作，如解开必要的定位绳，摘掉妨碍起重机吊臂工作的承力索，将接触网导线、承力索拉离线路中心等。

如起重机在接触网两支柱中间直线线路上作业时，可以不拆除接触网。因为接触网导线和承力索均非刚体，有一定弹性和摆动量，所以有些部位当起重机吊臂升起后，慢慢靠上接触网可以缓缓摆动，但必须在接触网工监护下进行，摆动量一般不应超过300mm，以免接触网被擦伤或拉断。

起重机吊臂需要转变方向时，须选择好转头地点，防止刮断接触网导线，特别要注意起重机尾部碰坏线路两旁的接触网支柱，严防事故扩大。

2. 防止救援人员触电

救援列车中的各种车辆和起重机在带电的接触网下停留时，严禁攀登车顶、吊臂高处和车辆上部，以免触电；接触网停电前，禁止轨道起重机升起吊臂、蒸汽轨道起重机竖立烟筒，防止起重机任何部位超高碰撞接触网,引起触电或供电事故。

七、接触网事故抢修与事故救援的配合

在电气化铁路上发生列车冲突、脱轨、颠覆等事故,接触网都将遭到一定程度的破坏,隧道内发生重大火灾事故,一般都将烧毁隧道内全部接触网,而重大行车事故复救工作,往往需要接触网抢修来配合。有时接触网虽然没有被破坏,但在这些事故救援过程中,也需要接触网进行某种程度的变动来配合,如用救援起重机吊复脱轨的机车车辆时,一般都需要变动或撤除接触网,以利于救援吊车有作业的空间。

遇列车脱轨事故,若接触网未被破坏,应尽可能不动接触网,即尽可能采用拉复而不采用吊复的救援办法,这样整个供电臂不需要停电,可以保证列车在其他区间、股道上正常运行。如决定采用起重机吊复的方法,抢修人员应主动配合,尽快确定接触网移动方案(尽量少动接触网),同时一定要提前作业,处理好接触网,使起重机等待时间减少。如接触网遭到破坏,那么在起复事故列车的同时,尽可能提前做好接触网恢复的准备工作,即在不影响起重机作业的地方立杆,装设腕臂、定位器,导线和承力索在地面上放线等,以待起重机作业完毕后,迅速恢复接触网的正常状态。

第四节　铁路交通事故应急处理

一、发生挤道岔的处理

发现道岔故障或被挤坏后,立即做好防护工作,禁止一切机车车辆通行,及时报告车站值班员(调车区长),通知工务、电务部门进行检查修理。为了不中断行车,由工、电人员将道岔扳向尖轨未挤坏一侧,钉固后方准使用。

发生挤道岔后,如果机车车辆停留在道岔上并已挤过道岔,不准后退(后退可能造成机车车辆脱轨,使事故扩大),要顺岔子方向缓缓移动,将车列全部拉过道岔。如必须后退时,可将道岔扳向尖轨未挤坏的一侧,钉固后,方准后退。

复式交分道岔被挤后,因其道岔构造复杂,停在道岔上的机车车辆禁止移动,应通知工务、电务部门检查,确定处理方法。

二、发现列车运行中车辆抱闸的处理

接发车人员、运转车长等发现缓解状态下,运行的列车中有闸瓦抱车轮的摩擦声,轻度冒烟或火花(晚间明显看到)时,多属于车辆抱闸。由于某种原因致使闸瓦紧贴车轮,但车轮尚能转动,夜间可察觉圆形火花;有时闸瓦抱死车轮,使车轮不能转动,夜间可看到车轮与轨面接触处向后射出较短的平行火花。车辆抱闸容易造成列车运缓、坡停,严重时还可能引起装载危险、易燃货物的车辆发生火灾或爆炸。

发现车辆抱闸的处理方法如下:

(1)司机可采取停车处理。

(2)接发车人员发现时,对通过列车显示停车信号,或向运转车长显示停车信号,错过停

车时机时报告列车调度员,前方站停车处理。

(3)运转车长如能判定车辆抱闸时,可向司机显示停车信号或做紧急制动阀停车处理。

列车在区间或站内停车后,司机会同运转车长或车站值班员等查找抱闸车辆时,做一次制动、缓解试验,找出抱闸车故障处所与抱闸原因。当司机做常用制动时,运转车长、车站值班员等注意查明抱闸车的制动缸、制动基础作用是否正常。当司机做缓解车辆松闸时,注意倾听抱闸车三通阀排风口有无排风音响,如果三通阀正常排风而制动缸活塞杆未缩回制动缸体内时,一般情况系制动缸活塞皮碗变质卡塞、缓解弹簧力弱或折损;如果缩回,一般为制动基础装置故障,如制动梁脱落、拉杆弯曲、结合销子丢失等。

如果故障一时不能排除,可按"关门车"处理,即放掉副风缸内的风,在车辆松闸的状态下,关闭制动支管上的截断塞门,停止该车辆制动作用。如果系制动基础装置故障,除将闸瓦拨离踏面外,还要找适当位置捆绑好故障部件,防止部件丢失。

三、列车冒进信号的处理

当发生列车冒进进站或出站信号机后,列车不得移动位置,查明情况后分别处理。

1. 冒进进站信号机

(1)接车进路已准备妥当,以调车方式接入站内。

(2)停车位置影响准备接车进路时,通知司机退出有关道岔,准备好接车进路后,以调车方式接入站内。集中联锁的车站,退出信号机后,准备好接车进路,开放进站信号机进站。

(3)挂有装载超限货物车辆的列车,接车线满足列车限制条件时,以调车方式接入站内。否则通知司机后退,接入超限列车的固定线路。

2. 冒进出站信号机

(1)通知司机以调车方式退回出站信号机前方,办理闭塞,开放出站信号机发车。

(2)电话闭塞,在不影响接发其他列车或调车作业时,列车不必后退,办好闭塞手续,准备好发车进路,发给司机占用区间凭证后发车。

(3)超长列车冒进出站信号后,不影响其他列车到发或调车作业时,不得后退。

(4)如果列车不能移动且必须接发其他列车时,车站值班员首先应确认其他列车的接发列车进路不受影响,通知有关司机注意,并派人进行防护,然后接发其他列车。

列车冒进信号后,应及时报告列车调度员以便调整列车运行计划。

列车冒进信号挤岔时,按挤岔处理方法办理。

四、列车发生火灾的处理

列车发生火灾应立即停车。

(一)停车地点的选择

(1)列车中有冒烟、着火现象的车辆并已接近车站,在站内灭火较为有利,可运行到站内停车处理。站内应停于靠近水源的线路,禁止停在仓库和邻线停留车辆及重要建筑物的处所。

(2)火势不大,停在区间有水源、易扑火、有村庄的地点。禁止停在桥梁、隧道、长大上坡道及风口地段。

(3)火势较大,必须立即停车,防止运行中风力助长火势。

(二)停车后的处理

(1)将着火的车辆与前后车辆拉开一段距离。数个车辆同时着火时,一一拉开距离,以分散火势,便于灭火。

(2)对区间停留的车辆应采取防溜措施(着火车辆应立即拧紧手闸,以免火势增大后无法拧闸),并按规定进行防护。

(3)在电气化铁路区段内,立即报告列车调度员,并提出是否需要停电的请求。

(4)迅速组织人员、器材进行扑救。装载危险货物的车辆着火时,应指派有办理危险货物知识的职工指导抢救及灭火。

(5)旅客列车发生火灾时,首先疏散旅客。

(6)火势危及邻线列车安全时,应及时进行防护,使邻线列车停车。

(7)火彻底扑灭后,及时处理区间遗留车辆,开通线路。

五、列车运行中车辆燃轴的处理

滑动轴承的车辆,由于轴瓦与轴颈间油膜被破坏或其他原因,造成轴瓦与轴颈直接摩擦而产生高热。如果出现冒浓烟、着火或白合金熔化,是车辆燃轴的主要象征。

司机、运转车长和接发车人员发现列车中车辆燃轴时应立即停车处理。

(1)司机发现立即停车。

(2)运转车长发现燃轴时,应使用无线列调电话通知司机停车,或使用紧急制动阀。

(3)接发车人员发现车辆燃轴时,向列车显示停车信号,或用无线调度通信设备通知司机尽快停车。列车来不及停车时报告列车调度员或前方站停车。

燃轴车停车后的检查处理方法如下:

(1)有列检的车站,通知列检处理;无列检的车站,由车站值班员、运转车长、机车司机共同检查处理。

(2)区间停车时,先按规定做好防护工作,旅客列车由检车乘务员检查处理,其他列车由司机负责处理。打开燃轴车箱盖,消灭火种后,注入适当黏度大的润滑油,降低速度运行到前方站停车处理。

(3)车站停车处理时,严禁浇水及用砂土灭火,防止车辆骤冷裂损。在打开轴箱盖时,闪开身体,防止轴箱内烟火喷出伤人。必要时,可将燃轴车辆摘下,通知列检所派人前来处理。

六、列车运行中发现装载异状、货物坠落的处理

列车运行中发现篷布掀起、绳索松开、货物突出或倾斜,情况不严重,不致碰撞线路两侧建筑物,以及对装运砂土、碎石、煤、砖等散装货物,在列车运行中发生少量的撒漏或震落,不影响行车及行人安全时,不必区间停车,可运行到前方站处理。

如发现装载的货物窜出、脱落、歪塌、篷布掀开,超过机车车辆限界,触及线路两侧建筑物和接触网等设备,危及行车和人身安全等严重情况时,应采取紧急停车措施,并做必要的整理,但电气化区段不停电不得上车整理。坠落的货物如能搬动可随列车装走,否则应移至不妨碍行车地点,并派人看守。处理站对遗留在区间的货物编制普通记录。

在双线区间坠落的货物影响邻线行车,又不能移出线路时,先做好邻线的防护再进行处理。

七、列车运行中制动梁脱落的处理

制动梁是制动基础装置的主要部分,悬吊于车辆下部并承受制动力的作用。列车运行中,司机、运转车长发现制动梁或下拉杆脱落,应立即采取停车措施。接发车人员如发现运行的车辆制动梁或下拉杆脱落时,应向列车显示停车信号,或用无线列车调度电话通知司机,使列车停车处理。如来不及时,应立即向列车调度员报告,通知前方站停车处理。处理时,可将该车副风缸内的压缩空气排出,在车辆缓解状态下,关闭该车辆的截断塞门,停止该车辆制动机作用,并将脱落的制动梁卸下或捆绑好后开车。

第五节 铁路交通事故应急预案

应急预案一般应建立在综合防灾规划之上,应包括完善的应急管理指挥系统,强有力的应急工程救援保障体系,综合协调、应对自如的相互支持系统,充分备灾的保障供应体系,体现综合救援的应急队伍等。

一、应急预案的概念及分类

应急预案是针对具体设备、设施、场所和环境,在安全评价的基础上,为降低事故造成的人身财产与环境损失,就事故发生后的应急救援机构和人员,应急救援的设备、设施、条件和环境,行动的步骤和纲领,控制事故发展的方法和程序等,预先做出的科学而有效的计划和安排。

应急预案的类型有以下四类。

(一)应急行动指南或检查表

针对已辨识的危险制定应采取的特定的应急行动指南。简要描述应急行动必须遵从的基本程序,如发生情况向谁报告、报告什么信息、采取哪些应急措施等。这种应急预案主要起提示作用,对相关人员要进行培训,有时也将这种预案作为其他类型应急预案的补充。

(二)应急响应预案

针对现场每项设施和场所可能发生的事故情况编制的应急响应预案。应急响应预案要包括所有可能的危险状况,明确有关人员在紧急状况下的职责。这类预案仅说明处理紧急事务的必需的行动,不包括事前要求(如培训、演练等)和事后措施。

(三)互助应急预案

相邻企业为在事故应急处理中共享资源,相互帮助制定的应急预案。这类预案适合于资源有限的中小企业以及高风险的大企业,需要高效的协调管理。

(四)应急管理预案

应急管理预案是综合性的事故应急预案,这类预案详细描述事故前、事故中和事故后,何人做何事、什么时候做、如何做。这类预案要明确制订每一项职责的具体实施程序。应急管理预案包括事故应急的四个逻辑步骤：预防、预备、响应和恢复。

二、应急预案文件结构

(一) 文件体系

应急预案要形成完整的文件体系。通常完整的企业级应急预案由总预案、程序文件、指导说明书和记录四部分构成。

(二) 总体要求

总体要求包含了应对紧急情况的管理政策、预案的目标、应急组织和责任等内容。总体要求涉及应急准备、应急行动、应急恢复及应急演习等各阶段和各部门。总体要求是纲领性的，主要明确应急的原则、职责和总体目标，具体内容由其他文件详细说明。

(三) 程序文件

程序文件说明某个具体行动的目的和范围。程序文件的内容十分具体，包括该做什么、由谁去做、什么时间和什么地点等，如应急通信程序、现场急救程序、现场监测程序、疏散程序等。程序文件的目的是指导较为复杂的应急行动，使某些应急行动程序化和标准化，确保应急人员在执行应急任务时不会产生误解和误操作。程序文件可采用文字叙述、流程图表或是两者的组合等格式，应根据单位具体情况和具体的程序内容选用最适合本单位的程序格式。

(四) 指导说明书

程序文件应当简洁明了，而一些具体的细节则应在说明书里介绍。应急行动细节的内容往往是供应急行动人员使用，尤其是只涉及少数应急人员的具体工作时，相应的文件应在指导说明书中描述，如有毒、有害气体现场监测设备、应急通信设备的使用说明书，医疗救护人员、后勤人员的职责说明书等应纳入指导说明书。

(五) 应急行动记录

应急行动记录包括应急行动时的相关记录，如通信记录、指挥与行动记录、现场监测数据记录、应急演习与培训记录等。这些记录是文件体系必要的组成部分，是改善应急行动与预案的基础，也可能是追究法律责任的依据。

从记录到总体要求，层层递进，组成了一个完整的预案文件体系。从管理角度而言，可以根据这四类文件等级分别管理，既保持了预案文件的完整性，也便于查阅和调用。

三、应急预案的编制方法

应急预案的编制一般可以分为6个步骤，具体如下。

(一) 成立工作组

结合本单位部门职能分工，成立以单位主要负责人为领导的应急预案编制工作组，明确编制队伍、职责分工、制订工作计划。

(二) 资料收集

收集应急预案编制所需的各种资料。

(三)危险源与风险分析

在危险因素分析及事故隐患排查、治理的基础上,确定本单位的危险源、可能发生事故的类型和后果,进行事故风险分析,并指出事故可能产生的次生事故,形成分析报告,分析结果作为应急预案的编制依据。

(四)应急能力评估

对本单位应急装备、应急队伍等应急能力进行评估,并结合本单位实际,加强应急能力建设。

(五)应急预案编制

针对可能发生的事故,按照有关规定和要求编制应急预案。应急预案编制过程中,应注重全体人员的参与和培训,使所有与事故有关人员均掌握危险源的危险性、应急处置方案和技能、应急预案充分利用社会应急资源,与地方政府预案、上级主管单位及相关部门的预案相衔接。

(六)应急预案的评审与发布

评审由本单位主要负责人组织有关部门和人员进行。外部评审由上级主管部门或地方政府负责安全管理的部门组织审查。评审后,按规定报有关部门备案,并由生产经营单位主要负责人签署发布。

四、应急预案的培训演习

应急预案编制单位应当建立应急演练制度,根据实际情况采取实战演练、桌面推演等方式,组织开展人员广泛参与、处置联动性强、形式多样、节约高效的应急演练。

应当有针对性地经常组织开展应急演练。应急演练组织单位应当组织演练评估,评估的主要内容包括演练的执行情况,预案的合理性与可操作性,指挥协调和应急联动情况,应急人员的处置情况,演练所用设备、装备的适用性,对完善预案、应急准备、应急机制、应急措施等方面的意见和建议等。

结合铁路行业实际,按照分级管理的原则,各有关部门要明确应急管理和救援人员上岗前和常规性培训等要求,有计划地对应急救援和管理人员进行培训,提高救援技能。同时按照应急救援要求,有计划地组织综合性应急处置演练。各铁路运输企业职能部门要组织相应的专项应急演练,并明确演练的课题、队伍、内容、范围、组织、评估和总结等。相关单位要加强对本单位应急队伍的训练,定期开展演练,进一步提高实战演练频率和水平,强化应急处置实战能力,切实提高应急救援能力。全面开展铁路内外宣传教育工作,广泛宣传应急法律法规和预防、避险、自救、互救、减灾等常识,提高铁路职工和公众的安全意识。

【知识链接4-1】《国家处置铁路交通事故应急预案》

1 总则

1.1 编制目的

预防和最大限度地减少铁路行车事故造成的人员伤亡、财产损失和对公共安全的影响,及时有效处置铁路行车事故,尽快恢复铁路运输正常秩序。

1.2 编制依据

依据《中华人民共和国安全生产法》《中华人民共和国铁路法》《中华人民共和国消防法》《国家突发公共事件总体应急预案》《特别重大事故调查程序暂行规定》《铁路技术管理规程》《铁路行车事故处理规则》等法律法规和有关规定,制定本预案。

1.3 适用范围

本预案适用于铁路发生特别重大行车事故,即造成30人以上死亡(含失踪)、或危及30人以上生命安全,或100人以上中毒(重伤),或紧急转移人员超过10万,或直接经济损失超过1亿元,或繁忙干线中断行车48小时以上的事故;以及在国家铁路、国家铁路控股的合资铁路开行的旅客列车,国家铁路、国家铁路控股的合资铁路开往地方铁路或非国家铁路控股的合资铁路的旅客列车,发生重大行车事故,即造成10人以上、30人以下死亡(含失踪),或危及10人以上、30人以下生命安全,或50人以上、100人以下中毒(重伤),或直接经济损失在5000万元以上、1亿元以下,或繁忙干线中断行车24小时以上的事故。

地方铁路和非国家铁路控股的合资铁路发生上述行车事故时,按管理权限,由所在地省级人民政府制定相应应急预案,并按其规定组织处置。

1.4 工作原则

(1)坚持以人为本。以保障人民群众生命财产安全为出发点和落脚点,最大限度地减少铁路交通事故造成的人员伤亡和财产损失。

(2)尽快恢复运输。分秒必争,快速抢通线路,尽快恢复通车和运输秩序。

(3)实行分工负责。在国务院统一领导下,铁道部和国务院有关部门、事发地人民政府按照各自职责、分工、权限和本预案的规定,共同做好铁路行车事故应急救援处置工作。

(4)坚持预防为主。积极采用先进的预测、预防、预警和应急处置技术,提高铁路交通事故防范水平;不断完善铁路应急救援体系建设,提高救援装备技术水平和应急救援能力。

2 组织指挥体系及职责

在发生铁路Ⅰ级紧急响应的行车事故时,根据需要,中国国家铁路集团有限公司报请国务院领导组织、指导、协调应急救援工作,由国务院或国务院授权中国国家铁路集团有限公司成立非常设的国家处置铁路交通事故应急指挥部,成员单位根据铁路行车事故的严重程度、影响范围和应急处置的需要确定。

中国国家铁路集团有限公司成立铁路行车事故应急指挥小组,下设行车事故灾难应急协调办公室,负责协助部领导处理有关事故灾难、信息收集和协调指挥等工作。

国家处置铁路行车事故应急救援领导小组根据铁道部建议以及相关部门和单位意见,作出应急支援决定。国务院各有关部门和地方人民政府依据分工,分头组织实施应急支援行动。

事发地省级人民政府成立现场救援指挥部,具体负责事故现场群众疏散安置、社会救援力量支援等方面的现场指挥和后勤保障工作;负责组织处置地方铁路和非国家铁路控股的合资铁路发生的行车事故。

3 预防预警

3.1 行车事故信息报告与管理

铁道部负责本预案规定处理权限的铁路行车事故信息的收集、调查、处理、统计、分析、总结和报告,同时预测事故发展趋势,发布安全预警信息,制订相应预防措施。

铁路行车事故信息按《铁路行车事故处理规则》规定进行报告。当铁路行车事故发生后,有关人员应立即上报铁道部,最迟不得超过事故发生后2小时;铁道部按有关规定上报国务院,最迟不得超过接报后2小时;按本预案要求通知铁道部应急指挥小组成员。

对需要地方人民政府协助救援、协调伤员救治、现场群众疏散等工作以及可能产生较大社会影响的行车事故,发生事故的铁路运输企业,应按地方人民政府和铁路运输企业铁路行车事故应急预案规定程序,立即向事发地人民政府应急机构通报,地方人民政府应按有关程序进行处置。

地方铁路和非国家铁路控股的合资铁路发生Ⅰ、Ⅱ级应急响应的行车事故时,由事发地省级人民政府在事故发生后2小时内报铁道部行车事故灾难应急协调办公室。

3.2 行车事故预防预警系统

根据铁路行车事故特点和规律,适应提高科技保障安全能力的需要,铁路部门应进一步加大投入,研制开发和引进先进的安全技术装备,进一步整合和完善铁路现有各项安全检测、监控技术装备;依托现代网络技术和移动通信技术,构建完整的铁路行车安全监控信息网络,实现各类安全监测信息的自动收集与集成;逐步建立防止各类铁路行车事故的安全监控系统、事故救援指挥系统和铁路行车安全信息综合管理系统。在此基础上,逐步建成集监测、控制、管理和救援于一体的高度信息化的铁路行车安全预防预警体系。

4 应急响应

4.1 分级响应

按铁路行车事故灾难的可控性、严重程度和影响范围,应急响应级别原则上分为Ⅰ、Ⅱ、Ⅲ、Ⅳ级。当达到本预案应急响应条件时,应启动本预案。

4.1.1 Ⅰ级应急响应

(1)出现下列情况之一,为Ⅰ级应急响应:

①造成30人以上死亡(含失踪),或危及30人以上生命安全,或100人以上中毒(重伤)的铁路行车事故。

②直接经济损失超过1亿元的铁路行车事故。

③铁路沿线群众需要紧急转移10万人以上的铁路行车事故。

④铁路繁忙干线遭受破坏,造成行车中断,经抢修在48小时内无法恢复通车。

⑤需要启动Ⅰ级应急响应的其他铁路行车事故。

(2)Ⅰ级响应行动。

①Ⅰ级应急响应由铁道部报请国务院启动,或由国务院授权中国国家铁路集团有限公司启动。

②中国国家铁路集团有限公司接到事故报告后,立即报告国务院,同时根据事故情况,通知国务院应急救援领导小组有关成员,组成国家处置铁路行车事故应急救援领导小组。

③中国国家铁路集团有限公司开通与国务院有关部门、事发地省级应急救援指挥机构以及现场救援指挥部的通信联系通道,随时掌握事故进展情况。

④通知有关专家对应急救援方案提供咨询。

⑤中国国家铁路集团有限公司根据专家的建议以及国务院其他部门的意见提出建议,

国务院应急救援领导小组确定事故救援的支援和协调方案。

⑥派出有关人员和专家赶赴现场参加、指导现场应急救援。

⑦协调事故现场救援指挥部提出的其他支援请求。

4.1.2　Ⅱ级应急响应

(1) 符合下列情况之一,为Ⅱ级应急响应:

①造成10人以上、30人以下死亡(含失踪),或危及10人以上、30人以下生命安全,或50人以上、100人以下中毒(重伤)的铁路行车事故。

②直接经济损失为5000万元以上、1亿元以下的铁路行车事故。

③铁路沿线群众需要紧急转移5万人以上、10万人以下的铁路行车事故。

④铁路繁忙干线遭受破坏,造成行车中断,经抢修24小时内无法恢复通车。

⑤需要启动Ⅱ级应急响应的其他铁路行车事故。

(2) Ⅱ级响应行动。

①Ⅱ级应急响应由铁道部负责启动。

②中国国家铁路集团有限公司行车事故灾难应急协调办公室立即通知中国国家铁路集团有限公司应急指挥小组有关成员前往指挥地点,并根据事故具体情况通知有关专家参加。

③应急指挥小组根据事故情况设立行车指挥、事故救援、事故调查、医疗救护、后勤保障、善后处理、宣传报道、治安保卫等应急协调组和现场救援指挥部。

④开通与事发地铁路运输企业应急救援指挥机构、事故现场救援指挥部、各应急协调组的通信联系通道,随时掌握事故进展情况。

⑤根据专家和各应急协调组的建议,应急指挥小组确定事故救援的支援和协调方案。

⑥派出有关人员和专家赶赴现场参加、指导现场应急救援工作。

⑦协调事故现场救援指挥部提出的支援请求。

⑧向国务院报告有关事故情况。

⑨超出本级应急救援处置能力时,及时报告国务院。

4.1.3　发生Ⅲ级以下应急响应的行车事故,由铁路运输企业按其制定的应急预案启动。

4.2　信息共享和处理

4.2.1　铁道部通过现代网络技术,构建铁路行车安全信息管理体系,实现铁路行车安全信息集中管理、资源共享。

4.2.2　国际联运列车在境外发生行车事故时,铁道部及时与有关部门联系,了解事故情况。

4.2.3　发生Ⅰ、Ⅱ级应急响应的行车事故时,发生事故的铁路运输企业在报告铁道部的同时,应按有关规定抄报事发地省级人民政府。

4.3　通信

4.3.1　铁道部负责组织协调建立通信联系,保障事故现场信息和国务院各应急协调指挥机构的通信,必要时承担开设现场应急救援指挥机动通信枢纽的任务。

4.3.2　铁路系统内部以行车调度电话为主通信方式,各级值班电话为辅助通信方式。

4.3.3　行车事故发生后,根据事故应急处理需要,设置事故现场指挥电话和图像传输设备,确定现场联系方式,确保应急指挥联络的畅通。

4.4 指挥和协调

4.4.1 铁道部指挥协调工作

(1)进入应急状态,铁道部应急指挥小组代表铁道部全权负责行车事故应急协调指挥工作。

(2)铁道部应急指挥小组根据行车事故情况,提出事故现场控制行动原则和要求,调集相邻铁路运输企业救援队伍,商请有关部门派出专业救援人员;各应急机构接到事故信息和支援命令后,要立即派出有关人员和队伍赶赴现场。现场救援指挥部根据铁道部应急指挥小组的授权,统一指挥事故现场救援。各应急救援力量要按照批准的方案,相互配合,密切协作,共同实施救援起复和紧急处置行动。

(3)现场救援指挥部成立前,由事发地铁路运输企业应急领导小组指定人员任组长并组织有关单位组成事故现场临时调查处理小组,按《铁路行车事故处理规则》的规定,开展事故现场人员救护、事故救援、机车、车辆起复和事故调查等工作,全力控制事故态势,防止事故扩大。

(4)行车事故发生后,铁路行车指挥部门要立即封锁事故影响的区间(站场),全面做好防护工作,防止次生、衍生事故的发生和人员伤亡、财产损失的扩大。

应急状态时,铁道部有关司局和专家,要及时、主动向行车事故灾难应急协调办公室提供事故应急救援有关基础资料以及事故发生前设备技术状态和相关情况,并迅速对事故灾难信息进行分析、评估,提出应急处置方案和建议,供铁道部应急指挥小组领导决策参考。

4.4.2 事发地人民政府指挥协调工作

地方人民政府应急指挥机构根据铁路行车事故情况,对铁路沿线群众安全防护和疏散、事故造成的伤亡人员救护和安置、事故现场的治安秩序以及有关救援力量的增援提出现场行动原则和要求,并迅速组织救援力量实施救援行动。

4.5 紧急处置

4.5.1 现场处置主要依靠事发地铁路运输企业应急处置力量。事故发生后,当地铁路单位和列车工作人员应立即组织开展自救、互救,并根据《铁路行车事故处理规则》迅速上报。

4.5.2 发生铁路行车事故需要启动本预案时,铁道部、国务院有关部门和地方人民政府分别按权限组织处置。根据事故具体情况和实际需要调动应急队伍,集结专用设备、器械和药品等救援物资,落实处置措施。公安、武警对现场施行保护、警戒和协助抢救。

4.5.3 铁道部应急指挥小组根据现场请求,负责紧急调集铁路内部救援力量、专用设备和物资,参与应急处置;并通过国家处置铁路行车事故应急救援领导小组,协调组织有关部委的专业救援力量、专用设备和物资实施紧急支援。

4.5.4 涉及跨省级行政区域、影响严重的事故紧急处置方案,由铁道部提出并协调实施;必要时,报国务院决定。

4.6 救护和医疗

4.6.1 行车事发地人民政府负责现场组织协调有关医疗救护工作。

4.6.2 卫生部门根据铁道部应急指挥小组的请求,负责协调组织医疗救护、医疗专家、特种药品和特种救治装备进行支援,协调组织现场卫生防疫有关工作。

4.6.3 事发地铁路运输企业按照本单位应急预案中确定的医疗救护网点,迅速联系地方医疗机构,配合协助医疗部门开展紧急医疗救护和现场卫生处置。

4.6.4 对可能导致疫病发生的行车事故,铁路运输企业应立即通知卫生防疫部门采取防疫措施。

4.7 应急人员的防护

应急救援起复方案,必须在确保现场人员安全的情况下实施。应急救援人员的自身安全防护,必须按设备、设施操作规程和标准执行。参加应急救援和现场指挥、事故调查处理的人员,必须佩戴具有明显标识并符合防护要求的安全帽、防护服、防护靴等。根据需要,由铁道部应急指挥小组和事发地人民政府具体协调调集相应的安全防护装备。

4.8 群众的安全防护

4.8.1 凡旅客列车发生的行车事故需要应急救援时,必须先将旅客和列车乘务人员疏散到安全区域后方准开始应急救援。

4.8.2 凡需要对旅客进行安全防护、疏散时,由铁路运输企业按其应急救援预案进行安全防护和疏散。需要对沿线群众进行安全防护、疏散时,铁路运输企业应立即通知事发地人民政府,由地方人民政府负责进行安全防护和疏散。

4.8.3 旅客、群众安全防护和事故处理期间的治安管理,由公安机关和武警部队负责。

4.9 社会力量的动员与参与

需社会力量参与时,由铁道部应急指挥小组协调地方人民政府实施,并纳入地方人民政府应急救援预案。社会力量参与应急救援,应在现场救援指挥部统一领导下开展工作。

4.10 突发事件的调查处理及损失评估

Ⅰ级应急响应的铁路行车事故调查处理,由国务院或国务院授权组织调查组负责。其他铁路行车事故的调查处理,按《铁路行车事故处理规则》有关规定,由铁道部负责。

行车事故的损失评估,按铁路有关规定执行。

4.11 信息发布

铁道部或被授权的铁路局集团公司负责行车事故的信息发布工作。如发生影响较大的行车事故,要及时发布准确、权威的信息,正确引导社会舆论。要指定专人负责信息舆论工作,迅速拟订信息发布方案,确定发布内容,及时采用适当方式发布信息,并组织好相关报道。

4.12 应急结束

当行车事故发生现场对人员、财产、公共安全的危害性消除,伤亡人员和旅客、群众已得到医疗救护和安置,财产得到妥善保护,列车恢复正常运输后,经现场救援指挥部批准,现场应急救援工作结束。应急救援队伍撤离现场,按"谁启动、谁结束"的原则,宣布应急结束。完成行车事故救援起复后期处置工作后,现场救援指挥部要对整个应急救援情况进行总结,并写出报告报送中国国家铁路集团有限公司行车事故灾难应急协调办公室。

5 后期处置

5.1 善后处理

事发地铁路运输企业负责按照法律法规规定,及时对受害旅客、货主、群众及其家属进行补偿或赔偿;负责清除事故现场有害残留物,或将其控制在安全允许的范围内。中国国家铁路集团有限公司和地方人民政府应急指挥机构共同协调处理好有关工作。

5.2 保价保险

铁路行车事故发生后,由善后处理组通知有关保险机构及时赶赴事故现场,开展应急救援人员现场保险及伤亡人员和财产保险的理赔工作;对涉及保价运输的货物损失,由善后处理组按铁路有关保价规定理赔。

5.3 铁路行车事故应急经验教训总结及改进建议

按照《铁路行车事故处理规则》规定,根据现场救援指挥部提交的铁路行车事故报告和应急救援总结报告,中国国家铁路集团有限公司行车事故灾难应急协调办公室组织总结分析应急救援经验教训,提出改进应急救援工作的意见和建议,报送中国国家铁路集团有限公司应急指挥小组。

中国国家铁路集团有限公司、国务院有关部门和事发地省级人民政府应急指挥机构,应根据实际应急救援行动情况进行总结分析,并提交总结报告。

6 保障措施

6.1 通信与信息保障

中国国家铁路集团有限公司负责组织协调通信工作,保证应急救援时通信的畅通。

中国国家铁路集团有限公司负责组织建立统一的国家铁路和国家铁路控股的合资铁路行车事故灾难应急救援指挥系统,逐步整合行车设备状态信息、地理信息、沿线视频信息,并结合行车事故灾害现场动态图像信息和救援预案,建立铁路运输安全综合信息库,为抢险救援提供决策支持。

6.2 救援装备和应急队伍保障

中国国家铁路集团有限公司根据铁路救援体系建设规划,协调、检查、促进铁路应急救援基地建设,强化完善救援队伍建设,保证应急状态时的调用。

中国国家铁路集团有限公司要进一步优化和强化以救援列车、救援队、救援班为主体的救援抢险网络,合理配置救援资源;采用先进的救援装备和安全防护器材,制订各类救援起复专业技术方案;积极开展技能培训和演练,提高快速反应和救援起复能力。

6.3 交通运输保障

启动应急预案期间,事发地人民政府和铁路运输企业按管理权限调动管辖范围内的交通工具,任何单位和个人不得拒绝。根据现场需要,由地方人民政府协调地方公安交通管理部门实行必要的交通管制,维持应急处置期间的交通运输秩序。

6.4 医疗卫生保障

地方卫生行政部门应制定相应的医疗卫生保障应急预案,明确铁路沿线可用于应急救援的医疗救治资源和卫生防疫机构能力与分布情况,提出可调用方案,检查监督本行政区域内医疗卫生防疫单位的应急准备保障措施。

各铁路运输企业在制订应急预案时,应按照地方卫生行政部门确定的承担铁路行车事故医疗卫生防疫机构名录,明确不同地区、不同线路发生行车事故时医疗卫生机构地址、联系方式,并制订应急处置行动方案,确保应急处置及时有效。

6.5 治安保障

各级应急处置预案中,要明确事故现场负责治安保障的公安机关负责人,安排足够的警力做好应急期间各阶段、各场所的治安保障工作。

6.6 物资保障

铁路运输企业要按规定备足必需的应急抢险路料及备用器材、设施,专人负责,定期检查。

6.7 资金保障

铁路运输企业财会部门要采取得力措施,确保铁路行车事故应急处置的资金需求。铁路行车事故应急救援费用、善后处理费用和损失赔偿费用由事故责任单位承担,事故责任单位无力承担的,由地方人民政府和铁道部按管理权限协调解决。应急处置工作经费保障按《财政应急保障预案》规定实施。

6.8 技术储备与保障

铁道部行车事故灾难应急协调办公室负责专家库、技术资料等的建立、完善和更新。

7 宣传、培训和演习

7.1 宣传教育

地方各级人民政府要积极利用电视、广播、报刊等新闻媒体,广泛宣传应急法律法规和公众避险、自救、互救知识,提高公众自我保护能力和守法意识。

铁道部要结合铁路行业实际,全面开展宣传教育工作,提高全体职工和公众的安全意识。

7.2 培训

按照分级管理的原则,铁道部、国务院有关部门和地方人民政府要组织各级应急管理机构以及专业救援队伍的人员进行上岗前培训,定期进行救援知识的专业培训,提高救援技能。

7.3 演练

铁道部要有计划地按应急救援要求每年进行一次演习和演练。根据需要,可开展国内外的工作交流,提高铁路行业应急处置实战能力。

8 附则

8.1 名词术语的定义与说明

铁路行车事故性质按《铁路行车事故处理规则》规定的构成条件确定。

本预案有关数量的表述中,"以上"含本数,"以下"不含本数。

8.2 预案管理与更新

随着应急救援法律法规的制定和完善、部门职责的变化以及应急过程中存在的问题和出现的新情况,铁道部应及时修订完善本预案。

8.3 奖励与责任追究

对实施本应急预案行动中表现突出的单位和人员,由各级应急领导(指挥)小组给予表彰和奖励;在应急处置中因公殉职的人员需追认烈士时,由地方人民政府负责按有关程序办理。对玩忽职守、严重失职造成事故的责任人,根据国家有关法律法规的规定,按照管理权限,给予行政处罚;构成犯罪的,依法追究刑事责任。

8.4 预案实施时间

本预案自印发之日起实施。

【知识链接 4-2】 《×××车站非正常情况接发列车应急预案》

1 总则

1.1 编制目的

快速有效地处理车站各种非正常情况下的接发列车办理,最大限度地降低对车站正常生产组织的影响时间和范围,保证车站运输生产安全有序和劳动者人身安全。

1.2 编制依据

《铁路技术管理规程》《行车组织规定》、TB/T 1500.6—2009 接发列车标准和局标"非正常情况下 25 种接发列车办法"、局《非正常情况下接发列车作业办法》、×××铁路局集团公司《非正常情况下行车办法及应急措施》《×××站行车工作细则》《车务设备管理办法》等。

1.3 工作原则

非正常情况接发列车处理工作要坚持快速反应、有效处置;科学防治、统一指挥、集中领导;部门配合、各尽其责;加强教育、规范实施;安全高效、长期稳定;判断准确、到位及时;快速恢复线路通畅等原则。

1.4 适用范围

本预案适用于车站范围内各类非正常情况下接发列车的应急处理工作。

2 组织指挥体系及职责

2.1 应急工作领导小组

组　长:车站站长(或主管运转副站长)。

副组长:主管安全副站长(或技术科科长)。

主要职责:负责车站办理非正常情况下接发列车的集中领导工作,负责协调、联系,拟订有效可行的救援措施,组织各部门快速施救。

组　员:技术科、安全科、调度车间、下行运转车间、上行运转车间、东运转车间、货检车间、×××车站、×××车站等。

主要职责:技术科负责在车站办理非正常情况下接发列车时的设备准备、发放、回收工作,确保在非正常情况接发列车时平调对讲机性能良好、电量充足,手持信号灯、电筒电量充足,钩锁器、列尾主机等设备数量足够,保证在应急时能第一时间投入使用。

安全科负责非正常情况接发列车的现场劳动人身安全卡控、作业标准监督等。

调度车间:负责非正常情况接发列车时的车站生产组织工作,保证在非正常情况接发列车时车站运输生产工作,并负责协助应急工作领导小组做好应急工作中的协调、联系、救援调度等工作。

上下行运转车间:负责对本车间行车设备的日常检查工作,减少因设备故障造成非正常情况接发列车;负责非正常情况接发列车时的现场作业标准检查以及簿册登、销记格式检查等。

×××车站:负责对本站和×××线路所行车设备的日常检查工作,减少因设备故障造成非正常情况接发列车;负责非正常情况接发列车时的现场作业标准检查以及簿册登、销记格式检查等。

×××车站:负责对本站行车设备的日常检查工作,减少因设备故障造成非正常情况接发列车;负责非正常情况接发列车时的现场作业标准检查以及簿册登、销记格式检查等。

2.2 专业工作组

应急工作领导小组根据不同区间、线路、应急情况指派专业工作小组投入应急工作,专业工作组应配合应急领导小组搞好非正常情况下的接发列车、生产组织、排险排障、应急疏导等工作。专业工作组工作人员在作业期间要服从领导小组领导,保持密切联系,严格按照标准化作业,确保劳动人身安全。

1. 事故救援组组成及职责:由运转车间和货检车间组成。在处理非正常情况接发列车时出现突发事件时,组织人员抢救财物,做好旅客安抚、疏散和货物装载情况检查等工作。

2. 设备保证组组成及职责:由技术科主管设备的运输组织员和指派人员组成。在非正常情况接发列车应急处理时,负责设备的准备、配发、调送等工作。

3. 后勤保障组组成及职责:由综合办负责协调有关部门提供各类救援物资,安排好有关人员的饮食供应。

4. 事故调查组组成及职责:由安全科、技术科、货运科、综合办、铁路公安派出所等部门组成。负责对应急处理工作中突发事故进行调查、分析、取证等工作,并及时查明事故原因和责任,完成事故调查报告。

5. 医疗救护组组成及职责:由综合办负责。事故救援组负责人在发现人员伤亡时立即通知综合办,综合办马上联系就近医疗机构,对事故现场伤员进行紧急处置,协助做好伤员转移工作。

6. 治安保卫组组成及职责:由安全科联系铁路公安,负责事故现场的安全保卫和治安管理工作。

7. 善后处理组组成及职责:由党办、工会、劳人、安全、货运科、综合办和铁路公安部门组成。组织对伤亡人员的处置和身份确认,及时通知伤亡人员家属,做好接待安置和安抚工作。

8. 其他专业工作组:由应急工作领导小组根据事故情况临时成立。

2.3 应急办公场所

车站就非正常情况下接发列车成立应急办公室和应急指挥点,确保非正常情况下接发列车应急处理工作安全有序。

2.3.1 应急办公室

应急办公室设在车站技术科,办公室主任由技术科科长担任。应急办公室负责非正常情况下接发列车的日常工作,办法制订、定期修订等。

2.3.2 应急指挥点

应急指挥点由应急领导小组根据实际情况确定,原则上×××编组站应急指挥点设在站调大厅,负责×××编组站范围内的非正常情况接发列车应急处理工作;×××东站应急指挥点设在东站集中楼,负责×××东站范围内的非正常情况接发列车应急处理工作;×××车站应急指挥中心设在×××车站运转室,负责×××站及×××线路所范围内的非正常情况接发列车应急处理工作;×××车站应急指挥中心设在×××车站运转室,负责×××站范围内的非正常情况接发列车应急处理工作;中间站根据情况进行现场指挥。

3 信息报告

3.1 信息报告责任部门及职责

调度车间负责掌握综合情况,收集、报送信息。按应急工作领导小组指示,负责向铁路局集团公司、地方相关部门请示汇报,并负责与各部门、车间、现场作业点的联系。

3.2 信息报送程序

按《铁路行车非正常情况应急处理操作手册》要求报送。

3.3 信息收集及分析

技术科负责收集相应信息进行分析,联系专业设备单位提出加强、改进措施。

4 应急响应

4.1 应急响应标准

按《铁路行车非正常情况应急处理操作手册》标准展开应急响应。

4.2 应急响应启动形式

由应急领导小组组长或副组长宣布启动应急响应。

4.3 应急响应内容

4.3.1 非正常情况接发列车应急处理工作

按《铁路行车非正常情况应急处理操作手册》要求办理。

4.3.2 其他原因造成非正常情况时,车站应急响应内容

4.3.2.1 车站信号设备被砸、被盗时

通知程序:信号设备发生故障,车站(场)值班员要按规定在设备检查登记簿上登记并通知电务人员。电务人员应立即赶赴现场处理,当确认设备故障原因是因为被砸、被盗引起的,现场电务人员应及时告知车站并通知车站派出所。

应急内容:

1. 故障处理完毕后电务人员在销记时应注明故障原因,车站(场)值班员签认。
2. 信号设备发生故障,车站(场)值班员应通知车间值班干部到岗。
3. 因信号设备被砸、被盗而发生的列车运行、调车作业事故,车站(场)值班员应在第一时间通知车站派出所值班室,并同时通知车站安全科和相关部门。
4. 当车站行车设备多处同时发生故障时,应本着先恢复正线行车设备、其他行车设备、调车设备、其他暂不影响列车运行、调车作业设备处理顺序的原则进行处理。
5. 当车站行车设备发生故障时,严禁车站人员擅自处理。

4.3.2.2 车站票据传输系统故障时

通知程序:票据传输系统发生故障时,设备使用人员应立即向车站调度员或值班站长汇报,值班站长在调查了解了实际情况后,应根据情况向调度车间值班干部汇报,由调度车间值班干部根据情况通知车站技术信息科及×××公司值班人员。

应急内容:

1. 票据传输系统一旦发生故障,车站各相关部门应积极配合×××公司人员进行维修、排障。
2. 在票据传输系统恢复正常使用之前,由调度车间负责联系安排汽车在各场间传送票据。

4.3.2.3 车站无线调车设备故障时

通知程序:无线调车设备发生故障后,使用无线调车设备相关人员应立即向大班干部报告,大班干部在调查了解了影响范围等实际情况后,应根据情况向相关车间值班干部汇报,由车间值班干部通知车站技术信息科联系相关部门进行紧急抢修。

应急内容：

1. 车场调度员处固定台式无线调车设备发生故障后，能使用电话联系的地方使用电话联系；电话联系不上的地方，相关车间值班干部应立即启用备用(或其他班)手持机应急，如呼叫距离达不到，应安排人员在合适地点进行中转。

2. 驼峰值班员、驼峰作业员、调车机车上、峰顶调车长处固定台式无线调车设备发生故障后，能使用电话联系的地方使用电话联系；电话联系不上的地方，相关车间值班干部应立即启用备用手持机应急，如呼叫距离达不到，应安排人员在合适地点进行中转。

3. 调车作业无无线调车设备或无线调车设备不能正常使用时，改用手信号(灯、旗)指挥机车和作业中的相互联系，并同时通知司机。在作业时，必须有足够的人员中转信号，挂车时要严格执行"十、五、三"车距离信号及一度停车的制度。驼峰的推峰解体作业必须正确及时地显示驼峰信号，并要求司机严格按驼峰信号机的显示意义进行作业，确保安全。

4.3.2.4　车站列尾设备故障时

通知程序：发现列尾设备故障时，列尾作业员应立即向大班干部汇报，大班干部在调查了解了实际情况后，应根据情况向相关车间值班干部汇报，由车间值班干部根据情况处理，并通知车站技术信息科联系相关部门进行紧急抢修。

应急内容：

1. 车间值班干部得知列尾设备发生故障后，应及时通知车站技术信息科，由技术信息科安排调度其他车场性能良好的列尾主机，以保证不间断的接发列车和行车安全。

2. 故障列尾设备应及时送交列尾维修点进行维修。

4.3.2.5　车站减速顶设备故障时

通知程序：驼峰减速设备发生故障时，驼峰作业员应立即切断推峰信号停止作业，并同时采取安全措施，最大限度地保证已下峰车辆的安全。然后向驼峰值班员汇报并通知电务值班人员，由驼峰值班员向值班站长汇报，值班站长在调查了解了故障影响范围等实际情况后，应根据情况向相关车间值班干部汇报，由车间值班干部根据情况通知电务相关部门对故障设备进行检查和紧急抢修。

如已下峰车辆发生了冲撞等安全隐患，车间值班干部应根据情况通知车站安全科和车辆部门派列检人员检查发生了冲撞的车辆，消除安全隐患。

驼峰减速设备发生较大面积故障时，值班站长应及时向调度所值班主任、相关车间值班干部、车站值班室值班领导汇报。

应急内容：

1. 驼峰减速设备发生较大面积故障而长时间恢复不了正常，由车站值班领导统一调度指挥南、北运转车间，技术信息科、安全科人员采取车辆人力制动机调速、制动方式进行推峰解体作业。

2. 峰尾停车器发生故障不能制动时，由相关车间组织人员对停留车辆采取车辆人力制动机制动方式进行防溜。

4.3.2.6　车站停车器故障时

通知程序：TWT停车器故障时，车场值班员立即通知电务值班人员并向值班站长汇报。故障处理完毕后，值班站长在"×××行车设备故障登记簿"内将故障时间、故障情况、处理情况及故障影响记明。

应急内容：

1. CIPS 系统下 TWT 停车器自动控制失效时

当上(下)行出发场车场值班员发现峰尾某股道停车器自动控制失效时，应立即通过 K5B 微机联锁界面提供的人工干预方式进行该股道的制动/缓解操作，待操作完成后将该股道停车器恢复自动控制状态。

2. CIPS 系统下 TWT 停车器自动/人工控制故障

当 CIPS 系统下 TWT 停车器通过 K5B 微机联锁界面无法进行操作时，故障发生场车场值班员立即向值班站长汇报。值班站长立即通知该处所在的运转车间值班干部采取应急措施。

南(北)运转车间值班干部在得到通知后，立即通知当班大班主任前往Ⅱ(Ⅴ)场峰尾停车器手控盘操作室进行手动操作。大班主任在到达手控盘操作室后，使用室内自动电话与该场车场值班员联系，根据车场值班员下达的命令进行股道的制动/缓解操作，操作完毕后通过电话通知车场值班员。当故障恢复后，大班主任应确认手控盘上已切换到"自动"控制状态后再离开操作室。

4.3.2.7　CIPS 系统故障时

一、CIPS 系统故障通知程序

CIPS 系统故障时，车站总站调立即向值班站长汇报并通知电务值班人员。

TDCS 系统故障时，车站总值班员立即向值班站长汇报并通知电务值班人员。

故障处理完毕后，值班站长在"×××设备故障登记簿"内将故障情况、故障现象、处理情况记明。

二、CIPS 系统故障时应急作业组织

1. CIPS 系统现车故障时

(1) CIPS 系统现车故障时，联系北京通号院可恢复 10min、20min、30min、60min 前的现车情况。恢复后，车站总站调及时组织内勤车号员补输到达编组、车号长负责打印出发编组、上下行站调补输解体及编组调车作业计划，并核对现车。

(2) 如 CIPS 系统不能恢复现车时，车站总站调立即向值班站长汇报。值班站长立即通知车间、车站值班干部、主管站长，并上报局调度所，组织有关人员采取应急措施。

Ⅲ场、Ⅵ场外勤车号员、货检作业人员负责手抄出发编组；Ⅰ场、Ⅳ场外勤车号员、货检作业人员负责抄到达车号，并通过票传系统传回站调楼，由内勤车号员负责手抄到达编组。

下行运转车间组织人员到Ⅱ、Ⅲ、Ⅳ场抄现车，每一股道现车抄收完毕后就近用电话通知助调；上行运转车间组织人员到Ⅰ、Ⅴ、Ⅵ场抄现车，每一股道现车抄收完毕后就近用电话通知助调。

助调负责与各场交现车、收现车。上下行车站调度员使用玻璃板方式掌握调车场现车，下达解体、编组命令。总站调在恢复后及时组织内勤车号员补输到达编组、助调补输调车场内现车、上下行车站调度员补输解体及编组调车作业计划，并核对现车。

2. CIPS 系统打印服务器故障时

CIPS 系统打印服务器故障，无法打印到达、出发编组时，值班站长应立即通知车间值班干部并组织车号长、内勤车号员,一名手抄出发编组;另一名内勤车号员负责到达列车的确报输入。打印服务器恢复后,由车号长终端负责补打故障期间的到达、出发编组以备留存。

3. TDCS 系统故障时

TDCS 系统与 CIPS 系统结合故障时,立即断开 TDCS 系统,采用 CIPS 后备现车模式进行。

TDCS 系统通道故障不能通过计算机办理接发车手续时,车站总值班员立即采用电话联系方式于邻站办理接发车预告,列车到达、出发后及时通过电话向路局调度所报点并在"行车日志"上登记。

4. CIPS 系统终端故障时

CIPS 系统任一终端故障时,可在调度大厅内第三排的备用终端登录后继续进行操作。

5. CIPS 系统自动报点功能故障

CIPS 系统自动报点功能故障时,可联系北京通号院断开自动报点功能,采用人工报点方式进行操作。

6. CIPS 系统统计程序故障

CIPS 系统统计程序故障时,由报告员负责各项统计报表的手工统计工作。

4.3.2.8 接触网故障时

1. 通知程序:车站总值班员在得到接触网故障的报告后,立即报告路局调度所列车调度员及车站值班站长,并通知接触网工区进行处理。车站值班站长在得到通知后立即报告车站、车间值班干部,并采取应急处理措施。

2. 应急处理办法:

(1) 在站内接触网停电而区间有电时的接发列车作业方法严格按《行规》第 122 条及《×××行车工作细则》相关规定办理。

(2) 现场救援的调车组人员严格按电气化区段调车作业有关规定执行,确保人身安全。

(3) 接触网故障发生后,车站严格按路局调度所列车调度员和电力调度员的命令、指示办理,车站相关部门积极配合电力抢修单位进行抢修、排障。

(4) 车站值班干部、调度车间值班干部在得到报告后,立即前往调度大厅监督作业,指挥生产组织。车站总值班员、总站调、车站值班员严格按标准化作业,确保行车安全。

(5) 站内接触网临时故障,需车站调机进行救援时,车站总站调根据请求立即安排就近调机前往救援地点。由值班站长通知南(北)运转车间值班干部,其中下行运转车间负责Ⅱ、Ⅲ、Ⅳ场救援工作,上行运转车间负责Ⅰ、Ⅴ、Ⅵ场救援工作。上(下)行运转车间值班干部在接到通知后,立即赶往现场进行救援指挥工作,发现情况及时处理,防止事故发生。

(6) 区间接触网临时故障,需车站调机进行救援时,车站总值班员根据救援调度命令立即安排就近调机前往救援地点,并将调度命令转抄司机、外勤助理值班员。由值班站长通知上(下)行运转车间值班干部,其中下行运转车间负责×××—×××、×××—×××区间救援工作,上行运转车间负责×××—×××、×××—×××区间救援工作。上(下)行运转车间值班干部在接到通知后,立即赶往现场负责指挥、协调列车救援等有关工作,并严格按《×××铁路局集团公司行车事故、救援管理实施细则》的规定办理。

(7) 车站总值班员得到现场电力抢修负责人故障恢复的报告后,汇报路局调度所列车调度员、电力调度员,并根据命令恢复车站正常的接发列车工作。

(8) 车站总值班员严格按照《行规》第6条的规定在"行车设备检查登记簿"上做好登销记工作。

4.3.2.9 关键道岔故障时

一、应急处理标准

1. 关键道岔故障停用需停止相关方向基本闭塞时,改用电话闭塞法,使用路票办理行车,接发列车严格按 TB/T 1500.6—2009 接发列车标准和局标"非正常情况下25种接发列车办法"、局《非正常情况下接发列车作业办法》及列车运行图、日班计划、调度命令规定办理。接发列车必须按《×××线路所行车组织办法》办理行车。在达成、成渝线接发客运列车的同时,接入原规定为通过列车而接车线末端无隔开设备时禁止办理。

2. 车站值班员布置接发列车进路后不得随意变更,有关人员必须复诵并做好记录。

3. 在填写路票时严格按《技规》规定办理,在递交路票前,车站值班员必须按方向得到相关作业人员关于进路已准备妥当的报告后,方可指示副值班员填写、递交出发列车路票。与现场的联系方式为无线对讲机。

4. 车场值班员在布置接发车进路时要简明、清楚,说明径路,参加作业人员在接到准备接发列车的命令后,必须认真确认接发线路是否空闲和机车车辆占用情况,在进路准备妥当确认无误后,及时汇报并立岗监督,车站值班员接到进路准备妥当的报告后方可办理接发列车。

5. 在非正常情况下参加作业的人员必须按《技规》的规定和车站作业的"四项"基本制度,严格把好"五关"[闭塞、进路、信号(凭证)、列尾装置、车机联控],参加作业人员严格按《技规》和局关于无联锁情况下接发列车填记程序卡的规定,各工种人员按规定认真填写好程序卡,确保接发列车的安全,特别是旅客列车的绝对安全。

二、通知程序

1. ×××编组站关键道岔故障应急处理通知程序

关键道岔故障时由车站值班员报告值班站长、局调度所列车调度员并通知电务、工务等相关部门处理,调度车间值班干部5min内必须到岗组织生产。在确定一时无法恢复需停止某一方向基本闭塞、非正常情况接发列车时,立即上报局调度所并索要"停基改电"的调度命令,同时及时通知相关车间,相关车间干部必须在5min内带上专用应急箱出发前往故障道岔地点。

2. ×××线路所关键道岔故障应急处理通知程序

关键道岔故障时由车站值班员报告值班站长或副站长并通知电务、工务等相关部门处理,值班干部15min内必须到岗组织生产。在确定一时无法恢复需停止某一方向基本闭塞、非正常情况接发列车时,立即上报局调度所并通知相关干部,相关干部必须在20min内带上应急箱出发。

三、应急处理内容

1. ×××编组站关键道岔应急响应内容

(1) 关键道岔:×××站城厢端101号道岔、×××线路所端302号、496号道岔。

(2)地点分工：

101号道岔：由上行运转车间、技术科负责。

302号道岔、496号道岔：由下行运转车间、安全科负责。

(3)备品放置及准备：

上行运转车间配备101号道岔专用应急箱1个，下行运转车间配备302号、496号道岔专用应急箱各1个，由车间安全副主任负责或指定专人保管，并每月定期检查箱内备品的齐全和良好状态。

(4)应急箱内配备器具清单：

18号道岔专用勾锁器1套(3件，分别编号)；专用勾锁器专用扳手2把；专用勾锁器专用钥匙2把；信号旗1套(红、黄、绿)带杆；信号灯2只(红、黄、绿)三色；口笛1个。

2．×××线路所关键道岔应急响应内容

(1)关键道岔：×××线路所×××线1号/3号道岔、×××引入线5号、×××引入线2号/4号道岔。

(2)地点分工：

1号/3号道岔：由×××站安全副站长负责。

2号/4号道岔：由线路所所长负责。

5号道岔：由×××站指派大班班长负责。

(3)备品放置及准备：

×××线路所配备专用应急箱3个，1号/3号、2号/4号、5号道岔各1个，由线路所所长负责保管，定期(每周)检查。

(4)应急箱内配备器具清单：

1号/3号、2号/4号、5号道岔专用钩锁器3套(9件，分别编号)；普通钩锁器2个；扳手2把；钩锁器专用扳手4把；钩锁器专用钥匙3把；信号旗3套(红、黄、绿)；信号灯3盏(红、黄、绿)；口笛3个。

4.4 应急响应结束形式

非正常情况接发列车办理完毕，设备故障排除，行车工作恢复正常后，由应急领导小组组长或副组长宣布应急响应结束。

5 救援资源及利用

5.1 本单位应急救援资源

维修用设备、平调、列尾专业维修人员、列尾调送车、调车组人员、调车指导、道岔专用扳手等。

5.2 铁路相关单位应急救援资源

救援机车、工务、机务、电务专业维修人员等。

5.3 医疗资源

×××铁路中心医院、×××铁路分局医院、×××区人民医院、×××镇卫生所、中间站所在地区卫生机构等。

在应急处理过程中，出现危及人身安全或引起人员伤亡的情况时，在现场的应急领导小组成员立即向应急领导小组组长或副组长汇报，启动医疗救护小组进行联系，协助处理。

6 后期处置

6.1 责任部门及补偿

1. 应急领导小组启动善后处理组协调有关单位,展开工作。
2. 发生设备、设施损坏的,联系相关单位、部门、厂家尽快修复。

6.2 保险及保价理赔

对非正常情况下接发列车造成的货损、货差及其他经济损失,按相关规定进行理赔。

6.3 总结评估

应急处理结束后,技术科、安全科组织人员对应急处理情况进行总结,提出改进意见。

7 宣传、培训和演练

7.1 公众信息交流

技术科牵头,车站其他科室、车间配合,加大对车站行车设备和信息设备管理办法和非正常情况接发列车应急处理方案的相互交流;联系站区其他相关部门补强应急预案。

7.2 培训

1. 各运转车间负责加强车站值班员、助理值班员对非正常情况接发列车的技术业务培训,考试上岗。
2. 技术科牵头,车站各车间定期对设备使用人员进行操作技能培训,并不定期地邀请设备生产单位派专业技术人员来站进行指导。

7.3 演练

每年至少一次,组织非正常情况下接发列车演练,组织相关人员举行非正常情况下接发列车表演赛和知识竞赛。

8 附则

8.1 名词术语说明

CIPS:编组站综合集成自动化系统。

TDCS:TMIS 和 DMIS 的整合信息系统。

8.2 应急预案管理及修订

由车站技术科制订该预案,车站其他部门在工作中发现该预案有需改进、修订之处,均报到技术科,技术科汇总后由技术科着手修订、备案。

8.3 奖励与处罚

对在应急处理过程中表现出色的工作人员,由车站视情况给予奖励;在应急处理过程中,因作业人员个人误操作、臆测行事、不按标准作业办理等原因导致应急处理时间延长、造成故障影响范围扩大、造成严重后果甚至造成事故的,由应急领导小组按有关规定对当事人进行处理,直至追究法律责任。

8.4 制定与解释部门

本预案由车站技术科负责解释。

 复习思考题

1. 何谓铁路交通事故?铁路交通事故的分类依据是什么?
2. 铁路交通事故分为哪几个等级?

3. 特别重大事故的构成条件有哪些？
4. 何谓中断铁路行车？
5. 未准备好进路包括哪几种情况？
6. 简述事故报告的主要内容。
7. 事故调查组的职责有哪些？
8.《铁路交通事故调查报告》的内容有哪些？
9. 事故责任分为哪几种？
10. 铁路事故救援工作的基本原则是什么？
11. 铁路交通事故救援设备包括哪些？
12. 简述事故救援的方法。
13. 列车冒进信号应如何处理？
14. 何谓应急预案？应急预案的类型有哪些？

第五章　铁路行车安全系统分析

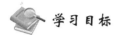 **学习目标**

1. 理解运输安全系统工程的概念和内容。
2. 掌握排列图的概念及使用。
3. 掌握因果分析图的概念及使用。
4. 掌握安全检查表的编制和使用。
5. 掌握事件树的编制及应用。
6. 掌握事故树的编制及定性分析。

第一节　铁路行车安全系统分析概述

一、安全系统工程

系统工程是运筹学、系统论、控制论、信息论、计算技术和现代管理科学等相互渗透发展起来的一门以大规模复杂系统为研究对象的应用学科。安全系统工程是系统工程在安全领域中的实际应用。任何系统的设计、制造、施工、运行、维护等都存在安全与否的问题，系统中的人员、设备、环境等都需要强化安全管理，才能实现系统的整体功能和预定目标。

安全系统工程就是以系统工程的理论和方法为指导，运用运筹学、控制论、信息论、概率论与数理统计及电子计算技术，科学分析、评价系统安全状况，预测并控制系统中的隐患和事故，为调整设计、工艺、设备、操作、管理、生产周期和费用投资提供决策依据，从而实现系统安全优化管理，预防或减少事故发生的目的。安全系统工程是一门综合性组织管理工程技术，是安全科学的一个重要分支。

安全系统工程的主要内容包括安全系统分析、安全系统评价和安全系统管理。

二、运输安全系统工程

运输安全系统工程是对运输安全从计划、实施、监控的全过程进行组织管理和过程控制的综合性技术。

1. 运输安全系统分析

按照系统工程的观点，系统分析的本意是对一个系统内部的基本问题，用系统观点进行思维和推理，在确定和不确定的条件下，设计可能争取的方案，通过分析对比，对方案进行优选，为决策者提供可靠的依据。

运输安全系统分析在运输安全系统工程中占有十分重要的地位。对运输的安全系统分析，主要是从事故的预防和预测角度出发，通过对运输事故的发生原因、概率及各种隐患表现的定性或定量分析,识别系统的安全性和危险性。其目的在于找出引发事故的因素及其不同的组合形式,把握运输系统的安全薄弱环节,寻求预防事故发生的最佳途径,并为运输安全系统评价和运输安全系统管理提供依据。

2. 运输安全系统评价

运输安全系统评价是在运输安全系统分析的基础上,从运输事故指标和隐患指标两个方面,对运输安全保障系统的整体安全性、运输安全工作的薄弱环节及系统的主要矛盾和矛盾的主要方面进行比较与评价。根据评价结果,可选择确定保证运输系统安全的技术路线和投资方向,拟定安全工作对策。各级领导和监察部门可有的放矢地督促下属单位强化安全管理,落实安全措施。

3. 运输安全系统管理

运输安全系统管理是经过安全系统分析和评价,在了解掌握运输安全薄弱环节的基础上,对运输安全所实施的全员、全要素、全过程的系统管理,包括安全总体管理、安全重点管理和安全事后管理。与主要凭经验的传统安全管理相比,运输安全系统管理在全面、动态和定量分析与评价的基础上,构建安全规范的管理体系方面迈出了一大步,更具有预见性和科学性,其防范措施的效果更为显著。

三、运输安全系统分析方法

随着安全系统工程的广泛应用和不断发展,在实际工作中出现了许多安全系统分析方法。它们都有各自的特点,有一定的适用范围,可以相互补充,根据不同需要,采用切实可行的安全系统分析方法,以达到预期目的。例如,危险性预先分析方法,一般用在系统设计或系统活动的开始阶段,把系统中明显的或潜在危险、隐患查找清楚后,再研究控制危险和隐患的防范措施,常用安全检查表帮助分析;故障类型和影响分析方法,是对系统中的组成部分逐个进行研究,查明每一组成部分的故障类型,然后再进一步查清每个故障类型的单一或组合作用对子系统或系统的影响。分析时要用一定的表格排列各种故障类型,并准备足够的资料,费力耗时。上述两种方法对结构复杂、影响因素众多的运输安全系统来说,显然缺乏整体的研究和分析,已逐渐被耗时较少的事故树分析方法所代替。

经过多年探索和实践,我国铁路运输安全系统分析的方法主要有安全检查表法、排列图法、因果分析图法、事件树分析法和事故树分析法等。

第二节 排列图分析法

一、排列图的概念

排列图,也称主次因素排列图,它最早是由意大利经济学家巴雷特用来分析社会财富分布状况而设计出来的,所以也称巴雷特图。我们可以利用排列图法从影响行车事故发生的许多因素中找出主要影响因素。

二、排列图的画法

排列图的画法如下:

(1)收集一定时期有关安全的原始资料数据,并按事故原因、类型进行分层。
(2)计算频数、相对频率、累计相对频率。
各类事故重复出现的次数(件数)称为频数。

$$相对频率 = \frac{频数}{事故总数} \times 100\%$$

$$累计相对频率 = \frac{累计频数}{事故总数} \times 100\%$$

(3)画出排列图。

排列图由两个纵坐标、一个横坐标、几个立方图和一条曲线组成。左纵坐标表示频数,右纵坐标表示频率(累计频率的百分率),横坐标表示影响事故发生的因素,一般按影响因素的主次从左向右排列。直方图的高低表示某个因素影响的大小,曲线表示各因素影响大小的累计频率。按主次因素的排列,可分为三类,累计频率在 0~80% 的因素,称 A 类因素,为主要因素;累计频率在 80%~90% 的因素,称 B 类因素,为次要因素;累计频率在 90%~100% 的因素,称 C 类因素,为一般因素。

【案例 5-1】 某站某年共发生调车事故 137 件,按调车事故发生原因统计,结果见表 5-1。

某站某年调车事故原因统计表 表 5-1

事故原因	频数	累计频数	相对频率(%)	累计相对频率(%)
撞车	63	63	46.0	46.0
抢扳道岔	27	90	19.7	65.7
漏撤鞋、顶冒	13	103	9.5	75.2
编站修、甩禁溜	9	112	6.6	81.8
错办信号	9	121	6.6	88.4
错摘钩、漏钩	7	128	5.1	93.5
拉断风管、溜走	5	133	3.6	97.1
其他	4	137	2.9	100

根据表 5-1 画出排列图,如图 5-1 所示。

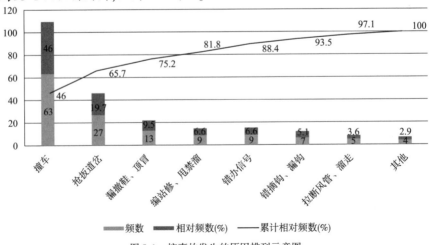

图 5-1 按事故发生的原因排列示意图

第三节 因果分析图法

一、因果分析图的概念

因果分析图就是用于寻找事故发生的原因,即分析原因与结果之间关系的图,又称鱼刺图、树枝图。

一个事故的发生,往往不是一个或几个原因造成的,而是由大大小小、错综复杂的原因共同作用的结果。但在这些复杂的原因中,它们又不都是以同等效力作用于此次事故,而是必有主要的、关键的原因,也有次要的、一般的原因,所以,要用因果分析图来找出事故发生的真正起关键作用的原因。

二、因果图的结构

因果分析图的构成很简单,如图5-2所示。

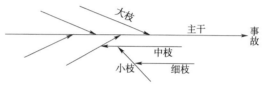

三、作图步骤与注意事项

(1)确定要分析的某个特定问题或事故,写在图的右边,画出主干,箭头指向右端。

图5-2 因果分析图示意图

(2)进行原因分类。通常按"人、机器、材料、方法、环境"五大要素进行分类,画出大枝。

(3)将上述项目深入展开,逐项画出中枝,中枝表示对应的项目中造成事故的原因,一个原因画出一个枝,文字记在中枝线的上下。

(4)将上述原因层层展开,一直到不能再分开为止。

(5)确定因果图中的主要原因,并标上符号,作为重点控制对象。

(6)注明因果图的名称。

【案例5-2】 调车撞车事故因果分析图,如图5-3所示。

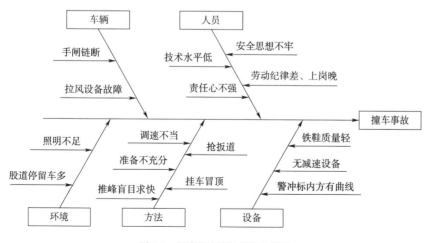

图5-3 调车撞车事故因果分析图

第四节　安全检查表分析法

一、安全检查表概述

(一)概念

安全检查表是安全系统分析中一种常用的分析方法,其基本任务是发现和查明系统的各种危险和隐患,监督各项安全法规、制度、标准的实施,制止违章行为,预防事故,消除危险,保障安全。在运输安全管理中,安全大检查是十分重要的。一般在年初(或年底)或节假日到来之前进行,但进行安全检查时由于缺乏细致的检查方法,易流于形式,出现疏忽和漏检。为了使安全检查工作能够正确、及时地发现问题和解决问题,需要一种按系统工程思想进行检查的方法。安全检查表就是为此目的而编制的。实践表明,安全检查表是进行系统安全检查、预防事故、改善劳动条件的一种重要手段。

(二)安全检查表的内容及要求

安全检查表可以根据运输生产系统的路局、站、段、车间、班组编写,也可以按照专题编写,如防暑降温、防寒过冬等编制季节性安全检查表。

(1)安全检查表的项目及要求。安全检查表应列出所有可能导致事故发生的因素或状态,即要求所列检查项目系统、全面、完善。检查的项目越全面,检查的地方越彻底,漏掉的安全隐患就越少,安全的可靠性就越大。

(2)安全检查表采用的方式。安全检查表一般采用提问的方式,要求发问明确、回答清楚,并以"是"或"否"来回答。"是"表示符合要求;"否"表示还存在问题,有待进一步改进。所以在每个提问后面也可以设整改措施栏,将整改措施简要填写在此栏内。每个检查表均需注明检查时间、检查者、直接负责人等,以便分清责任。

(3)检查依据。为了使提出的问题有依据,可以在有关条款后面注明相关规章制度,规范标准中所规定的要求,分别简要列出它们的名称和所在章节,附于每项提问后面,以便查对。

(三)安全检查表的分类

安全检查表的类型繁多,分类方式不一,绝大多数是按用途分类的。根据铁路运输业的特点,按其用途安全检查表可分为下列几种类型:

1. **运输设备、机械装置、设施定期安全检查表**

由于铁路运输系统是庞大的"联动机",部门复杂、设备繁多,所以应该按车务、机务、电力、车辆、水电、房建等部门,根据各自的设备情况,制订相应的安全检查表,供日常巡回检查或定期检查时使用。

2. **铁路运输生产用安全检查表**

保证铁路运输安全,做到四通八达、畅通无阻是铁路全体员工的奋斗目标。为达到此目标,需要采取各种手段和措施,对铁路行车工作、货运工作和客运工作制订相应的安全检查表,不定期地进行检查,发现问题,采取措施,预防事故的发生。

3. 消防用安全检查表

对于铁路运输部门的货场、仓库、油库等要害部位,防止火灾发生是一个十分重要的问题。如果防火工作做得不好,措施不力,一旦发生火灾,将会造成惨重的损失。因此,在上述要害地点必须建立严格的防火制度,设立必要的消防器材,制订切实可行的具体措施,并经常或定期进行检查,发现问题,及时解决。

4. 专业性安全检查表

专业性安全检查表由专业机构或职能部门编制和使用,主要用于进行定期的安全检查或专项检查,如对调车冲突、调车作业人身安全、施工安全、特殊装置与设施等进行专业性检查。

5. 设计审查用安全检查表

如果在设计时能够设法把不安全因素消除掉,则可以取得事半功倍的效果。因此,在设计前,应为设计人员提供相应的安全检查表。表中还应列出应该遵循的有关规程、标准。这样既可以扩大设计者的知识面,而且能使他们乐于采纳这些标准中所列的数据要求,避免与安全人员意见不同时发生争议。设计人员事先参照安全检查表进行设计,比设计完成后再照检查表修改要省事得多。

(四)安全检查表的优点

安全检查表是安全系统工程的一个最基本、最简单的方法,它只能用于定性方面的分析,因此,安全检查表属于安全系统工程的初步内容。它具有以下优点:

(1)能够事先编制,所以有充足的时间组织有经验的人员来编制。这样可以做到系统化、完整化,不漏掉任何可能导致危险的关键因素,可以克服目的性不明确、走过场的安全检查缺陷,起到提高检查质量的效果。

(2)可以根据规定的规章制度、规程、标准化要求以及检查执行、遵守的情况,提出准确评价。发现违章违纪的,应立即纠正或采取必要措施。

(3)安全检查表的应用方式是有问有答,给人的印象深刻,能起到安全教育的作用。

(4)可以和生产责任制相结合,由于不同检查对象有不同的检查表,易于分清责任;检查表还可以注明对改进措施的要求,隔一段时间可以重新检查改进。

(5)安全检查表简明易懂,容易掌握,既适合我国现阶段使用,又可以为进一步使用更先进的安全系统工程方法,进行事故预测和安全评价打下基础。

二、安全检查表的编制

(一)安全检查表的编制依据

编制安全检查表的主要依据是有关标准、规程、规范及规定。为了保证安全生产,国家及有关部门发布了各类安全标准及类似的文件,这些都是编制安全检查表的主要依据。通过系统分析确定的危险部位及防范措施,都是安全检查表的内容。

(二)安全检查表的编制方法

1. 经验法

找熟悉被检查对象的人员和具有实践经验的人员,以三结合的方式(工人、工程技术人员、管理人员)组成一个小组,依据人、物、环境的具体情况,根据以往积累的实践经验以及有关统计数据,按照规程、规章制度等文件的要求,编制安全检查表。

2. 分析法

根据已编制的事故树的分析、评价结果来编制安全检查表。通过事故树进行定性分析,求出事故树中的最小割集,按最小割集中基本事件的多少,找出系统中的薄弱环节,以这些薄弱环节作为安全检查的重点对象,编制成安全检查表;还可以通过对事故树的结构重要度分析、概率重要度分析和临界重要度分析,分别按事故树中基本事件的结构重要度系数、概率重要度系数和临界重要度系数的大小,编制安全检查表。

经验法编制的安全检查表,检查项目十分冗长、繁杂,既费人力,又花时间,工作效率也低,加上检查的方式、方法落后,使用效果不如分析法。

分析法编制的安全检查表,经过事故树的定性、定量分析来确定检查项目,因而检查表较为精炼和完善。虽然检查项目可能不多,但每一检查项目都是保证系统安全的关键环节,所以分析法是发展的方向。

(三) 安全检查表的编制步骤

(1)确定被检查对象,组织有实践经验的工人、技术人员和安全管理干部成立"三结合"小组。

(2)熟悉被分析的系统。

(3)调查不安全因素。

(4)搜集与系统有关的规范、标准、制度等。

(5)明确规定的安全要求。

(6)根据具体情况和要求确定编制方法,编制安全检查表。

(7)通过反复使用,不断修改,补充完善。

(四) 安全检查表的格式

安全检查表的格式是由它的性质决定的,且以问与答的形式出现,它一般由两部分内容组成:

(1)标明安全检查表的名称和被检查系统的名称(单位、工种)、检查日期、检查者等。

(2)顺号、检查项目(即检查内容,要求逐条编号)、检查结果、整改措施等内容。

(五) 编制安全检查表时应注意的问题

(1)检查表中所列项目应简明扼要,突出重点,抓住要害。

(2)各类安全检查表都有其适用对象,不宜通用。

(3)各级安全检查项目应各有侧重。

(4)对危险部位应详细检查,确保一切隐患在可能造成严重后果之前就被发现。

(5)要落实安全检查实施人员。

(6)检查中发现问题要及时处理或向上级反映。

三、调车作业人身安全检查表

安全检查表在铁路运输系统的安全生产管理、设备管理、人身安全管理等方面都有很高的实用价值,在预测、预防事故方面发挥了积极作用。表 5-2 是已编制的调车作业人身安全检查表。

调车作业人身安全检查表   表 5-2

单位检查者：　　　　　　　　　　　　　　　　　　　　　　　年　月　日

顺号	检 查 项 目	检查结果		整改措施（备注）
		是	否	
一　作业前				
1	接班前班组长是否从行动、外表方面检查了职工的思想、精神状态			
2	接班前班组长是否检查了职工的着装、工具等上岗准备情况			
3	作业前是否召开了安全预想会,并布置了安全注意事项			
4	作业前是否明确分工并强调了作业纪律			
5	是否做到了调车长、提钩组长、铁鞋组长负责全组的安全工作			
6	对危及安全生产的关键因素是否反复强调并对职工做出了安排,做到互相监督确保安全			
7	对喝酒上岗和身体不适的职工是否采取了有效措施			
8	当发现有危及安全的情况时,是否立即采取果断措施及时制止			
9	是否按规定巡视了线路、车辆和货物情况等			
二　作业中				
1	是否做到了不穿皮鞋、高跟鞋、拖鞋、红色衣服和不戴有色眼镜上岗			
2	接受调车作业任务时是否做到了计划清楚、任务明白			
3	传达调车作业计划时参加作业的人员是否全在场,并无不清楚现象			
4	顺线路行走时,是否不走枕木头和道心			
5	横越线路时,是否执行了"一站、二看、三通过"的规定			
6	是否做到了不与列车、车辆抢道和抢越危险"天窗"			
7	是否严禁钻车底			
8	是否确认列车、车辆无移动可能时,才翻越制动台或车钩			
9	布置计划、显示信号、短暂休息时是否站在安全位置上			
10	上下车作业是否执行"五不上下车"的规定			
11	是否做到了不在车底、道心钢轨枕木上坐卧、休息、乘凉、避雨			
12	进入货物线或专用线作业时是否一度停车,待检查确认无危及安全的情况再移动车			
13	是否做到上车抓紧站牢,下车选择平坦地区			
14	参加调车作业人员是否熟悉站内的地形地物情况			
15	参加调车作业人员是否严密注意前后及邻线的机车车辆移动情况			

续上表

顺号	检查项目	检查结果		整改措施（备注）
		是	否	
	三　在车辆运行中			
1	是否做到不站在车钩上			
2	是否做到手抓车门滑条、篷布绳索，脚不踏轴箱			
3	是否做到不骑、坐车帮			
4	是否做到不跨越车辆(对口闸除外)			
5	是否做到不在棚车顶上或货物装载超过车帮的敞车上站立行走			
6	是否做到车辆移动中不进入车挡内摘接制动软管、调整钩位及手提钩销			
7	在道岔区或不安全地点是否不边跑边提钩			
8	是否不在平车、砂石车边缘站立			
9	是否严禁坐闸盘			
10	是否注意了货物堆码情况？是否有被货物挤下的危险			
11	是否做到了两人不站在同一车梯上			
12	为了避免被道岔标志、电杆、信号机等刮倒，是否不探身过远			
13	经过站台及散装货物区时，为避免被刮、挤、挫伤，是否站在车梯上部			
14	在机车车辆上作业时，是否站稳、抓牢			
15	信号显示是否准确及时，是否确认无误			
16	使用手闸时，是否正确使用安全带			
17	作业中是否有吸烟现象			

第五节　事件树分析法

一、事件树分析法概述

(一)定义

事件树分析(Event Tree Analysis,ETA)起源于决策树分析，它是一种按事件发展的时间顺序由初始事件开始推论到后果，从而进行危险源辨识的方法。

一起事故的发生，是许多原因事件相继发生的结果。其中，一些事件的发生是以另一些事件首先发生为条件的，而一些事件的出现，又会引起另一些事件的出现。在事件发生的顺序上，存在着因果的逻辑关系。事件树分析法是一种时序逻辑的事故分析方法，它以一初始事件为起点，按照事故的发展顺序，分成不同阶段，一步一步地进行分析。每一事件可能的后续事件只能取完全对立的两种状态(成功或失败、正常或故障、安全或危险)之一的原则。

逐步向结果方面发展,到达系统安全或事故为止。所分析的情况用树枝状图表示,故叫事件树。

事件树既可以定性地了解整个事件的动态变化过程,又可以定量计算出各阶段的概率,最终了解事故发展过程中各种状态的发展概率。

(二)功能

(1)事件树分析可以事前预测事故及不安全因素,估计事故的可能后果,寻求最经济的预防手段和方法。

(2)事后用事件树分析法分析事故原因,十分方便、明确。

(3)事件树分析的分析资料既可以作为直观的安全教育资料,也有助于推测类似事故的预防对策。

(4)当积累了大量事故资料时,可采用计算机模拟,使事件树分析对事故的预测更为有效。

(5)在安全管理上用事件树分析,对重大问题进行决策,有其他方法所不具备的优势。

二、事件树编制

编制事件树时,需要确定初始事件、判定安全功能、绘制事件树。

(一)确定初始事件

事件树分析是一种系统地研究作为危险源的初始事件、如何与后续事件形成时序逻辑关系而最终导致事故的方法。正确选择初始事件十分重要。初始事件是事故在未发生时,其发展过程中的危害事件或危险事件,如机器故障、设备损坏、能量外逸或失控、人的误动作等。可以用以下两种方法确定初始事件:

(1)根据系统设计、系统危险性评价、系统运行经验或事故经验等确定。

(2)根据系统重大故障或事件树分析,从其中间事件或初始事件中选择。

(二)判定安全功能

系统中包含许多安全功能,它们可以在初始事件发生时消除或减轻其影响,以维持系统的安全运行。常见的安全功能列举如下:

(1)对初始事件自动采取控制措施的系统,如自动停车系统等。

(2)提醒操作者初始事件发生了的报警系统。

(3)根据报警或工作程序要求操作者采取的措施。

(4)缓冲装置,如减振、压力泄放系统或排放系统等。

(5)局限或屏蔽措施等。

(三)绘制事件树

从初始事件开始,按事件发展过程自左向右绘制事件树,用树枝代表事件发展途径。首先考察初始事件一旦发生时最先起作用的安全功能,把可以发挥功能的状态画在上面的分枝上,把不能发挥功能的状态画在下面的分枝上。然后依次考察各种安全功能的两种可能状态,把发挥功能的状态(又称成功状态)画在上面的分枝上,把不能发挥功能的状态(又称失败状态)画在下面的分枝上,直到到达系统故障或事故为止。

在绘制事件树时,要在每个树枝上定出事件状态,树枝横线上面写明事件过程内容特征,横线下面注明成功或失败的状况说明。事件树的一般形式如图5-4所示。

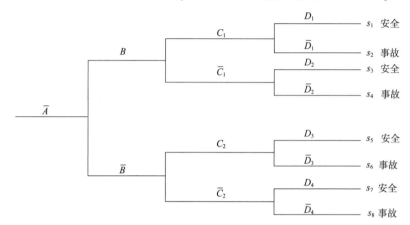

图 5-4　事件树的一般形式

任何一个事故都是一连串事件发生和发展的结果。图 5-4 中表示的事故,是一系列事件 A、B、C、D 发展的结果。成功(或安全)的事件用字母表示,如 A、B…,失败(或故障)的事件用相同的字母加一横杠表示,如 $\bar{A}$、$\bar{B}$…,读作"非 A""非 B"…。

事件树也叫成败树,它是建立在严格的逻辑推理之上的。在实际事故发展的时间进程中,树枝的歧点因素并不总是对称发生的,更多的是不完全对称的形式。下面介绍一种实际生产中应用的不对称的事件树实例。

起重机在接触网下作业触电事件树,这是一种不对称的事件树,具体如图 5-5 所示。

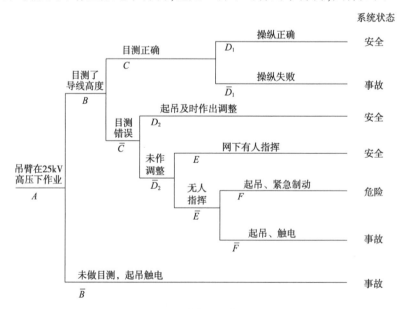

图 5-5　起重机在接触网下作业触电事件树

图 5-5 中的 B、C、D_1、D_2、E、F 均为成功事件;$\bar{B}$、$\bar{C}$、$\bar{D_1}$、$\bar{D_2}$、$\bar{E}$、$\bar{F}$ 均为失败事件。

三、事件树分析

事件树定性分析在绘制事件树的过程中就已进行,绘制事件树必须根据事件的客观条件和事件的特征做出符合科学的逻辑推理,用与事件有关的技术知识确认事件可能状态,所以在绘制事件树的过程中就已对每一发展过程和事件发展的途径作了可能性分析。

事件树画好之后接下来要做的就是找出发生事故的途径和类型以及预防事故的对策。

(一) 事故链

事件树的各分枝代表初始事件一旦发生可能的发展途径。其中,最终导致事故的途径即为事故链。一般来说,导致系统事故的途径有很多,即有许多事故链。

事故链中包含的初始事件和安全功能故障的后续事件之间具有"逻辑与"的关系。显然,事故链越多,系统越危险;事故链中事件数越少,系统越危险。

(二) 找出预防事故的途径

事件树中最终达到安全的途径指导我们如何采取措施预防事故。在达到安全的途径中,发挥安全功能的事件构成事件树的成功链,事件树中包含的成功链可能有多个,即可以通过若干途径来防止事故发生。显然,成功链越多,系统越安全;成功链中事件数越少,系统越安全,可作为预防事故的首选措施。

由于事件树反映了事件之间的时间顺序,所以应该尽可能地从最先发挥功能的安全功能着手。

(三) 事故预防

事件树分析把事故的发生发展过程表述得清楚而有条理,为设计事故预防方案、制订事故预防措施提供了有力依据。

从事件树上可以看出,最后的事故是一系列危害和危险的发展结果,如果中断这种发展过程就可以避免事故发生。因此,在事故发展过程的各阶段,应采取各种可能措施,控制事件的可能性状态,减少危害状态的出现概率,增大安全状态出现概率,把事件发展过程引向安全的发展途径。

采取在事件不同发展阶段阻截事件向危险状态转化的措施,最好在事件发展前期过程实现,从而产生阻截多种事故发生的效果。但有时因为技术经济等原因无法控制,这时就要在事件发展后期过程采取控制措施。显然要在各条事件发展途径上都采取措施才行。

(四) 事件树分析实例

下面仍然以图 5-5 为例,说明事件树分析的具体内容。

1. 分析系统安全的途径和发生事故的原因

(1) 系统安全的途径

D_1 目测正确且操作正确;

D_2 目测虽有误,但作业过程中及时作了调整;

E 目测虽有误,但有人及时给予提示。

(2)发生事故的原因

$\bar{B}$ 对导线高度未目测;

$\bar{D}_1$ 目测虽正确,但操纵失误;

$\bar{F}$ 目测错误且无人提示。

(3)系统处于危险状态

F 起吊后发现有问题,施以紧急制动。这是一种侥幸,十分危险。

2.分析事故发生的动态规律

事件树是从初始事件出发,按照逐级歧点事件发生与不发生这样一个动态过程,分析系统出现安全或不安全的所有可能状态,即从宏观角度对系统的安全与事故进行了动态分析。这种分析的每一个分枝事件串都相当于单因素因果链,其中控制住一个环节就能控制住事故的发生,这就为安全技术措施和安全管理提供了选择方案。

例如图 5-5 的事件树可以分解成 7 条事件链:

(1)A、B、C、D_1 安全

(2)A、B、C、$\bar{D}_1$ 事故

(3)A、B、$\bar{C}$、D_2 安全

(4)A、B、$\bar{C}$、$\bar{D}_2$、E 安全

(5)A、B、$\bar{C}$、$\bar{D}_2$、$\bar{E}$、F 危险

(6)A、B、$\bar{C}$、$\bar{D}_2$、$\bar{E}$、$\bar{F}$ 事故

(7)A、$\bar{B}$ 事故

7 条事故链中凡是以失败事件结尾的链条,就是事故链,即(2)、(6)、(7)三条。这类链条的结构有两种类型:一种是链条中间和尾部均有失败事件,如(6);另一种是只有尾部一件是失败事件,如(2)和(7)。对于前一种链条,只要使其中任何一个失败事件得到控制就能防止事故发生,对后一种则必须控制尾部的失败事件。

归纳这两种链条可以得出以下两个结论:

(1)凡尾部为失败的链条必为事故链条。

(2)在事故链条中,只要控制住其中任意一个失败环节不发生,这个链条就会转变为安全链条。

四、事件树分析应用实例

(一)火车上有易燃品引起火灾事故的事件树分析

在铁路旅客运输中为确保旅客运输安全,严禁旅客携带易燃品上车。但有的旅客违反规定,携带易燃品,进站上车时未被查出,将其带上火车,这就有可能引起火灾事故,造成人员伤亡和财产损失。但处理得当,也可以避免火灾事故的发生。具体分析如图 5-6 所示。

(二)火车与机动车辆在道口相撞事件树分析

机动车辆行驶在无人看守的平交道口,发动机突然熄火,车辆正好停留在轨道上。这一事件可能导致的事故用事件树分析如图 5-7 所示。

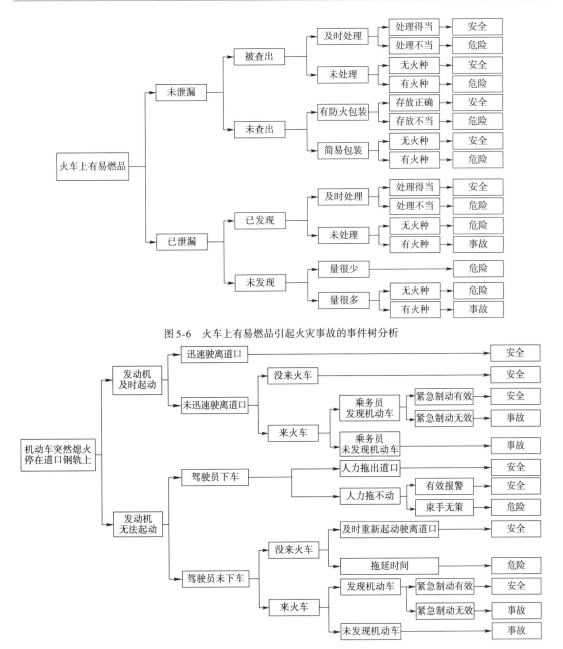

图 5-6 火车上有易燃品引起火灾事故的事件树分析

图 5-7 火车与机动车辆在道口相撞的事件树分析

第六节 事故树分析法

一、事故树分析概述

(一) 事故树分析的概念

事故树分析(Fault Tree Analysis,FTA)是安全系统工程中常用的一种分析方法。1961

· 183 ·

年,美国贝尔电话研究所的维森(H. A. Watson)首创了 FAT 并应用于研究民兵式导弹发射控制系统的安全性评价中,用它来预测导弹发射的随机故障概率。接着,美国波音飞机公司的哈斯尔(Hassle)等人对这种方法又做了重大改进,并采用电子计算机进行辅助分析和计算。1974 年,美国原子能委员会应用 FTA 对商用核电站进行了风险评价,发表了拉斯姆逊报告(Rasmussen Report),引起世界各国的关注。目前事故树分析法已从宇航、核工业进入一般电子、电力、化工、机械、交通等领域,它可以进行故障诊断,分析系统的薄弱环节,指导系统的安全运行和维修,实践系统的优化设计。

事故树的分析技术,属系统工程的图论范畴,事故树是网络分析技术中的概念。所谓树是指一个无圈无环的连通图。例如,编组站行车指挥系统树结构,如图 5-8 所示。

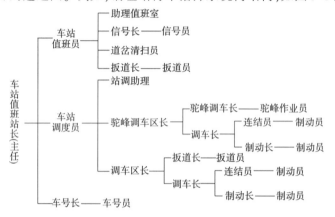

图 5-8　编组站行车指挥系统树结构

事故树,就是由输入符号(事故符号)和关系符号(逻辑门符号)所组成的描述事故因果关系有方向的树。事故树分析(FTA)就是利用事故树对某一系统的安全进行分析,也叫逻辑分析。

事故树分析之所以用来分析行车事故,是因为它直观明了、显而易见、思路清晰、逻辑性强,既可定性分析,又可定量分析,具有应用范围广、简明形象的特点,体现了以系统工程方法研究安全问题的系统性、准确性和预测性。掌握一般数学知识的人可用,具有较高文化水平的人也有研究发展的余地等。一般来讲,安全系统工程的发展也是以事故树分析为主要标志的。

(二)事故树分析的分析特点

事故树分析法是一种演绎推理法,这种方法把系统可能发生的某种事故与导致事故发生的各种原因之间的逻辑关系用事故树的树形图表示,通过对事故树的定性与定量分析,找出事故发生的主要原因,为确定安全对策提供可靠依据,以达到预测与预防事故发生的目的。FTA 法具有以下特点:

(1) FTA 是一种图形演绎法,是故障事件在一定条件下的逻辑推理方法。它可以围绕某特定的事故作层层深入的分析,因而在清晰的事故树图形下,表达系统内各事件间的内在联系,并指出单元故障与系统事故之间的逻辑关系,便于找出系统的薄弱环节。FTA 法清晰地用图说明系统是怎样失效的。

(2) FTA 具有很大的灵活性,不仅可以分析某些单元故障对系统的影响,还可以对导致系统事故的特殊原因(如人为因素、环境影响等)进行分析。

(3)进行 FTA 的过程,是一个对系统更深入认识的过程,它要求分析人员把握系统内各要素间的内在联系,弄清各种潜在因素对事故发生影响的途径和程度,因而许多问题在分析的过程中就被发现并解决了,从而提高了系统的安全性。

(4)利用 FTA 模型可以定量计算复杂系统发生事故的概率,为改善和评价系统安全性提供了定量依据。

(三)事故树的主要作用

(1)能对导致灾害事故的多种因素及其逻辑关系作出全面的描述。

(2)便于发现和查明系统内固有的或者潜在的危险因素,为安全设计、制订技术措施及采取管理对策提供依据。

(3)使作业人员全面了解和掌握各项防灾控制要点。

(4)对发生的事故进行原因分析。

(5)便于进行逻辑运算,进行定量分析与评价。

二、事故树的符号及其意义

事故树是由各类事件符号、逻辑门符号和转移符号所组成的。现将最简单、最基本的符号介绍如下。

(一)事件符号

事件符号是用于记入各事件的符号。

1. 矩形符号

矩形符号如图 5-9a)所示,用来表示顶上事件或中间事件,可将事件扼要记入矩形框内。顶上事件一定要清楚、明了,不要太笼统。例如,对"某局发生行车险性事故"的表述,人们就无从下手分析,而应当选择具体的事故,例如,可写成"某局某站发生列车冒进信号"。

2. 圆形符号

圆形符号表示基本原因事件,如图 5-9b)所示。它可以是人的差错,也可以是机械故障、环境因素等。它表示最基本事件,不能继续往下分析了。例如,影响司机瞭望条件的"曲线地段""照明不好";司机本身问题影响行车安全的"酒后开车""打瞌睡"等原因,将事件扼要记入圆形符号内。

3. 屋形符号

屋形符号表示正常事件,如图 5-9c)所示。它是系统正常状态下发生的正常事件。例如,"调车作业""列车运行"等,将事件扼要记入屋形符号内。

4. 菱形符号

菱形符号表示省略事件,如图 5-9d)所示。表示事前不能分析,或者没有再分析下去的必要的事件。例如,"司机间断瞭望""臆测行车""天气不好"等,将事件扼要记入菱形符号内。

图 5-9 事件符号

(二)逻辑门符号

逻辑门符号是连接各个事件,并表示事件之间逻辑关系的符号。

1. 与门

与门表示它下面的输入事件 B_1、B_2 同时发生的情况下,输出事件 A 才会发生的连接关系,两者缺一不可,表现为逻辑积的关系,即 $A = B_1 \cdot B_2$ 或 $A = B_1 \cap B_2$。如果有若干输入事件时,也是如此。与门符号如图 5-10a)所示。

例如,工人在线路上施工,没下道避车而被列车撞伤,没下道避车的原因有两个:一个是"没看见车来",另一个是"防护未起作用"。只有两个原因同时发生,才能造成"没下道避车"。用与门符号表示,如图 5-10b)所示。

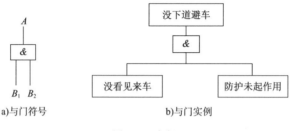

a)与门符号　　　　　　b)与门实例

图 5-10　与门

2. 或门

或门表示它下面的输入事件 B_1 或 B_2 中任何一个事件发生,都可以使输出事件 A 发生,表现为逻辑和的关系,即 $A = B_1 + B_2$ 或 $A = B_1 \cup B_2$。如果有若干输入事件时,也是如此。或门符号如图 5-11a)所示。

例如,线路施工作业人员未撤出机车车辆限界而被机车撞压,造成"未撤出机车车辆限界"的原因有"未下道避车"和"下道不及时",这两个原因任何一个发生都会造成"未撤出机车车辆限界",所以用或门表示,如图 5-11b)所示。

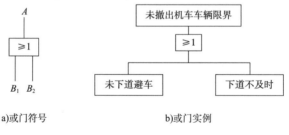

a)或门符号　　　　　　b)或门实例

图 5-11　或门

3. 条件与门

条件与门表示 B_1、B_2 同时发生时,A 并不见得发生,只有在满足条件 α 的情况下,A 才发生。它相当于 3 个输入事件的与门,即 $A = B_1 \cdot B_2 \cdot \alpha$ 或 $A = B_1 \cap B_2 \cap \alpha$,将条件记入六边形内。条件与门符号如图 5-12a)所示。

例如,线路施工作业人员被机车撞压死亡,造成这一事件的原因是"司机走神"和"工人未撤出机车车辆限界",但这两个原因同时发生,还必须有"人体与机车接触"这个条件。所以用条件与门表示,如图 5-12b)所示。

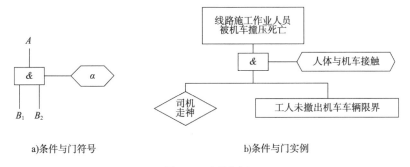

图 5-12 条件与门

4. 条件或门

条件或门表示 B_1 或 B_2 任何一个事件发生时,还必须满足条件 β,才有输出事件 A 发生,将条件记入六边形内。条件或门符号如图 5-13a) 所示,例如,"撞坏列车"是由于"作业失误"和"线路上有障碍物"两个原因造成的,这两个原因任何一个发生都有可能造成"撞坏列车",但是必须满足"物件与列车接触"这个条件。所以用条件或门表示,如图 5-13b) 所示。

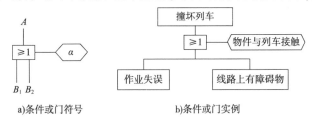

图 5-13 条件或门

5. 限制门

限制门是逻辑上的一种修正符号,即当输入事件 B 满足发生条件 α 时,才产生输出事件 A。相反,如果不满足,则不发生输出事件,其具体条件写在六边形符号内。限制门符号如图 5-14a) 所示。

例如,工人"从脚手架上坠落死亡"是由于"从脚手架上坠落",但输入事件只有在"高度和地面情况"满足发生时,才会造成"死亡"。即只有高度足够高且地面坚硬时,才会摔死。它和条件与门不同,输入事件只有一个,如图 5-14b) 所示。

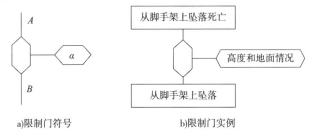

图 5-14 限制门

(三) 转移符号

当事故树规模很大时,需要将其某些部分画在别的纸上,或转移到其他部门,这就要用到转出和转入符号,以表示向何处转出和从何处转入。

1. 转出符号

表示向其他部分转出，△内记入向何处转出的标记，如图 5-15a)所示。

2. 转入符号

表示从其他部分转入，△内记入从何处转入的标记，如图 5-15b)所示。

a)转出符号　　b)转入符号

图 5-15　转移符号

三、事故树分析

事故树的分析技术，属于系统工程的图论范畴，树是其网络分析技术的概念，整个事故树分析程序，一般可分为 9 个步骤。

1. 熟悉系统

要求切实了解系统情况，包括系统的工作程序、各种重要参数、作业情况，必要时画出工艺流程图和布置图。

2. 调查已发生的事故和可能发生的事故

要求在过去发生事故实例和有关事故统计的基础上，尽量广泛地调查所能预想到的事故，即包括已发生的事故和可能发生的事故。

3. 确定顶上事件

所谓顶上事件，就是我们所要分析的对象事件，对所调查的事故，分析其严重程度和发生的频繁程度，从中找出后果严重且较易发生的事故，作为我们分析事故的顶上事件。

4. 确定要控制的事故发生概率的目标值

根据以往的事故经验和同类系统的事故资料，进行统计分析，求出事故发生概率(或频率)。然后，根据这一事故的严重程度，确定我们要控制的事故发生概率的目标值。

5. 调查与事故有关的所有原因事件和各种因素

调查与事故有关的所有原因事件和各种因素，包括机械故障、设备故障、操作者的失误、管理和指挥错误、环境因素等，尽量详细查清原因和影响。

6. 画出事故树

根据上述资料，从顶上事件起，进行演绎分析，一级一级找出所有直接原因事件，直到达到所要分析的深度，按其逻辑，画出事故树。

7. 定性分析

按事故树结构，进行化简，求出最小割集和最小径集，确定各基本事件的结构重要度，并排列出结构重要度顺序。

8. 定量分析

首先根据调查的情况和资料，确定所有原因事件的发生概率。然后根据原因事件发生概率，求出顶上事件发生概率。

对可维修系统把求出的概率与统计分析得出的概率进行比较。如果两者不符，则必须返回到"5. 调查与事故有关的所有原因事件和各种因素"，重新研究，看原因事件是否找全，事故树逻辑关系是否清楚，基本原因事件的概率数值是否计算(或设定)得过高或过低。对不可维修系统，求出顶上事件发生概率即可。

9. 分析结果评价和提出改进措施

当事故发生概率超过预定的目标值时,要研究降低事故发生概率的所有可能,从最小割集入手,选出最佳方案;利用最小径集,找出根除事故的可能性;求各基本原因事件的临界重要系数,按系数大小进行排队,以求加强人的控制。

事故树分析原则上是这 9 个步骤,但在具体分析时,可以根据分析的目的,投入人力、物力的多少,人的分析能力的高低和有关分析数据的掌握多少,分析到一定步骤。如果事故树规模很大,也可以借助电子计算机进行分析。事故树分析程序框图如图 5-16 所示。

事故树分析把事故的发生发展过程表述得清楚而有条理,为设计事故预防方案、制订事故预防措施提供了有力依据。

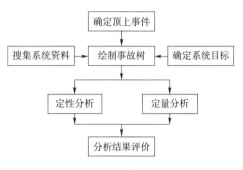

图 5-16 事故树分析程序框图

从事故树上可以看出,最后的事故是一系列危害和危险的发展结果,如果中断这种发展过程,就可以避免事故发生。因此,在事故发展过程的各阶段,应采取各种可能措施,控制事件的可能性状态,减少危害状态的出现概率,增大安全状态出现概率,把事件发展过程引向安全的发展途径。

在事件不同发展阶段采取阻截事件向危险状态转化的措施,最好在事件发展前期过程实现,从而产生阻截多种事故发生的效果。但有时因为技术、经济等原因无法控制,这时就要在事件发展后期采取控制措施。显然,要在各条事件发展途径上都采取措施才行。

四、事故树的编制

编制事故树,首先应写出该事故树要分析的事故,即顶上事件。选定顶上事件一定要在详细占有系统情况、有关事故的发生情况和发生可能以及事故的严重程度和发生概率(或频率)的情况下进行。而且,事前要仔细寻找造成事故的直接原因和间接原因。然后根据事故严重程度和发生的概率确定要分析的顶上事件,将其扼要写在矩形方框内。在它下面的一层并列写出造成顶上事件的直接原因事件,它们可以是机械故障、人为因素或环境原因,上下层之间用适当的逻辑门连接。若下层事件必须全部同时发生,顶上事件才发生时,就用与门连接;当下层事件任一事件发生,顶上事件就发生时,就用或门连接。门的连接很重要,它涉及各种事件之间的逻辑关系,直接影响着以后的定性分析和定量分析。

接下去把构成第二层各事件的直接原因写在第三层,并与第二层事件用适当的逻辑门连接起来。这样,层层向下,直至最基本的原因事件,就构成了一个事故树。

【案例 5-3】 "列车冒进信号"事故树编制过程。

在行车事故中,虽然列车事故数量比调车事故少,但造成的损失和对运输带来的影响要比调车事故严重得多。而列车事故中,"列车冒进信号"造成的冲突、脱轨等又占很大比例。由于"列车冒进信号"造成的后果极其严重,因此,控制和预防"列车冒进信号"事故的发生,就成了全路安全生产的重要工作之一。

(1)确定顶上事件为"列车冒进信号",写在矩形符号内。

(2)列车冒进信号取决于机车乘务员未按信号指示行车、信号突变升级、列车制动装置故障,这三个事件有一个发生,就会导致顶上事件发生,将它们写在第二层,并用或门与第一层连接起来。

(3)机车乘务员未按信号指示行车是乘务员作业失误所致,同时机车安全防护装置(三大件等)失效,把这两个条件写在第三层,并与第二层用与门连接起来。

(4)乘务员作业失误有四种情况:一是,间断瞭望(瞌睡、做影响瞭望的其他工作);二是,瞭望条件不良(气候、地形条件影响视线),看不清信号,臆测行车;三是,操纵不当(超速、使闸晚);四是,误认信号。这四种情况有一个发生,就会使乘务员作业失误,因此把它们写在第四层,并用或门与第三层连接起来。安全防护装置失灵有两种情况:一是,自动停车装置故障;二是,司机违规将自动停车装置关闭。这两种情况只要有一种发生,就将导致安全防护装置失效,因此,要用与门连接。分析简单一些,本例暂不考虑。

(5)信号突变升级可能是信号机故障,也可能是办理人员给错信号,这两个条件有一个发生,就会出现信号突变升级,将其写在第三层,并用或门与第二层连接起来。

(6)列车制动装置故障有3种情况:一是,列车的折角塞门关闭,造成制动力不足;二是,风缸故障;三是,风泵故障。这三个条件有一个发生,就使制动装置发生故障,将其写在第三层,并用或门与第二层连接起来。

按上所述,画出列车冒进信号事故树,如图5-17所示。

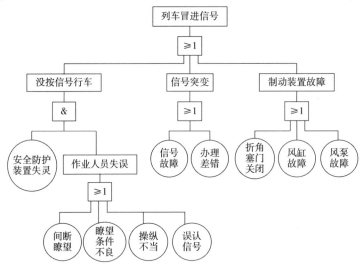

图5-17 列车冒进信号事故树

五、事故树定性分析

(一)布尔代数化简事故树

在事故树编制完成之后,为了准确计算顶上事件发生的概率,需要化简事故树,消除多余事件。特别是在事故树的不同位置存在同一基本事件时,必须利用布尔代数进行整理,然后才能计算顶上事件的发生概率,否则,就会造成定性分析或定量分析错误。

布尔代数又叫逻辑代数或开关代数,它属于集合论的范畴,是研究集合的逻辑运算的。逻辑代数也可以进行运算,其基本运算有 3 种,即逻辑加、逻辑乘和逻辑非。逻辑代数运算的法则很多,有的和代数运算法则一致,有的不一致。这里我们介绍几种常用的运算法则,以便记忆和运用。

定理 1　$A + B = B + A$　$AB = BA$　　　　　　　　（交换律）
定理 2　$A + (B + C) = (A + B) + C, A(BC) = (AB)C$　　（结合律）
定理 3　$A + BC = (A + B)(A + C), A(B + C) = AB + AC$　（分配律）
定理 4　$A + A = A, A \cdot A = A$　　　　　　　　　　（等幂律）
定理 5　$A + AB = A, A(A + B) = A$

在事故树分析中,"$A + AB = A$""$A + A = A$"和"$A \cdot A = A$"几个法则用得较多。

为了熟练掌握布尔代数化简方法,我们举例化简图 5-18 的事故树。

如图 5-18 所示,事故树的结构函数为:

$$T = A_1 + A_2$$
$$= X_1 \cdot X_2 + (X_3 + B)$$
$$= X_1 \cdot X_2 + [X_3 + (X_1 \cdot X_3)] \quad (根据 A + AB = A)$$
$$= X_1 \cdot X_2 + X_3$$

所以,其等效图如图 5-19 所示。

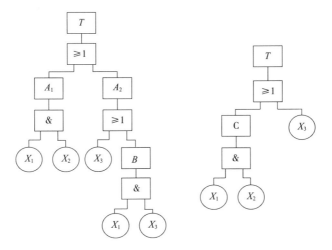

图 5-18　事故树示意图　　　图 5-19　事故树等效图

（二）最小割集

割集,也叫截集或截止集,它是导致顶上事件发生的基本事件的集合。事故树中一组基本事件的发生,能够造成顶上事件发生,这组基本事件就叫割集。引起顶上事件发生的最起码的基本事件的集合叫最小割集。

最小割集的求解方法:将事故树的结构函数用布尔代数化简法进行化简,最后得到用若干基本事件逻辑积的逻辑和表示的结构函数,那么,每个逻辑积就是最小割集。现在以图 5-20 为例,进行化简求解该事故树的最小割集。

$$T = A_1 + A_2 = X_1 \cdot B_1 \cdot X_2 + X_4 \cdot B_2$$
$$= X_1 \cdot (X_1 + X_3) \cdot X_2 + X_4 \cdot (C + X_6)$$
$$= X_1 \cdot X_1 \cdot X_2 + X_1 \cdot X_3 \cdot X_2 + X_4 \cdot (X_4 \cdot X_5 + X_6)$$
$$= X_1 \cdot X_2 + X_1 \cdot X_2 \cdot X_3 + X_4 \cdot X_4 \cdot X_5 + X_4 \cdot X_6$$
$$= X_1 \cdot X_2 + X_1 \cdot X_2 \cdot X_3 + X_4 \cdot X_5 + X_4 \cdot X_6$$
$$= X_1 \cdot X_2 + X_4 \cdot X_5 + X_4 \cdot X_6$$

即得到该事故树的3个最小割集$\{X_1, X_2\}$、$\{X_4, X_5\}$、$\{X_4, X_6\}$。

(三) 最小径集

径集,也叫通集或导通集,即如果事故树中某些基本事件不发生,顶上事件就不发生。那么,这些基本事件的集合就称为径集。不引起顶上事件发生的最低限度的基本事件的集合就叫最小径集。

求最小径集是利用它与最小割集的对偶性,首先作出与事故树对偶的成功树,即把原来事故树的"与门"换成"或门","或门"换成"与门",各类事件"发生"换成"不发生"。然后求出新事故树的最小割集,经对偶变换后就是事故树的最小径集。

例如,与图5-20所示事故树对偶的成功树,如图5-21所示。

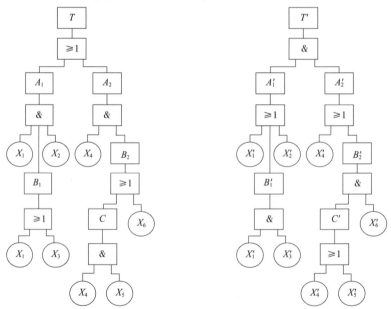

图 5-20 事故树示意图　　图 5-21 与图 5-20 所示事故树对偶的成功数

用布尔代数化简法化简该成功树的结构函数:

$$T' = A_1' \cdot A_2'$$
$$= (X_1' + B_1' + X_2') \cdot (X_4' + B_2')$$
$$= (X_1' + X_1' \cdot X_3' + X_2') \cdot (X_4' + C' \cdot X_6')$$
$$= (X_1' + X_2') \cdot [X_4' + (X_4' + X_5') \cdot X_6']$$
$$= (X_1' + X_2') \cdot (X_4' + X_4' \cdot X_6' + X_5' \cdot X_6')$$

$$= (X_1' + X_2') \cdot (X_4' + X_5' \cdot X_6')$$
$$= X_1' \cdot X_4' + X_1' \cdot X_5' \cdot X_6' + X_2' \cdot X_4' + X_2' \cdot X_5' \cdot X_6'$$

这样,就得到成功树的 4 个最小割集,经对偶变换就是原事故树化简后的结构函数,即
$$T = (X_1 + X_4)(X_1 + X_5 + X_6)(X_2 + X_4)(X_2 + X_5 + X_6)$$

每一个逻辑和就是一个最小径集,则得到事故树的 4 个最小径集为 $\{X_1, X_2\}$、$\{X_4, X_5, X_6\}$、$\{X_2, X_4\}$、$\{X_2, X_5, X_6\}$。

同样,也可以用最小径集表示事故树,如图 5-22 所示,其中 P_1、P_2、P_3、P_4 分别表示 4 个最小径集。

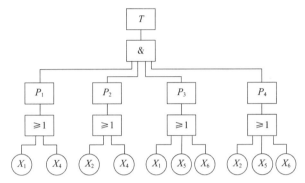

图 5-22 用最小径集表示的图 5-20 中的事故树

(四) 结构重要度分析

结构重要度分析,是从事故树结构上入手分析各基本事件的重要程度。现介绍如何用最小割集或最小径集排出结构重要度顺序。这种排序方法的基本原则如下:

(1) 看频率。当最小割集中的基本事件个数不等时,基本事件少的割集中的基本事件比基本事件多的割集中的基本事件的结构重要度大。

例如,某事故树的最小割集为 $\{X_1, X_2, X_3, X_4\}$、$\{X_5, X_6\}$、$\{X_7\}$、$\{X_8\}$。从其结构情况看,第三、四两个最小割集都只有一个基本事件,所以 X_7 和 X_8 的结构重要度最大;其次是 X_5, X_6,因为它们在两个事件的最小割集中;最不重要的是 X_1, X_2, X_3, X_4,因为它们所在的最小割集中基本事件最多。这样,就可以很快排出各基本事件的结构重要度顺序

$$I_{(7)} = I_{(8)} > I_{(5)} = I_{(6)} > I_{(1)} = I_{(2)} = I_{(3)} = I_{(4)}$$

(2) 看频数。当最小割集中基本事件的个数相等时,重复在各最小割集中出现的基本事件,比只在一个最小割集中出现的基本事件结构重要度大;重复次数多的比重复次数少的结构重要度大。

(3) 既看频率又看频数。在基本事件少的最小割集中出现次数少的事件与基本事件多的最小割集中出现次数多的相比较,一般前者大于后者。

例如,某事故树的最小割集为 $\{X_1\}$、$\{X_2, X_3\}$、$\{X_2, X_4\}$、$\{X_2, X_5\}$,那么其结构重要度顺序为

$$I_{(1)} > I_{(2)} > I_{(3)} = I_{(4)} = I_{(5)}$$

上述原则,同样适用于最小径集。我们也可以用两种方法互相检验结果的正确性。

分析结构重要度,排出各种基本事件的结构重要度顺序,可以从结构上了解各基本事件对顶上事件的发生影响程度如何,以便按重要度顺序安排防护措施,加强控制,也可以依此顺序编写安全检查表。

六、事故树定量分析

(一)定量分析的目的

事故树定量分析的目的有两个:一是在给定基本事件发生概率的情况下,求出顶上事件发生的概率,这样我们就可以根据所得结果与预定的目标值进行比较。如果计算超出了目标值,就应采取必要的系统改进措施,使其降至目标值以下。二是计算每个基本事件对顶上事件发生概率的影响程度,以便更切合实际地确定各基本事件对预防事故发生的重要性,使我们更清楚地认识到,要改进系统应重点从何处着手。

(二)顶上事件发生概率的计算

当给定了事故树各基本事件的发生概率,各基本事件又是独立事件时,就可以计算顶上事件的发生概率。目前,计算顶上事件发生概率的方法有若干种,下面介绍两种较为简单的方法。

1. 求各基本事件概率和

在定性分析中,给出了最小割集的求法,以及用最小割集表示的事故树等效图,利用等效图再来推出最小割集求顶上事件发生概率的公式。以图5-23简单事故树示意图为例,利用布尔代数化简该事故树后,得到其最小割集为$\{X_1,X_2\}$、$\{X_1,X_3\}$,用最小割集表示的等效图如图5-24所示。这样可以把其看作由两个事件E_1、E_2组成的事故树。按照求概率和的计算公式,$E_1 + E_2$的概率为

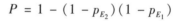

$$P = 1 - (1 - p_{E_2})(1 - p_{E_1})$$

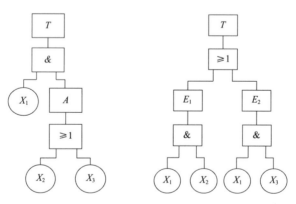

图5-23　事故树示意图　　图5-24　图5-23事故树的等效图

设X_1、X_2、X_3均为独立事件,其概率均为0.1。因为两个最小割集中都有X_1,利用此式直接代入进行概率计算,必然造成重复计算X_1的发生概率。因此,要将上式展开,消去其中重复的概率因子,否则将得出错误的结果。由于

$$P = 1 - 1 + p_{E_1} + p_{E_2} - p_{E_1} \times p_{E_2} = p_{E_1} + p_{E_2} - p_{E_1} \times p_{E_2}$$

而
$$p_{E_1} = p_1 p_2 = 0.1 \times 0.1 = 0.01$$
$$p_{E_2} = p_1 p_3 = 0.1 \times 0.1 = 0.01$$
$$p_{E_1} \times p_{E_2} = p_1 p_2 p_3 = 0.1 \times 0.1 \times 0.1 = 0.001$$
故
$$P = 0.01 + 0.01 - 0.001 = 0.019$$

式中：P——顶上事件的发生概率；

p_i——第 i 个基本事件的发生概率。

2. 顶上事件发生概率的近似计算

在事故树分析时，往往遇到很复杂很庞大的事故树，有时一棵事故树牵扯成百上千个基本事件，要精确求出顶上事件的发生概率，需要相当大的人力和物力。因此，需要找出一种简便方法，它既能保证必要的精确度，又能较为省力地算出结果。

实际上，即使精确算出的结果也未必十分准确，这是因为：

（1）凭经验给出的各种机械部件的故障率本身就是一种估计值，肯定存在误差。

（2）各种机械部件的运行条件（满负荷或非满负荷运行）、运行环境（温度、湿度、粉尘、腐蚀等）各不相同，它们必然影响着故障率的变化。

（3）人的失误率受多种因素影响，如心理、生理、个人的智能、训练情况、环境因素等，这是一个经常变化、伸缩性很大的数据。

因此，对这些数据进行运算，必然得出不太精确的结果。所以，我们赞成用近似计算的方法求顶上事件的发生概率。实际上，至今所有报道事故树分析实用的文献，都是采用近似计算的方法。尤其是在许多技术参数难以确认取值的情况下，这是一种值得提倡的方法。

另外，在求近似值的过程中，略去的数值与有效数字的最后一位相比，相差很大，有时相差几个数量级，完全可以忽略不计。

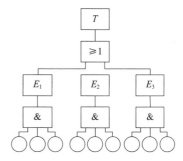

图 5-25 某事故树的最小割集等效图

近似算法是利用最小割集计算顶上事件发生概率的公式得到的。一般情况下，可以假定所有基本事件都是统计独立的，因而每个割集也是统计独立的。下面推导近似算法的公式。

设某事故树的最小割集等效树如图 5-25 所示，顶上事件与割集的逻辑关系为

$$T = k_1 + k_2 + \cdots + k_m$$

顶上事件 T 发生的概率为 P，割集 k_1、k_2、$\cdots$、k_m 的发生概率分别为 p_{k_1}、p_{k_2}、$\cdots$、p_{k_m} 由独立事件和的概率与积的概率计算公式分别得：

$$\begin{aligned} P(k_1 + k_2 + \cdots + k_m) &= 1 - (1 - p_{k_1})(1 - p_{k_2}) \cdots (1 - p_{k_m}) \\ &= (p_{k_1} + p_{k_2} + \cdots + p_{k_m}) - (p_{k_1} p_{k_2} + p_{k_1} p_{k_3} + \cdots + p_{k_{m-1}} p_{k_m}) + \\ &\quad (p_{k_1} p_{k_2} p_{k_3} + \cdots + p_{k_{m-2}} p_{k_{m-1}} p_{k_m}) - \cdots + (-1)^{m-1} p_{k_1} p_{k_2} \cdots p_{k_m} \end{aligned}$$

只取第一个小括号中的项,将其余的二次项、三次项等全都舍弃,则得顶上事件发生概率近似公式:

$$P \approx p_{k_1} + p_{k_2} + \cdots + p_{k_m}$$

这样,顶上事件发生概率近似等于各最小割集发生概率之和。

我们仍以图 5-18 简单事故树为例,其最小割集如图 5-21 所示,基本事件 X_1、X_2、X_3 的发生概率分别为 $p_1 = p_2 = p_3 = 0.1$,用近似公式计算顶上事件发生概率:

$$P = p_{k_1} + p_{k_2} = p_1 p_2 + p_1 p_3 = 0.1 \times 0.1 + 0.1 \times 0.1 = 0.02$$

近似计算得到的结果与第一种精确计算方法得到的结果相比,相差 0.001,虽然有一定的误差,但是对于系统很复杂的事故树的顶上事件的概率的计算仍然具有适用性。

(三) 概率重要度分析

结构重要度分析是从事故树的结构上,分析各基本事件的重要程度。如果进一步考虑基本事件发生概率的变化会给顶上事件发生概率以多大影响,就要分析基本事件的概率重要度。利用顶上事件发生概率 P 函数是一个多重线性函数这一性质,只要对自变量 P_i 求一次偏导数,就可以得出该基本事件的概率重要度系数:

$$I_{P(i)} = \frac{\partial P}{\partial p_i}$$

当利用上式求出各基本事件的概率重要度系数后,就可以了解诸多基本事件、减少哪个基本事件的发生概率可以有效地降低顶上事件的发生概率。

【案例 5-4】 设事故树最小割集为 $\{X_1, X_3\}$、$\{X_1, X_5\}$、$\{X_3, X_4\}$、$\{X_2, X_4, X_5\}$。各基本事件的发生概率分别为 $p_1 = 0.01, p_2 = 0.02, p_3 = 0.03, p_4 = 0.04, p_5 = 0.05$,求各基本事件概率重要度系数。

解:顶上事件发生概率 P 用近似方法计算时

$$\begin{aligned} P &= p_{k_1} + p_{k_2} + p_{k_3} + p_{k_4} \\ &= p_1 p_3 + p_1 p_5 + p_3 p_4 + p_2 p_4 p_5 \\ &= 0.01 \times 0.03 + 0.01 \times 0.05 + 0.03 \times 0.04 + 0.02 \times 0.04 \times 0.05 \\ &\approx 0.002 \end{aligned}$$

各个基本事件的概率重要度系数为

$$I_{P(1)} = \frac{\partial P}{\partial p_1} = p_3 + p_5 = 0.08$$

$$I_{P(2)} = \frac{\partial P}{\partial p_2} = p_4 p_5 = 0.002$$

$$I_{P(3)} = \frac{\partial P}{\partial p_3} = p_1 + p_4 = 0.05$$

$$I_{P(4)} = \frac{\partial P}{\partial p_4} = p_3 + p_2 p_5 = 0.031$$

$$I_{P(5)} = \frac{\partial P}{\partial p_5} = p_1 + p_2 p_4 = 0.0108$$

这样,就可以按概率重要度系数的大小排出各基本事件的概率重要度顺序:

$$I_{P(1)} > I_{P(3)} > I_{P(4)} > I_{P(5)} > I_{P(2)}$$

这就是说,减少基本事件 X_1 的发生概率能使顶上事件的发生概率迅速降下来,它比按同样数值减小其他任何基本事件的发生概率都有效。其次是基本事件 X_3、X_4、X_5,最不敏感的是基本事件 X_2。

从概率重要度系数的算法可以看出这样的事实:一个基本事件的概率重要度如何,并不取决于它本身的概率值大小,而是与它所在最小割集中其他基本事件的概率积的大小及它在各个最小割集中重复出现的次数有关。

(四)临界重要度分析

一般情况下,减少概率大的基本事件的概率要比减少概率小的容易,而概率重要度系数并未反映这一事实,因此,它不是从本质上反映各基本事件在事故树中的重要程度。而临界重要度系数 C_i 则是从敏感度和概率双重角度衡量各基本事件的重要程度,其定义式为

$$C_i = \frac{\partial \ln P}{\partial \ln p_i}$$

它与概率重要度系数的关系是:

$$C_i = \frac{p_i}{P} I_{P(i)}$$

例 5-4 已得到的某事故树顶上事件概率为 0.002,各基本事件的概率重要度系数分别为

$$I_{P(1)} = 0.08, I_{P(2)} = 0.002, I_{P(3)} = 0.05, I_{P(4)} = 0.031, I_{P(5)} = 0.0108$$

则各基本事件的临界重要度系数为

$$C_1 = \frac{p_1}{P} I_{P(1)} = \frac{0.01}{0.002} \times 0.08 = 0.4$$

$$C_2 = \frac{p_2}{P} I_{P(2)} = \frac{0.02}{0.002} \times 0.002 = 0.02$$

$$C_3 = \frac{p_3}{P} I_{P(3)} = \frac{0.03}{0.002} \times 0.05 = 0.75$$

$$C_4 = \frac{p_4}{P} I_{P(4)} = \frac{0.04}{0.002} \times 0.031 = 0.62$$

$$C_5 = \frac{p_5}{P} I_{P(5)} = \frac{0.05}{0.002} \times 0.0108 = 0.27$$

因此,就得到一个按临界重要度系数的大小排列的各基本事件的重要度的顺序:

$$C_3 > C_4 > C_1 > C_5 > C_2$$

与概率重要度相比,基本事件 X_1 的重要程度下降了,这是因为它的发生概率最低。基本事件 X_3 最重要,这不仅是因为它敏感度最大,而且它本身的概率值也较大。

复习思考题

1. 何谓运输安全系统工程?它包括哪几方面的内容?
2. 运输安全系统分析方法包括哪些?

3. 简述排列图的画法。
4. 简述因果图的作图步骤和注意事项。
5. 简述安全检查表的编制步骤。
6. 事件树的编制包括哪几个步骤?
7. 如何进行事件树的分析?
8. 事故树的分析分为哪几个步骤?
9. 什么是最小割集?什么是最小径集?

第六章　铁路行车安全系统评价

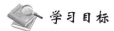**学习目标**

1. 理解安全评价的作用和意义。
2. 掌握逐项赋值法的使用。
3. 掌握加权平均法的使用。
4. 掌握单项定性加权记分法的使用。
5. 掌握单项否定记分法的使用。
6. 掌握作业条件危险性评价法的使用。
7. 掌握概率安全评价法的使用。

第一节　安全系统评价概述

一、安全评价的含义

铁路运输安全系统评价是铁路运输安全系统工程的重要组成部分,也称危险性评价或风险评价。它是以实现铁路运输安全为目的,按照系统科学的方法,对铁路运输系统中的危险因素进行预先的识别、分析和评价,确认铁路运输系统存在的危险性,并根据其形成事故的风险大小,采取相应的安全措施,以达到运输安全的全过程。

任何生产系统,在其寿命周期内都有发生事故的可能,区别只在于事故发生的频率和可能的严重程度不同而已。因为在制造、试验、安装、生产和维修的过程中普遍存在着危险性。在一定条件下,如果对危险失去控制或防范不周,就会发生事故,造成人员伤亡、财产损失及环境污染。为了抑制危险性,使其不发展为事故,或减少事故造成的损失,就必须对它有充分的认识,掌握危险性发展为事故的规律,也就是要充分揭示系统存在的所有危险性,及其形成事故的可能性和发生事故的损失大小,从而衡量系统客观存在的风险大小。据此确定是否需要改进技术路线和防范措施,变更后危险性将得到怎样的抑制和消除,技术上是否可行,经济上是否合理,以及系统是否最终达到了社会所公认的安全指标。这就是安全评价的基本内容和过程。

理想的安全评价包括危险性辨识和危险性评价两部分。危险性辨识是指利用安全系统工程的理论和方法,分析系统及其各要素所固有的安全隐患,揭示系统的各种危险性。亦即通过一定的手段测定、分析和判明危险,包括固有的和潜在的危险,可能出现的新危险以及在一定条件下转化生成的危险,并且对系统中已查明的危险进行定量化处理,从而为评价提供数量依据。

危险性评价是指根据危险性辨识的结果,采取各种措施减少或消除危险,并同既定的安全指标或目标相比较,判明所具有的安全水平,直到达到社会所允许的危险水平或规定的安全水平为止。安全评价的内容如图6-1所示。

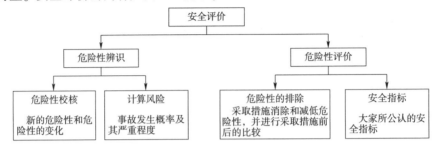

图6-1 安全评价的内容

二、安全评价的作用和意义

(一)安全评价体现了"安全第一,预防为主,综合治理"的方针

为了保障安全生产,必须从预防事故这一根本目的出发,预先或超前对系统在计划、设计、施工、验收、投产和运行等各阶段的安全性进行科学的预测和评估,防止和减少在安全上的欠债和加强安全的投入。安全评价从预防事故的观点出发,对系统可能产生的损失和伤害进行预测和评价,采取有效的手段以实现系统安全的总目标。因此,安全评价是一门控制系统总损失的技术,评价过程提高了安全管理水平,体现了从被动到主动、从事后处理到事前预防、从经验到科学的安全管理方法。

(二)安全评价有助于国家各级安全监察部门对企业安全生产的宏观控制

实行国家监察的目的,一是要对企业安全生产实现宏观控制。通过监察发现问题并依法进行处理,以求改变企业的不安全状况,提高安全生产水平。安全评价可以依据标准对企业安全管理、安全技术、安全教育等诸方面的问题作出综合评价,既能了解企业存在的问题,又能客观地对企业安全水平给出结论。安全监察机关就可以以此为依据,对企业依法进行处置,例如依法追究刑事责任,责令停产整顿,或采取相应安全措施。而且,一般安全评价标准都附有根据国家科技发展水平能够实现的措施,使企业不仅了解危险的存在,而且明确改进安全状况的措施,达到监察的目的,实现控制的目标。

通过对企业安全状况系统地、科学地、客观地评价,既可衡量企业固有危险性的大小,又可得出企业安全现状的结论。国家各级监察部门可以此为依据,按照不同的危险等级和安全现状配备相应的监察力量,使监察工作能够有目的有重点地进行,实现重点和一般相结合、全面控制企业安全生产的目的。

(三)安全评价有助于保险部门加强对企业灾害实行风险管理

保险部门对企业事故引起的人身伤亡、职业病和财产损失所承担的保障义务是保险业的一项重要内容。随着我国保险业的发展,企业投保也逐渐增多,对企业事故的风险管理必然要纳入议事工程。风险管理应该包括保险费的合理收取、风险的控制和事故后的合理赔偿。

保险部门为企业承担灾害事故保险,就要收取保险费,保险费的收取是由企业灾害事故风险的大小决定的。

严格来讲,保险费的计算应以风险为基准,如果还不具备这样的条件,则可以考虑采用安全评价的结果来计算费率,即综合考虑企业生产过程中危险程度大小和企业对危险的控制能力的高低。

至于风险控制,就是在保险过程中尽量减少灾害事故的发生和减轻灾害事故发生的损失。保险部门为投保户提供灾害风险保险,并不是所有事故都负责赔偿,而是仅在投保户遵守保险部门规定的防灾防损条例、条令、规程、规定的前提下才履行该项义务的。保险公司不仅为此制定若干法规、标准,而且拥有完善的监察投保户执行情况的组织机构。目前完全可借用企业安全评价标准作为企业防灾防损必须遵守的准则(国外的保险条例也有许多等效采用其他安全法规、标准的情况)。另外,保险部门还要根据企业对条例的遵守情况和事故的减少幅度,定期返还企业部分保险费,以资鼓励,提高企业防灾防损的自觉性。如果投保企业发生了事故,就存在一个是否应该赔偿,以及赔偿多少的问题。解决这个问题的关键也是以企业是否遵守保险条例为基础。因此,一个较为完善的企业安全评价标准完全可以作为保险部门事故赔偿的准则。总之,安全评价的标准和结果为保险部门对企业实行风险管理提供了经验和数据,对加强风险管理有其现实指导意义。

(四)安全评价有助于提高企业安全管理水平

(1)变事后处理为事前预测预防,使企业安全工作更加科学化。

长期以来,我国大多数企业的安全管理,基本上采用传统管理方法,主要是凭经验管理,即以事故发生后再处理的"事后过程"为主,因而难以实现"安全第一,预防为主,综合治理"的方针。通过安全评价,可以预先系统地辨识危险性及其变化情况,科学地分析企业的安全状况,及时掌握安全工作的信息,全面地评价企业的危险程度和安全管理现状,衡量企业是否达到规定的安全指标,使企业领导能够作出正确的安全决策。此外,以系统科学为基础的安全系统评价可以促使企业建立动态的安全信息反馈系统,增强企业安全保障系统的自我调节机能。

(2)变纵向单一管理为全面系统管理,使企业安全工作更加系统化。

以往的安全管理基本上是以企业安全部门和各车间、班组专(兼)职安全人员组成的纵向单一(如安技科)管理体制。这样的体制难以实现全面安全,被管理者往往不能和安全人员密切配合,大多处于被动状态,造成安全部门管理安全的孤立局面。安全评价的实施,不仅评价安技部门,而且要全面评价企业各个单位及每一个人应负安全职责的履行情况。这样,就使企业所有部门都按照要求认真评价本系统的安全状况,变被管理者为主动执行者和管理者,而安全部门仅对各职能部门和生产单位是否尽职尽责进行监督检查,使企业安全管理体制与横向到边、纵向到底的安全管理落实机制配套实施和运行。管理范围也可以从单纯生产安全扩大到企业各系统的人、机、料、法、环等各因素、各环节的安全。这样,就可以使安全管理实现全员、全面、全过程的系统化管理。

(3)变盲目管理为目标管理,使企业安全工作逐步标准化。

以往的安全管理缺乏统一的标准,安全人员仅凭自己的经验、主观意志和思想觉悟办事,往往是不出事故就认为安全工作出色,出了事故就惊慌失措、对安全工作全盘否定,缺乏衡量企业安全的客观指标和标准。通过按评价标准进行安全评价,使安技干部和全体职工明确各项工作的规范要求,达到什么地步就可称安全,以及采取什么手段可以达到指标。有了标准,就可以使安全工作有明确的追求目标,从而使日常安全管理工作纳入标准轨道。

(4)安全评价可以为企业领导的安全决策提供必要的科学依据。

要改变企业的安全状况,提高企业的安全生产水平,就必须采取相应的安全措施,这就涉及安全投资的问题。对所有安全工程项目,不仅要考虑改善工作条件,保护职工健康与安全,也要考虑它的经济效益。因为安全工作也是企业经济活动的一部分。因此,要认真对待安全投资的经济性和合理性问题。安全评价不仅系统地确认危险性,还要进一步考虑危险性发展为事故的可能性大小和事故损失的严重程度,进而计算单位时间事故造成的损失,即风险。以此说明系统危险可能造成的负效益的大小,以便合理地选择控制事故的措施,措施投资的多少,使投资和可能减少的负效益达到平衡。正确选择技术路线和工艺路线,为领导决策提供科学依据,使系统达到社会认可的安全指标。

第二节 安全检查表评价法

安全检查表评价法是一种简便易行的评价方法,它根据经验或系统分析的结果,把评价自身及周围环境的潜在危险集中起来,列成检查项目的清单,评价时依照清单,逐项检查和评定。该方法虽然简单,但效果却很好,各国都颇为重视,例如美国保险公司的安全检查、美国杜邦公司的过程危险检查表、美国道化学公司的过程安全指南、日本劳动省的安全检查表以及我国机械工厂安全性评价表等。这种方法存在的问题是检查表不够深化,一般检查表都是由经验丰富的人员编制的,带有一定的局限性,有时难以适应工业技术日新月异发展的需要。

用安全检查表进行安全评价,目前已在国内外广泛采用。为了使评价工作得到关于系统安全程度方面量的概念,形成了许多行之有效的评价计值方法,根据评价计值方法的不同,安全检查表评价法又分为逐项赋值法、加权平均法、单项定性加权记分法及单项否定记分法。

一、逐项赋值法

逐项赋值法应用范围较广。它是针对安全检查表的每一项检查内容,按其重要程度不同,由专家讨论赋予一定的分值。评价时,单项检查完全合格者给满分,部分合格者按规定标准给分,完全不合格者记零分。这样逐项逐条检查评分,最后累计所有各项得分,就得到系统评价总分。根据实际评价得分多少,按标准规定评价系统总体安全等级的高低。

例如,某铁路运输企业制定的快速列车安全动态检查评价标准,其检查表就是这样记分的。该表共计93项评价标准,包括车务、电务、机务、车辆、客运、工务、装载、治安和道口、信息处理等内容,每项标准均规定了具体的评价标准和办法,并根据其重要程度规定定额分值。例如,轨检车动态检查消灭Ⅲ级分得10分,出现一个Ⅲ级分就为0分;在快速列车上用便携式动态检测仪对线路质量进行测试,无Ⅲ级分得20分,如出现Ⅲ级分,每一处扣 1 分;登乘快速列车如无严重晃动得 10 分,有严重晃动则为 0 分。这样,通过对该运输企业管内 16 个站段每月逐项逐条定量检查、评分,并累计所有各项得分,最终得出该运输企业月度快速列车的安全动态评价结论。这一结论,一方面报送路局、运输企业有关领导,为领导安全管理决策提供数据;另一方面,对各专业部门、有关站段进行通报,为进一步研究、解决安全工作中存在的隐患提供科学依据,使快速列车的安全管理更有科学性、针对性和有效性。

二、加权平均法

加权平均法是把企业的安全评价按专业分成若干评价表,所有评价表不管评价条款多少,均按统一记分体系分别评价记分,如 10 分制或 100 分制等,并按照各评价表的内容对总体安全评价的重要程度,分别赋予权重系数(各评价表权重系数之和为 1)。按各评价表评价所得的分值,分别乘以各自的权重系数并求和,就可得到企业安全评价的结果值,即

$$m = \sum_{i=1}^{n} k_i m_i \quad 且 \sum_{i=1}^{n} k_i = 1 \quad m = \sum_{i=1}^{n} k_i m_i = 78.75$$

式中:m——企业安全评价的结果值;

m_i——按某一评价表评价的实际测量值;

k_i——按某一评价表实际测量值的相应权重系数;

n——评价表个数。

按照标准规定的分数界限,就可确定企业在安全评价中取得的安全等级。

【案例 6-1】 某车站劳动安全检查表按评价范围给出 5 个检查表,分别是车间安全生产管理检查表、安全教育与宣传检查表、安全工作应知应会检查表、作业场所情况检查表、安全生产检查和推广安全生产管理新技术检查表。5 个检查表均采用 100 分制计分,各检查表得分的权重系数分别为 0.25,0.15,0.35,0.15,0.1,即

$$k_1 = 0.25, k_2 = 0.15, k_3 = 0.35, k_4 = 0.15, k_5 = 0.1$$

按以上 5 个检查表评价该车站的实际得分分别为 85,90,75,65,80,即

$$m_1 = 85, m_2 = 90, m_3 = 75, m_4 = 65, m_5 = 80$$

则该站劳动安全评价值为

$$m = \sum_{i=1}^{n} k_i m_i = 78.75$$

若标准规定 80 分以上为安全级,则可知该站的安全状况并不令人满意,需要进行整改。

此外,加权平均法中权重系数可由统计均值法、二项系数法、两两比较法、环比评分法、层次分析法等方法确定。

三、单项定性加权记分法

单项定性加权记分法是把安全检查表的所有检查评价项目都视为同等重要。评价时,对检查表中的几个检查项目分别给以"优""良""可""差""可靠""基本可靠""基本不可靠""不可靠"等定性等级的评价,同时赋予不同定性等级以相应的权重值,累计求和,得实

际评价值,即

$$S = \sum_{i=1}^{n} \omega_i k_i$$

式中：S——实际评价值；

n——评价等级数；

ω_i——评价等级的权重；

k_i——取得某一评价等级的项数和。

【案例6-2】 评价某一铁路运输企业安全状况所用的安全检查表共120项,按"优""良""可""差"评价各项,四种等级的权重分别为$\omega_1=4,\omega_2=3,\omega_3=2,\omega_4=1$。评价结果为:56项为"优",30项为"良",24项为"可",10项为"差",即$k_1=56,k_2=30,k_3=24,k_4=10$。因此,该铁路运输企业的安全评价值为

$$S = \sum_{i=1}^{n} \omega_i k_i = 372$$

对于这种评价计分情况,其最高目标值,即120项评价结果均为"优"时的评价值为

$$S_{\max} = 4 \times 120 = 480$$

最低目标值,即120项评价结果均为"差"时的评价值为

$$S_{\min} = 1 \times 120 = 120$$

也就是说,该铁路运输企业的安全评价值界于120～480之间,可将120～480分成若干档次,以明确该铁路运输企业经安全评价所得到的安全等级。

将实际评价值除以评价项数和,便可知道该铁路运输企业的安全状况,总体平均是处于"优""良"之间,还是"良""可"之间,或是"可""差"之间,即

$$372/120 = 3.1$$

由 $2 < 3.1 < 4$ 可知,评价结果界于"优""良"之间。

四、单项否定记分法

单项否定记分法一般不单独使用,而仅适用于企业中某些具有特殊危险而又非常敏感的具体系统。例如,煤气站、锅炉房、起重设备等。这类系统往往有若干危险因素,其中只要有一处处于不安全状态,就有可能导致严重事故的发生。因此,把这类系统的安全评价表中的某些评价项目确定为对该系统安全状况具有否决权的项目,这些项目中只要有一项被判为不合格,则视为该系统总体安全状况不合格。这种方法已在机械工厂和核工业设施的安全评价中采用。

第三节 作业条件危险性评价法

作业条件危险性评价法是一种简便易行的衡量人们在某种具有潜在危险的环境中作业的危险性的半定量评价方法。它是由美国安全专家格雷厄姆和金尼提出的。该方法以与系统风险率有关的3种因素指标值之积来评价系统人员伤亡风险的大小,并将所得作业条件危险性数值与规定的作业条件危险性等级相比较,从而确定作业条件的危险程度。作业条件的危险性大小,取决于发生事故的可能性大小 L、人体暴露在这种危险环境中的频繁程度

E、一旦发生事故可能会造成的损失后果 C 3 个因素。

但是,要获得这 3 个因素的科学准确的数据,却是相当烦琐的过程。为了简化评价过程,采取了半定量计值法,给 3 种因素的不同等级分别确定不同的分值,然后,以 3 个分值的乘积 D 来评价作业条件危险性的大小,即

$$D = L \times E \times C$$

D 值大,说明该系统危险性大,需要增加安全措施,减少发生事故的可能性,或者降低人体暴露的频繁程度,或者减轻事故损失,直至调整到允许范围。

3 种因素的不同等级取值标准和危险性大小的范围划分可参照表 6-1 ~ 表 6-4。

发生事故的可能性(L)　　　　表 6-1

分数值	事故发生的可能性	分数值	事故发生的可能性
10	完全可以预料	0.5	很不可能,可以设想
6	相当可能	0.2	极不可能
3	可能,但不经常	0.1	实际上不可能
1	可能性小,完全意外		

暴露于危险环境的频繁程度(E)　　　　表 6-2

分数值	暴露于危险环境的频繁程度	分数值	暴露于危险环境的频繁程度
10	连续暴露	2	每月一次暴露
6	每天工作时间内暴露	1	每年几次暴露
3	每周一次,或偶然暴露	0.5	非常罕见地暴露

发生事故可能会造成的损失后果(C)　　　　表 6-3

分数值	发生事故可能会造成的损失后果	分数值	发生事故可能会造成的损失后果
100	大灾难,许多人死亡	6	重大,手足伤残
40	灾难,数人死亡	3	较大,受伤较重
15	非常严重,一人死亡	1	较小,轻伤
7	严重,躯干致残		

危险等级划分(D)　　　　表 6-4

D 值	危险程度	D 值	危险程度
>320	极其危险,停产整改	20 ~ 70	一般危险,需要观察
160 ~ 320	高度危险,立即整改	<20	稍有危险,注意防止
70 ~ 160	显著危险,及时整改		

对于任何有人作业的具体系统,都可以按照实际情况选取 3 种因素的分数值,然后计算 D 值,根据 D 值大小,可以判定系统的危险程度高低。

【**案例 6-3**】　铁路某平交道口工作人员接车时,有时会被列车、汽车撞伤,或被列车坠落物件打伤。从以前 10 年的事故统计资料看,无一人死亡,轻伤仅发生两件。作业时间为每天工作 8 小时。为了评价该道口岗位作业的危险性,首先要确定每种因素的分数值:

(1)发生事故的可能性(L):属于"可能性小,完全意外",$L=1$。

(2)暴露于危险环境的频繁程度(E):道口工每天都在这样的条件下操作,$E=6$;
(3)发生事故可能会造成的损失后果(C):轻伤,$C=1$。
于是有

$$D = L \times E \times C = 6 < 20$$

由此可知,该道口岗位作业条件的危险性等级为"稍有危险,注意防止"。

这种评价方法简便、可操作性强,有利于掌握企业内部危险点的危险情况,有利于促进整改措施的实施。问题是3种因素中事故发生的可能性只有定性概念,没有定量标准。评价实施时很可能在取值上因人而异,影响评价结果的准确性。对此,可在评价开始之前确定定量的取值标准,如"完全可以预料"是平均多长时间发生一次,"相当可能"为多长时间一次等。这样,就可以按统一标准评价系统内各子系统的危险程度。

第四节 概率安全评价法

概率安全评价法也称概率风险评价,是一种定量安全评价方法。此法先求出系统发生事故的概率,然后结合事故后果严重度的估计进一步计算风险,以风险大小确定系统的安全程度,以此衡量系统的危险程度是否超过可接受的安全标准,以便决定是否需要采取相应的安全措施,使其达到社会所公认的安全水平。

一般来说,处于生产过程中的任何系统都可能发生事故,都要承担事故造成的人和物的损失风险,只不过风险有大有小而已。其原因是客观上普遍存在着危险性,在一定条件下,由于对危险性失去控制或防范不周,便会发展为隐患,进而形成事故。

一般而言,人们对风险持如下态度:

(1)自己愿意干的事情,风险虽大也觉得没什么,例如美国的拳击运动和足球运动,选手的年死亡率高达1/200,但仍然有人愿意干。

(2)对于自己觉得危险但又无法避免的事情,总是有恐怖感,例如对高空作业的坠落事故,总有神经过敏的情况。

(3)风险虽然相同,但对于频率小、发生一次死伤数量大的事故,比频率大、发生一次仅有很少死伤的事故更为重视。因此,人们总对核电站和液化天然气基地抱有特别担心的感觉。

概率安全评价的标准是风险,即单位时间系统可能承受损失的大小,综合了事故发生的概率和造成后果的严重度两个方面因素。事故发生概率是单位时间内事故发生的可能性,损失严重度是指发生一次事故损失的大小。如果事故发生的概率很小,即使后果严重,风险也不会很大;如果事故发生的概率很大,而每次事故的后果却不严重,那么风险同样也不会很大。因此,风险可以定义为

风险(R) = 事故发生概率(P) × 损失严重度(S)

由于受系统复杂程度及数据源的限制,计算事故发生概率相当困难,往往用事故发生频率来近似取代概率。因此,可用一定时间或生产周期内事故发生的次数来表示概率P。

损失严重度表示发生一起事故所造成的损失数值,包括直接损失和间接损失两部分。直接损失包括清理事故所发生的工资、设备修复、报废的费用,以及支付旅客和货主的赔偿费等;间接损失包括停工、减产、工作损失、资源损失、环境污染处理等损失。系统可能承受

的损失可以是人员伤亡、经济损失或工作日的损失。因此,损失严重度可以表示为死亡人数/事故次数,损失工作日数/事故次数,经济损失价值/事故次数等。于是有

$$R = P \times S = \begin{cases} \dfrac{死亡人数}{事故次数} \times \dfrac{事故次数}{单位时间} = \dfrac{死亡人数}{单位时间} \\ \dfrac{损失工作日数}{事故次数} \times \dfrac{事故次数}{单位时间} = \dfrac{损失工作日数}{单位时间} \\ \dfrac{经济损失价值}{事故次数} \times \dfrac{事故次数}{单位时间} = \dfrac{经济损失价值}{单位时间} \end{cases}$$

可见,风险 R 可用单位时间的死亡人数、单位时间的损失工作日数及单位时间的经济损失价值来表示。下面分别介绍以上3种定量安全评价的情况。

一、以单位时间死亡率进行评价

定量评价系统的安全性是比较困难的,即使笼统地估算因事故造成的经济损失和人员伤亡,也往往受评价者的主观观点所左右。目前,国际上经常采用单位时间死亡率来进行系统安全性的评价,其原因是:

(1)"生命"是最宝贵的,丧失生命无法挽回,因此,"生命"是安全的根本课题。

(2)"死亡"的统计数据非常可靠。

(3)根据海因里希理论,系统发生事故的比例基本遵循下列规律:

$$死亡、重伤:轻伤:无伤害 = 1:29:300$$

因此,根据死亡率数据可方便地推知死亡、重伤、轻伤及无伤害的事故发生情况。

【案例6-4】 根据《××××年中国交通年鉴》,我国××××年道路交通事故死亡人数为93853人,受伤人数为418721人,而根据人口普查结果,我国××××年人口为12.65亿人(未含香港、澳门、台湾),则每人风险为

$$\frac{93853\ 死亡人次/年}{12.65 \times 10^8\ 人} = 7.42 \times 10^{-5}\ 死亡/(人 \cdot 年)$$

$$\frac{418721\ 受伤人次/年}{12.65 \times 10^8\ 人} = 33.1 \times 10^{-5}\ 受伤/(人 \cdot 年)$$

这个数值表明,每10万人口中,每年有7~8人可能会死于道路交通事故,有33人可能在道路交通事故中受伤(不含轻伤)。

【案例6-5】 统计某铁路运输企业以往6年的数据发现,平均每年发生职工负伤事故156件,其中每78件造成1人死亡,则平均每年死亡人数为 $156/78 \times 1 = 2$ 人。该运输企业共有职工58200人,则每人风险为 $2/58200 = 0.343 \times 10^{-4}$ 死亡/人·年。这个数值表明,每3万职工中,每年有1人可能会死于工伤事故,换言之,每个职工每年有三万分之一的可能性会死于工伤事故,是下达的职工因工伤死亡年率 0.6×10^{-4} 的一半,说明这个运输企业的劳动安全工作做得比较出色。

二、以单位时间损失工作日数进行评价

事故除了可能造成人员死亡外,多数是负伤。为了对负伤(包括死亡)风险进行评价,也可根据统计规律求出各行业负伤风险期望值,即负伤安全指标。一般以每接触小时损失工

作日数为单位计算。

负伤有轻重之分,如果经过治疗、修养后能够完全恢复劳动能力,则损失工作日数按实际休工天数计算。但有的重伤后造成残疾,或身体失去某种功能,不能完全恢复劳动能力,甚至发生死亡事故,为便于计算,应将受伤、致残、死亡折合成相应损失工作日数。我国《企业职工伤亡事故分类》(GB 6441—86)中附件 B 给出了各种伤害损失工作日换算值,其常用部分见表 6-5。

损失工作日换算标准　　　　　　　　　表6-5

人体伤害部位		折算损失日数
死亡或终身残疾		6000
眼	双目失明	6000
	单目失明	1800
耳	双耳失听	3000
	单耳失听	600
手	手臂(肘以上)	4500
	手臂(肘以下)	3600
	单只腕残废	3000
脚	腿(膝以上)	4500
	腿(膝以下)	3600
	单只脚残废	2400

《企业职工伤亡事故分类》(GB 6441—1986)中规定,职工因工受伤严重程度分为轻伤、重伤、死亡 3 个等级,按损失工作日数具体分类如下:1 日≤轻伤<105 日,105 日≤重伤<6000 日,死亡=6000 日。

三、以单位时间经济损失价值进行评价

以单位时间经济损失价值风险进行安全评价,是一种较为全面地评价系统安全性的方法,它既考虑事故发生可能造成的经济损失,同时又把人员伤亡损失折合成经济价值,统一计算事故造成的总损失,在计算出系统发生事故的概率或频率的情况下,就可取得单位时间内的经济损失金额作为风险值,以此来衡量系统的安全性并考察安全投资的合理性。

一般情况下,事故的经济损失越大,其允许发生的概率越小;事故的经济损失越小,其允许发生的概率越大。这个允许的范围就是安全范围。两者关系及安全范围如图 6-2 所示。

图 6-2 中,事故经济损失与其发生概率的关系并非呈直线关系,这主要是由于人们对损失严重的事故的恐慌心理所致。例如对核电站事故就是如此,所以对核设施要求格外严格,对其允许的事故发生概率往往在 10^{-6} 次/年以下。

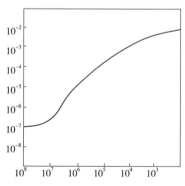

图 6-2　经济损失程度与事故发生概率的关系

评价结果如果超出安全范围,则系统必须进行调整。对于不符合安全要求的风险值的调整,需要采取各种措施,使其降至安全目标值以下,以达到系统安全的目的。

 复习思考题

1. 何谓安全评价?其作用和意义是什么?
2. 安全检查表评价法包括哪几种方法?
3. 为什么国际上经常采用单位时间死亡率来进行协调安全性的评价?

第七章　高速铁路运输安全技术保障体系

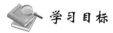学习目标

1. 掌握高速铁路安全影响要素的4个方面。
2. 理解高速铁路运输安全保障技术体系的构成。
3. 理解高速铁路安全信息采集技术。
4. 了解高速铁路运输综合监控技术。
5. 了解列车运行控制系统。
6. 了解环境监测与灾害预测预警系统。
7. 了解设施装备的监测与在线诊断系统。
8. 了解事故救援和减灾系统。

第一节　高速铁路运输安全保障技术体系

一、高速铁路运输安全要素分析

高速铁路运输体系是由多个子系统组成的复杂动态大系统,它涉及铁路工作人员、线路、机车车辆、通信信号及监控、故障检测、维修等各个领域,任何一个子系统出现缺陷,都会导致整个系统的劣化或失败。因此,需对各个子系统的形成和运行过程加以控制,以保证整个高速铁路运输系统的高质量和高可靠性。影响高速铁路安全的因素也可以分为人、设备、环境和管理4个方面,如图7-1所示。

图7-1　影响高速铁路安全的4个因素

(一)人员安全要素分析

相对于普通铁路而言,在高速铁路系统中,人员对安全的影响更为突出。虽然大量的信息采集、处理、判断等工作由机器来完成,人机结合方式和工作内容也发生了很大变化,但是一旦遇到一些机器本身不能处理的突发事件时,要求人们必须在最短的时间内确定系统的状态和故障所在,然后加以排除,因此,对人员素质的要求更加严格。从某种意义上说,高速铁路系统的安全更加依赖于人。

高速铁路的安全关键在于处理好人与设备之间的关系。高速铁路的运输安全贯穿了铁路建设、运输和管理的各个环节,从勘测、设计、施工、新技术的研究开发、设备的生产制造到运输管理和日常维护监测等都直接或间接与安全有关。同时,安全问题又渗透到铁路的各个部门、专业和工种,因此,它是一个综合性问题。

有些行车作业环节,因受其作业特征及其技术要求等因素的限制,不可能完全不需要人的参与。事实上,高速铁路仍是一个人机系统,但它与一般人机系统相比,不仅对"机"的质量水平要求大大提高,而且对"人"的素质要求也大大提高。

(二)设备安全要素分析

高性能、高可靠性的设施装备是高速铁路运输安全的基础与保证。设备要素可分为移动设备和固定设备两个方面。

1. 移动设备安全要素分析

机车车辆的风险可分为机车机械风险和机车车辆运行风险。

机车机械风险包括设计制造风险和维护保养风险。设计制造风险包括是否有设计制造缺陷,是否采用了新技术和新材料,如无线列调、机车信号、列车自动停车装置以及阻燃、低烟、低毒、高分子材料和耐火涂料等。维护保养风险包括在机车车辆出现裂纹或缺陷时能否及时发现并进行维护保养,在维护保养时维护保养水平高低不一,能否达到维护保养要求。

机车车辆运行风险指机车车辆在运用中超过车辆本身的载重或构造速度的要求行车,司机未按照操作规范作业等。

2. 固定设备安全要素分析

(1)高速铁路的线路

高速铁路的列车运行速度较高,为了保障安全,线路的建筑标准也高;其修建和养护标准也比较高,且要保持更严格的容许误差。因此,为了适应高速运行和繁重的运输任务的要求,必须加强线路的检测、监视和维修养护工作,采用先进的设备来保证线路的质量和行车安全。

(2)大型场站安全要素分析

高速列车的空气压力波,将危及站台上的旅客及正在线路旁作业的员工安全。因此,正线侧站台的安全距离不应小于2m,而且还必须设置防护栅栏,必要时还要加设相关安全监视设备。对站场上空天桥等横跨股道的设备,应采取加固措施,必要时加设落物监测装置。

(3)轨道电路安全要素分析

配置有绝缘节的轨道电路,由于绝缘节会影响道床的稳定性,当绝缘破损后还会成为行车的不安全因素。

(三)环境安全要素分析

环境安全要素同样可分为自然环境和社会环境两方面。

自然灾害是影响铁路运输安全的重要因素之一,对于运行中的高速列车更是如此。高速铁路系统对外界条件的要求较之普通铁路要高得多,受外部环境的影响也大得多,因此,要安全、顺畅地保证高速铁路的安全,必须注重恶劣气候条件的影响。

由于气象原因而造成的自然灾害种类繁多,如暴雨、冰雹、大风、暴风雪或大雪、台风、龙卷风、洪水、泥石流、山体塌陷及地震等,这些自然灾害均会对高速铁路的正常运输生产产生影响和造成危害。另外,酷暑、严寒等也会对高速铁路的场外安全作业产生不良影响。除了灾害性天气外,影响高速铁路运行的还有视程障碍现象,如大雾弥漫、大雨滂沱、风沙等,即使使用电子摄像监控设备,仍难以取得设备环境周围的清晰图像,难以实现对高速铁路运行环境的有效监控。

在高速铁路系统的运输过程中,往往还会出现一些新的由环境引起的安全问题。例如,在郑西线开通之初,由于其沿线的河南巩义县附近有十几个排放不达标的小型化工厂,离铁路非常近,其排放的粉尘会附着在高速列车上的绝缘设备上,从而造成污染。天气干燥时显现不出问题,但是当出现大雾或者小雨天气时,粉尘潮湿就会导电,从而破坏整个电气化的绝缘。这是当时造成高速列车晚点的重要原因之一。

社会环境主要指社会政治和经济形式、安定团结的局面、社会治安保卫等。良好的社会环境将对高速铁路的运行安全起到良好的促进和保障作用。

(四)管理安全要素分析

高速铁路系统的安全运输,除了依靠先进成熟的技术、系统来保障外,同样也离不开安全管理的有力支持。安全管理是高速铁路运输管理工作的重要组成部分。

高速铁路的安全管理应始终贯彻"安全第一"的理念。建立完备的检修制度、制定预防灾害的措施、提高列车运行的可靠性、完善高速铁路应急管理体制等均是保障高速铁路安全运输的重要管理内容。

二、高速铁路运输安全保障技术体系的构成

高速铁路安全保障技术体系是保障高速铁路安全运行、预防和避免事故发生以及尽量减少事故损失的一个复杂大系统。深入探索和把握高速铁路的安全规律,建立健全高速铁路安全保障技术体系,形成高速铁路安全的长效机制,是确保高速铁路持续安全稳定的关键性、基础性工作。

构建高速铁路安全保障技术体系应从高速铁路运输安全保障工作的系统性、复杂度和行车安全保障系统的大系统特征出发,着眼于人、设备、环境和管理4个方面来构建该技术体系。

图7-2所示的"全覆盖、立体化、高可靠"的我国高速铁路运输安全保障技术体系,为运输安全稳定提供了可靠的保障。

(一)基于预防和避免事故的高速铁路安全的监控和检测技术

高速铁路运输系统是一个复杂的动态系统,其组成要素处于动态变化过程中,为了安全管理和事故预防,应加强对影响安全的各种因素进行实时监控和检测。高速铁路安全监控与检测的内容涉及高速铁路运输相关的所有方面,可以分为高速铁路设施设备(固定设备和移动设备)、环境(自然环境和社会治安环境)、人员等。高速铁路安全的监控和检测,应依靠先进可靠的检查监测工具和手段,采取人机结合、动态检测和静态监控结合的方式,实现

对主要行车设备、主要行车岗位、安全关键部位全方位、全过程的检查监测、信息反馈、考核评估,加快形成监控有力、反应灵敏、闭环管理的监控和检测保障技术体系。

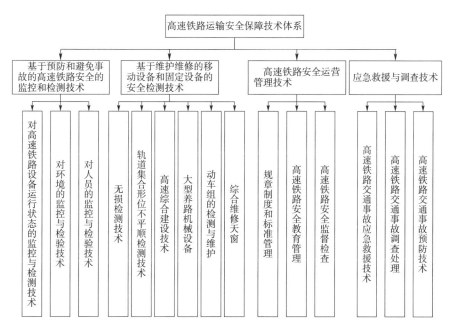

图 7-2　高速铁路运输安全保障技术体系

1. 对高速铁路设备运行状态的监控与检测技术

对高速铁路固定设备和移动设备进行监控的目的是随时掌握设备的运行状态,及时发现运行中可能出现的影响运输安全的因素和隐患。

(1) 列车运行控制技术

列车运行控制技术,通过技术手段对列车运行方向、运行间隔和运行速度进行控制,使列车能够安全运行且提高运行效率;列车运行控制系统中的地面设备和车站联锁设备主要实现联锁控制功能,并生成列车控制所需的基础数据,通过车地信息传输通道将监督控制列车,经列车运行控制车载设备进行处理后,生成列车速度控制曲线,监督控制列车安全、高速运行。

列车运行控制系统主要由地面设备和车载设备组成。地面设备主要检查列车在区间的位置,形成速度信号,向列车传送允许速度、线路参数等信息。车载设备主要由天线、信号接收单元、制动控制单元、司机控制台显示器、速度传感器等组成。车载设备根据接收到的地面信息、列车特性,计算列车制动模式曲线,控制列车运行状态。

各国研制生产的列车运行控制系统有十余种,如德国的 LZB 系列和 FZB 系列、法国的 TVM 系列、日本的 ATC 系列。

作为时速 350km 及以上的高速铁路,我国采用的是基于 GSM-R(铁路无线通信)的 CTCS-3 列控系统。该系统由车载子系统和地面子系统组成,可以实现移动闭塞,列车位置及列车移动授权由 GPS 和 GSM-R 传输解决,列车完整性检查和定位校核分别由车载设备和点式设备实现,使室外设备减至最少。其结构原理如图 7-3 所示。

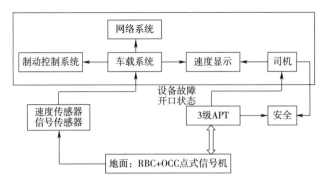

图 7-3　CTCS-3 结构原理示意图

（2）列车状态监测与诊断技术

列车状态监测与诊断技术主要应用于对列车各部分状态进行监测并进行故障诊断。监测的主要设备有轴温、车门、轮对、牵引电动机等。利用该技术可以及时通报司机采取必要的防范措施，并可以通过无线通信系统，通知前方的维修部门做好检修更换的准备工作。

高速列车实现全列车自动诊断，动车和拖车都装有数据采集和诊断计算机，对牵引动力、制动系统、走行部分、轴温、列车火灾以及车门、空调、照明等方面进行监测。一旦出现危及行车安全的隐患和故障时，就会发出报警信息；问题严重时还会自动控制列车减速，甚至停车。

（3）机车车辆诊断和实时检测技术

高速运行的机车车辆的状态，直接关系到行车安全与否。机车车辆的故障诊断和实时检测技术能够及时探测高速运行时的转向架的疲劳破坏状况、接触部件运动破坏状况、车体结构振动噪声、轴温状态、弓网接触压力、接触网几何状态、温度、滑动速度、磨损以及受电弓的结构状态、轮轨噪声、轨道变形、振动加速度等状态值。另外，将列车分离状况、车内温度、烟雾探测等情况通报给司机，使其采取必要的防范措施，并通知前方的维修部门做好检修、更换的准备。

（4）桥梁、隧道、重要立交道口的监测技术

高速铁路大量采用了桥梁、隧道、立交道口等建筑结构，这些结构的状态对列车安全运行有着重要的作用，所以必须对这些结构及设备、设施进行监测，采用传感器件和信号处理技术，对桥梁、隧道和线路的一系列参数进行测量和分析，以提供报警信号，使之通过信息通道及时传到综合调度中心，防止突发事件引起的重大行车事故。

（5）车站、站场状态的监测技术

车站及站场是列车与旅客相对密集的地方，为保障安全运输，应设立相应的车站、站场状态监测系统，实时监测站场状态，及时发现潜在的事故隐患，避免事故的发生。另外，在车站站台也要设置相应的监测系统，保证列车进站时或经过车站时，站台上旅客、工作人员及物品的安全。

（6）轨温监测技术

在现场设置钢轨及大气温度传感器，建立轨温监测报警系统，实时掌握钢轨温度，确定轨温控制标准，科学地进行轨温预报，也是保障高速铁路安全运输的关键技术之一。轨温监测系统由设置在现场的钢轨温度传感器、大气温度、湿度传感器，设置在养路工区（工务段）

的信息处理器、显示器、道床状态信息输入设备(报警器、记录仪等)组成。同时在线路选定地点附近设气象信息采集点,以便对比决策。

(7)牵引供电设备的安全监测技术

牵引供电设备的安全监测技术有利于减少供电系统事故隐患,降低事故概率,缩短故障查找和检修时间,确保供电系统可靠运行。实现在线监测的关键技术包括个性化信号采集处理模块(传感器、信号采集及处理、嵌入式微机处理系统、远程通信)、后台智能专家系统和远程诊断及设备状态监测(调度中心)。

2. 对环境的监控与检测技术

高速铁路运输系统处于开放的环境状态,环境中的各个因素都会影响到高速铁路运输状态的安全性。加强对环境状态的监控与检测,随时了解环境的变化,对安全预防和事故避免具有重要的意义。

(1)自然环境的监控与检测技术

自然环境监测与灾害预测报警技术主要是对自然灾害及沿线环境进行监测,在要监测的地区设置相应的监测设备和预警系统,并将信息传送给有关场所。监测的信息主要有雨量、风速、风向、地震、洪水、落石、下雪量、泥石流等。防灾用的监测设备应预先设定好基准值,一旦达到基准值,系统就会自动报警。

(2)社会治安环境的监控与检测技术

加强防护网、立交道口、沿线绿化等工程建设,健全护路联防联控机制,强化治安综合治理,完善区段巡察看护制度,采取物防、技防、人防相结合的综合防护措施,着力构建全天候、立体化的治安防范保障体系。

(3)对人员的监控与检测技术

人员是指对高速铁路运输安全产生直接影响的人员,包括提供服务者、被服务者及其他人员。当一些人员的行为与交通密切相关时,应加强对其行为状态的监控与检测,这是保证高速铁路运输安全的一个重要内容。

提供服务人员的行为,可通过交通行业相关的作业标准、规范等约束,并采用一定的设备监控提供服务人员的工作状态。

对被服务人员的监控与检测,主要是在客运站内、高速列车上进行的,需要一定的监控和检测设备(主要采用红外线、超声波检测,电视监控等设备)来完成。如对旅客、行李、货物等进行检查的安全检查系统,该系统的主要功能是防止将易燃、易爆、危险品带到车站内,带上运输工具,防止无关人员进入站内和登上高速列车。再如,对车站隔离区、车站出入口管理和安全监控,对重要设施与区域的监控与检查的安全保卫系统,其主要功能是防止旅客或非旅客炸毁列车,防止无关人员进入隔离区、登上列车、进入轨道,保障车站设施安全,维护候车室正常秩序。

(二)基于维护、维修的移动设备和固定设备的安全检测技术

高速列车的开行加剧了轨道等设施装备的恶化,使得养护维修工作量增加,但随着行车密度的提高,养护维修作业时间越来越少,如何提高养护维修的针对性和作业效率是维修技术要解决的关键问题。基于维护、维修的移动设备和固定设备的安全检测技术应以确保高速铁路的线桥隧涵、牵引供电、通信信号等固定设备的质量为重点,更新维修理念,采用先进

维修手段,创新维修方式,加强设备精检细修,全面提升设备质量,确保动态达标。

基于维护、维修的移动设备和固定设备的安全检测技术应强调以下几点:

一是树立全新的维修理念。工务部门要树立零误差的维修理念,严格执行线路维修标准,提高线路质量;电务部门要树立零故障的维修理念,通过精检细修,提高设备安全可靠性;供电部门要树立零缺陷的维修理念,加强对牵引供电设备的日常检查和维修,消除设备主要缺陷。

二是优化检修资源配置。增加并统筹大型养路机械资源,做到科学布局、集中管理、统一调度使用,最大限度地发挥大机效能;动态优化维修机具配置,做到大机与小型机群配套,维修能力与维修作业量匹配。

三是应考虑推行新的维修方式。例如,工务系统要大力推进"检、养、修"分开,加快构建以专业修、集中修、机械修为主,临时补修为辅的维修模式;电务系统要大力推行"值、检、修"分离的维修模式,全面实行状态修、集中修和专业修,大力提升设备维修标准化和规范化水平;供电系统要进一步完善委托管理体制,加大监管力度,加强质量监督考核,确保接触网设备动态达标。

四是强化关键部位质量控制。组建线路、道岔、曲线、钢轨打磨等专业维修队伍,充实管理人员和专业技术力量,提高关键部位的维修质量;加大设备投入,配备专用维修设备,特别是各类检测、监控、维修设备,满足设备日常检测维修的需要;加大技术攻关力度,研制轻量化、高精度、适合现场作业需要的小型工装机具,提高日常维修作业的效率和质量。

(三)高速铁路运输安全管理技术

1.规章制度和标准管理

高速铁路规章制度保障体系,应以铁路运输基本规章为依据,以确保高速铁路的运输安全为重点,分系统、分层次地建立和完善各项规章、制度和办法,形成科学严密、统一规范、动态优化、具体可行的规章制度保障体系。科学严密,就是结合新技术、新设备大量运用的实际,从理论到实践,从技术标准到作业标准,深入进行科研论证,确保各项规章制度经得起运输实践的检验。统一规范,就是以基本规章为基准,建立覆盖各专业、各层面的专业规章、技术文件、作业标准和作业程序,形成统一、规范、完备的规章制度体系。动态优化,就是根据铁路运输生产组织的变化要求和运输安全工作实际需要,及时废止、修订和补充完善各项规章制度和办法,确保各项规章制度具有较强的时效性和指导性。具体可行,就是依据基本规章制度,每个层次、各个系统制定出明确、具体、细化的规章制度,确保落实到一线、落实到岗位。

(1)完善各项规章制度

中国国家铁路集团有限公司应结合高速铁路运输安全面临的新情况、新变化,对技术管理规定和技术管理办法等规章制度进行充实和完善。各专业部门要对专业规章规程进行废、修、补。各铁路局集团公司、站段要结合本单位实际,对《行规》《站细》《段细》进行细化和完善,确保各项规章制度和管理办法严密规范。

(2)建立规章制度动态优化机制

明确中国国家铁路集团有限公司、铁路局集团公司、站段三级规章制度的管理范围、管理责任和归口部门,实现规章制度的分层分级管理;进一步完善规章制度的起草、评审、会签、批准和发布程序,确保规章制度的严肃性和权威性;建立规章制度的动态完善制度,保证各项规章在动态中优化、在发展中完善。

2. 高速铁路安全培训管理

建立健全高速铁路安全教育保障体系,是减少人的不安全因素、提高运输安全水平的有效途径之一。

(1)建设培训基地

建设铁路职工培训基地,集中全路培训资源,重点组织好高级专业管理人员和先进装备运用操作人员的培训;建设铁路局集团公司或高速铁路运输公司的系统培训基地,重点对行车主要工种、特种作业人员进行培训;建设完善站段实训基地,强化对一线职工实际操作技能和应急处置能力的培训。同时,充分利用社会培训资源,建设铁路高技能人才培训基地,形成功能完善、布局合理的职工培训网络。

(2)开发培训教材

高速铁路管理部门联合有关高等院校,编写分别适用于高等院校教学、职工培训和职工应知应会需要的三大教材体系。通过开发课件、装备先进的模拟培训设备等手段,增强培训效果。

(3)建设高素质师资队伍

培养高素质铁路职工培训师资队伍,尤其是要重视和加强基层站段职教队伍建设,优化和改善职教队伍的文化结构、专业结构、知识结构和年龄结构,为提高职工实作技能培训质量打下坚实基础。

3. 高速铁路安全监督检查

高速铁路安全监督检查保障体系应严格遵循我国现行的安全管理体制——"企业负责,行业管理,国家监察,群众监督"来建立。强化行业监管机构的职能,加强站段的安全监督检查力量,强化安全生产的外部监督,使安全监督更贴近运输现场。各级安全监察部门应加强对问题整改情况的检查,及时处理各类安全隐患和问题。

(四)应急救援与调查技术

尽管高速铁路部门为保证行车安全采取了各种措施,但仍可能有不可预见的事故发生。因此,除了采取各种防患于未然的措施之外,还应具备各种应急救援、事故处理、灾后恢复等设备和能力,建立一套完整的事故应急处理系统,对减少人员伤亡、减轻事故损失具有非常重要的意义。

1. 高速铁路运输事故应急救援技术

高速铁路运输事故应急救援技术的作用是科学规范灾害事故发生时的救援抢修和突发事件出现时的应急处置方法和程序。在高速铁路运输系统遭遇自然灾害或突发事件时,通过应急救援技术及系统向上级报告,并向下级发出救援指令,指挥组织救援并协调地方救援力量。防止人员伤亡和财产损失的扩大,减小对运输秩序的影响,尽快恢复正常的运输秩序。

2. 高速铁路运输事故调查和处理技术

高速铁路运输事故的应急处置技术,要依据《中华人民共和国安全生产法》《中华人民共和国铁路法》《铁路运输事故调查处理规则》《铁路运输事故应急救援和调查处理条例》等相关法律法规处理。其目的是通过对事故应急处置的调查研究,科学分析事故的致因因素,对事故责任进行追究,总结事故发生的规律和教训,提出有针对性的措施,防止类似事故再发生。

3.高速铁路运输事故预防技术

通过建立高速铁路事故预防的网络体系,实现对列车、乘务人员、线路和车站的实时监控,对事故易发地段的重点预防、专业预防,并将采集的灾害信息传递给高速列车调度和控制中心。

第二节 高速铁路安全监控技术

列车高速度、高密度运行对高速铁路行车安全监控提出了更高的要求。首先需要对列车运行状态进行在线或定期监测和检测,采集相关信息。对于采集到的各种原始信息,由各种信息管理系统进行融合集成处理、分析与判断。综合调度中心或综合维护与救援调度中心从各信息管理系统获取相关的信息以判定固定设施、移动设备等是否异常,根据异常事件的性质和级别对运行中的列车进行综合监控,或实施预警,或限速运行,或中止行车,以确保高速列车运行安全。

一、高速铁路安全信息采集技术

应用信息采集技术对超越各种设备安全设计限度的突发事件,实行安全监测,据此进行列车运行管理。安全监控对象主要包括固定设施、移动设备和行车事故等几方面。下面对高速铁路安全信息作简要介绍。

(一)高速铁路安全信息

高速铁路安全信息遍布铁路各个管理部门,涉及铁路运输、维修环节的全过程,主要包括列车运行控制、电力调度、接触网和线路状态检查等各个方面。

1.高速铁路安全相关信息分类

根据《铁路信息化总体规划》,高速铁路信息管理系统覆盖了各个运输管理部门。按照高速铁路安全相关信息面向描述对象大致可分为以下几类。

(1)铁路空间信息

铁路空间信息指由各种航拍、车载和地面测地遥感技术所获取的高速铁路系统各物资要素存在的空间分布、时序变化及其相互作用信息的总体,主要包括固定设备(如线路、桥梁、隧道、车站、信号)和移动设备(如动车组)等的时空分布及相互联系的信息,例如站名、线名等。空间地理信息对各个运输管理部门的信息资源综合开发利用起着基础的支持作用,对空间信息和铁路业务信息进行数据挖掘而得到有价值的知识,对线路的规划、维修和事故后的救援指挥进行决策支持。

(2)铁路运输基础信息

铁路运输基础信息指与列车运行安全相关的主要信息,如列车运行及编组情况、动车组等移动设备履历及其状态信息、线路、轨道、桥梁等固定设施信息。这部分信息大都由运输生产基层部门产生,是保证铁路运输生产正常运转的基础,也是整个铁路运输生产正常运转的信息资源基础。

(3)业务应用系统信息

业务应用系统信息指铁路业务管理信息系统产生的信息,是对铁路运输生产环节各工作的特征描述和分析,也与列车的安全运行密切相关,如供电设备状态管理信息系统中的变压器工作状态信息。通过这些信息可以判断系统是否能给供电臂下的高速列车正常供电。这部分信息能够在分析的基础上产生新的、可为运输安全生产管理参考的信息。

高速铁路运输安全信息包括安全管理、设备和设施的监测信息以及一些沉淀在安全管理信息系统中的历史数据。

2. 铁路安全信息的特点

高速铁路运输系统的安全信息涉及人(乘客、乘务员和管理者)、动车组各关键零部件和相应的基础设施等的信息,它具有以下特点。

(1)多源性

高速铁路运输系统信息种类繁多、来源广泛,这些信息不仅与人相关,而且与高速铁路系统中的基础设施也都相关;不仅与时间相关,而且与空间密切相关;由于系统是动态的,所以数据有历史数据,有实时数据,还有根据历史数据按照预测方法预测的数据;同时安全信息数据和空间有很大的关系。

(2)异构性

高速铁路运输系统所涉及的与安全相关的子系统,都是由各个管理部门根据本部门所管理的设备、设施的特性,分别决策采用的不同厂商的产品构建的;基本上都是自成体系,而且多个子系统采用的应用程序不同,接口标准不统一,数据的种类也多,不仅存在关系型数据源,还有多媒体信息,包括语音信息、文字信息、图像信息及视频等;同时还存在大量的文件系统。

(3)层次性

高速铁路安全相关数据,依据数据抽象的层次,有基础数据、特征属性数据和状态描述数据等类型。基础数据是从各类信息源获取的基本监控数据;特征属性数据是不同数据获取模式及其统计数据,侧重于识别判断(环境监测、交通流监测、事件判断);状态描述数据是列车运行状态的描述模式及其统计数据,侧重于列车运行影响分析和预测。

(二)安全相关信息检测与监测技术

根据不同监控对象,保障高速铁路运输安全的信息采集技术繁多,下面主要介绍常用的轨道状态信息、车轴信息采集和环境监测技术。

1. 位移传感器

铁路常用的位移传感器是液体摆倾角传感器,用来测量轨道的水平状态等,其工作原理是使液体处于密闭容器中,当容器发生倾斜时,液体受重力作用保持液面水平,相对于容器不产生相对运动,而容器中各处的压力发生相应变化,导致倾角变化。当两压力传感器处于同一水平时,两侧压力测点处的压力是相同的。由于两个压力传感器的特性相同,其输出电压的差值为零。

高程差倾角传感器直接以高度差来表示倾斜度或倾角的大小。传感器的尺度尽可能地接近被测对象的长度(如轨距 1435mm),避免用倾角换算为高度差时因被测对象尺度过大而面临以小测大问题。采用高程差倾角传感器,精度为 1mm。

2. 高速摄像技术

高速摄像技术广泛应用于安全监测。不论是对钢轨、轨道部件、接触网等固定设施的形态检测,还是对车轮、转向架等移动设备构件的工况监测,常采用电荷耦合器件图像传感器(Charge Coupled Device,CCD)进行图像采集。CCD 由一系列彼此非常靠近的 MOS 电容器组成,能够存储电荷,把光线转变成电荷,通过模数转换器芯片转换成数字信号。在高速铁路运输过程中,高速 CCD 激光位移传感器系统可以进行路障检测。

(1)静止路障的检测

危害高速列车运行的路障,可以利用 CCD 获得其所在轨道的图像信息,采用边缘检测的方法提取钢轨所在的区域,分析轨道上是否存在危及行车安全的障碍物。

(2)运动路障的检测

运动路障检测的关键是将序列图像的变化区域从背景图像中提取出来。运动区域的检测方法有模板匹配、光流和背景减除。一般采用的是背景减除方法。由于铁路的复杂环境中经常出现一些背景的微小变化,如云层的变化、风雨雾雪等恶劣的自然情况,简单的背景减除效果就会受到影响,可以在系统中建立环境图像的背景统计模型,用自适应背景减除算法提取前景区域,并在线更新背景的统计模型。

3. 红外线轴温探测技术

利用红外线技术可对运行中的列车轴温进行监测,发现车辆热轴,防止车辆燃轴。依据红外线探头对轴箱采集点位置进行扫描,对不同环境温度、线路条件、车型和车速条件下轴箱温度数据分析,有效把握热轴发展过程。按其对行车安全的危险程度将热轴分为微热、强热、激热等故障阶段。

面向高速铁路的红外热轴探测系统采用光子探头作为测温敏感器件,克服了热敏电阻响应速度较慢的缺陷,具有很高的响应速度,可适应的列车时速最高可达 360km。红外线轴温探测设备如图 7-4 所示。

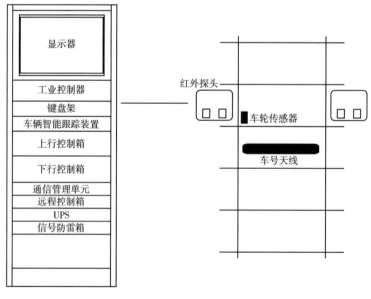

图 7-4 红外线轴温探测设备示意图

红外热轴探测系统的信息处理包括 4 个主要方面。

(1)轴温探测

应用光子探头探测得到列车轴温相应的电压数据,通过转换计算得到轴箱探测部位的实际温度。

(2)计轴计辆

将探测到的动车组各轴承间的相对距离数据进行分割,形成按照各辆动车或者拖车分开的数据段。

(3)滚滑判别

我国高速铁路不同的运输线路采用不同的动车组,其轴承各异,轴温检测系统可对滚动轴承和滑动轴承进行检测。根据滚动和滑动轴承的不同温度响应曲线对轴承的类型进行判别,是进行热轴判别的基础。

(4)热轴判别

根据不同的轴承类型,依据不同的热轴判别标准,将探测到的轴温和热轴的判别标准进行比较,判断轴承是运行在正常轴温还是热轴状态,以及热轴的等级是微热、强热还是激热,以便采用相应的措施,进行维修或者停运,避免事故的发生。

4. 超声波技术

应用超声波(频率超过20kHz的声波)技术可以进行轨道位移的发生、磨损或者内部出现伤痕的检测。在检测过程中,检测设备无须与轨道接触,便可准确判断钢轨开裂位置,甚至裂痕的深度,有助于及时排除钢轨断裂可能带来的潜在危险。

(1)超声波钢轨探伤原理

利用声波在不同介质中的传播特性,用200kHz的声波射入被检钢轨中,如果钢轨中有损伤,也就是说钢轨已经不是由同一介质组成,那么超声波会被反射回来,根据反射回来的超声波信号,可判断钢轨中伤痕的大小及其位置。在探伤仪(图7-5)上安装有不同角度的探头,可以对钢轨不同部位的损伤进行检测。

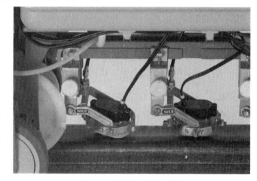

图7-5 钢轨超声探伤仪

(2)钢轨探伤系统

钢轨探伤检测系统主要由探头、超声收发装置、探头伺服控制系统、探伤数据采集系统、损伤分析系统、耦合液喷淋系统、主控计算机及外设等组成。

在钢轨探伤检测系统中,探头装有超声换能器,通过超声发射电路使换能器按一定频率发射超声波。系统进行工作时,耦合液喷淋装置在探头和钢轨之间喷洒耦合液,保证探头与钢轨接合良好,保证超声波束的大部分能量能传入钢轨内。如无损伤存在,波束到达钢轨底而后按原路返回探头,得到底波。否则在底波前出现一个损伤波,而底波峰值降低或消失。

超声回波信号经超声接收装置放大、滤波及电平转换后送入高速数据采集系统。数据采集系统按规定格式记录下回波信号的波程、峰值及脉冲重复周期的序号,形成数据文件送入损伤分析系统。损伤分析系统判断出有无损伤并描绘出钢轨损伤图,当探测出有损伤时会自动报警。

5. 牵引供电系统监测报警技术

牵引供电系统监测报警技术涉及计算机网络、多媒体技术和数字技术,实现牵引供电系统的远距离、大范围的数字化监控,形成牵引供电系统的"遥视系统",与自动灭火系统一起组成变电所安全监控系统。进而在沿线各变电所增加视频监控系统,可实现系统的遥控、遥测、遥调、遥信、遥视功能,获得变电所的各种电气参数,遥控各个电气开关等。

采用红外辐射探测技术实现报警信息采集;双监探测器采用微波、红外两种检测方法,有效检测人员入侵;烟雾和温度传感器采集火灾的信息;门禁开关用于检测门的破坏。

6. 环境监测相关技术

我国地域跨度大,不同地域高速铁路面临不同的自然灾害(大风、暴雨、雪灾和地震等),严重影响线路设施、供电和信号设备的安全,危及高速列车的安全运行。因此,可通过感烟探测器、火焰探测器、雨量传感器、温度传感器等设备检测灾害的发生,监测其发展,预测其影响,然后再利用计算机、数据通信等技术实现信息传输及信息综合管理,实现对灾害的动态应急管理。

(三)安全信息采集技术的集成应用

高速轨检车和综合检测车采用多种信息采集、集成数字滤波及图像处理等技术,以计算机为数据处理主体,进行信息的模拟与数字混合处理,对列车运行状态参数进行实时跟踪检测。使用轨检车和综合检测车可及时掌握上述系统的质量状态,正确指导养护维修,确保铁路运输安全。

1. 轨检车

轨检车是专门用来检测轨道的几何状态和不平顺状况,以便评价轨道几何状态的特种车辆。通过轨检车的检测,可以发现轨道平顺状态不良的地点,以便采取紧急补修或限速措施,并确定应进行计划维修的里程段落,编制维修作业计划。此外,根据轨检车的记录也可评定轨道的养护水平和整修作业质量。

轨检车由检测装置和数据处理系统两大部分组成。检测装置包括惯性基准轨道不平顺测量装置、光点轨距测量装置和多功能振动测量装置等。检测项目包括轨道的高低、水平、三角坑、方向、轨距、行车速度、曲线超高、曲率以及高低方向等轨道不平顺的变化率、曲线通过的均衡速度等,为更全面地评价轨道的状态提供依据。

轨检车载数据处理系统能对测试结果进行实时处理。由各检测装置测得的模拟信号通过模数转换器转化为数字信号,输入计算机进行分析和处理。处理结果打印成图表,给出某段线路上各检测项目的平均值、标准值、各级超限峰值及最大超限值、累计超限罚分值等。同时,模拟信号还被记录在波形记录仪或模拟磁带机上,供进一步分析和处理使用。

在高速轨检车上,激光、数字滤波及图像处理技术得到了广泛应用,以计算机为数据处理主体,对轨检信号进行模拟与数字混合处理,确保检测结果不受轨检车运行速度和运行方向的影响。

大型轨检车中采用了以陀螺仪为核心的惯性式测量系统。该系统测量精度高、响应快,能够很好地满足测量系统的需要。然而,由于大型轨检车价格昂贵、开发难度大、运输费用高、操作困难、体积大、使用效率不高,在很大程度上限制了其适用范围。

2. 综合检测车

高速综合检测列车(图7-6)是高速铁路系统的综合调试及验收、基础设施检测、指导养护维修、保障行车安全的重要技术装备。高速铁路发达国家为了满足高速铁路安全运输需要,均采用高速综合检测列车对基础设施进行综合检测。

a) b)

图7-6 高速综合检测列车

高速综合检测列车是为时速200km以上的高速铁路实施定期检测、综合检测和高速检测的重要装备,拥有对轨道、接触网、通信信号等基础设施的综合检测能力。截至2016年10月,共有13组综合检测列车,所有列车均直属中国国家铁路集团有限公司及铁道科学研究院,由其管理和运用。

综合检测列车中一般由现有的商业化运营的车型改造而来。部分综合检测列车具有试验性质,用于验证列车的设计或进行高速试验。其中,速度最高的更高速度试验列车最高运行速度超过500km/h。

高速综合检测列车集成了世界最先进的专用检测系统,具有对线路轨道、牵引供电、通信信号等基础设施、轮轨和弓网接触状态及列车舒适性指标等进行高速动态时空同步检测的功能,并具有实时数据传输、存储和分析处理功能,实现了现代测量、时空定位同步、大容量数据交换、实时图像识别和数据综合处理等先进技术,是提高高速铁路基础设施检测效率、指导养护维修、确保高速铁路运输安全的重要技术装备。综合检测车车厢是装备各种高科技监测和分析仪器的工作间,集办公、检测、生活等诸多功能于一体,大大提高了铁路维修养护的效率。

二、高速铁路运输综合监控技术

依据高速列车状态信息的内部关联性,以信息化技术为手段,建设从列车网络控制到综合监控不同层次的系统,从而满足视频监控、综合监控、调度、列车运行控制的需要。这里对高速铁路综合视频监控系统、运输综合监控、高速列车运行控制技术和高速列车控制网络系统相关技术作简要介绍。

(一)高速铁路综合视频监控系统

铁路系统作为国家重要的运输部门,其日常的稳定运行决定了国民生产、生活的正常运转,加之铁路系统部门众多、地点分散、现场环境复杂,成为日常维护工作的难点。在铁路系统内部推行视频监控系统,可以实现对全部监控现场或者当地的道口、车站和铁路沿线环境的监控,大大减轻日常巡视人员的工作量,便于及时发现危险隐患,保障安全生产。

国内铁路视频监控系统的应用起步晚,但发展速度比较快,目前已经有很多系统正在运行中,如济南西站货场、编组场数字视频监控系统、青岛站编组场电视监控系统、大石桥站客运电视监控系统、株洲站视频监控系统、京津城际铁路综合视频监控系统(图7-7)等。

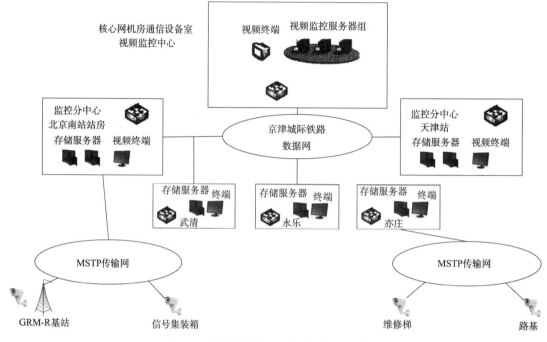

图7-7 京津城际铁路综合视频监控系统架构图

(二)铁路综合视频监控系统互联互通平台

随着铁路的快速发展,视频监控技术已经广泛应用在高速铁路运输指挥、生产作业、公安保卫等领域,并逐渐成为铁路安全生产、提高效率、强化管理的重要技术支撑。特别是铁路高速客运网络建设的不断推进、既有铁路技术改造的加快,视频监控的重要性、广泛性及共享性也得到进一步强化。

但是铁路视频监控系统一般都是由各个业务部门分别进行建设,在建设标准、技术体制、运用质量等方面都存在着差异,无法实现图像资源的有效共享,不能充分发挥综合视频监控的全面优势。为了使铁路综合视频监控系统规范建设和可持续发展,满足既有视频系统间的视频共享,现已设计并实现了铁路综合视频监控系统(简称"视频系统")互联互通平台,达到异构视频系统的互联和视频共享的目的。

铁路综合视频监控系统由视频核心节点、视频区域节点和视频接入节点三类视频节点组成。视频系统互联互通平台通过对所辖范围的用户和设备进行统一协调管理,提供用户跨区域访问的认证、鉴权,实现视频访问信令的多级交换和视频数据的跨域转发,完成异构视频系统之间互联和视频共享。

(三)视频智能分析技术

视频智能分析技术主要是指自动地提取视频源中的关键(特征)信息并进行智能化分

析,通过设置一定的条件和规则对其判定。如果把前端设备(如摄像机)看作是人的眼睛,则视频智能分析技术可以看作是人的大脑,智能分析技术借助 CPU 强大的数据处理能力,对视频画面中的海量数据进行高速分析,为使用者提供有价值的关键信息。

  视频智能分析的处理方法主要是对场景中人的运动进行分析,其过程一般包含运动检测、目标跟踪、行为识别和理解几个方面。其中运动检测、目标跟踪等底层处理环节在过去几年中得到了快速发展,并且得到了实用。行为识别作为人的运动分析的高层处理部分,是极具挑战性的一个研究方向,也是当前学术研究的热点。

复习思考题

1. 影响高速铁路安全的因素包括哪几个方面?
2. 设备安全可以从哪几个方面进行要素分析?
3. 对高速铁路设备运行状态的监控与检测技术包括哪些?
4. 简述高速铁路运输安全管理技术包括的内容。
5. 高速铁路安全信息包括哪几个方面?
6. 简述高速铁路运输安全相关的信息检测与监测技术。

附　　录

附录一　铁路交通事故档案材料内容

一、档案材料内容

档案材料应包括以下内容：
(1)《铁路交通事故认定书》。
(2) 事故调查组提交的《铁路交通事故调查报告》。
(3) 现场勘查报告(包括现场照片、伤亡人员照片及伤害部位照片,录像、现场示意图,A4 纸幅)。
(4) 有关当事人、责任人的询问笔录、笔述、录音。
(5) 有关规章制度、记录、台账、工艺文件、作业票及有关证照。
(6) 有关技术分析、试验、检测、鉴定报告,安全监控、检测记录,道路交通事故车辆技术鉴定书及认定书等有关文件。
(7) 死亡证明书、伤情诊断书、既往病历、病理分析和救治记录,伤残等级评定证书;伤亡人员人事档案有关附页。
(8) 直接经济损失计算材料。
(9) 责任人的检查材料。
(10)《铁路交通事故处理报告表》(安监报 2)。
(11) 对责任人给予处分、处罚的人事命令。
(12) 事故调查组名单及签名表。
(13) 其他有关材料。

二、相撞事故造成非铁路作业人员伤亡的档案材料内容

相撞事故造成非铁路作业人员伤亡的,档案材料在以上基础上还应包括：
(1) 机动车行驶证、驾驶员驾照和定期审验情况。
(2) 人身保险、车损险、第三者责任强制保险等险种的投保状况资料。
(3) 伤亡人员的遗物清单和移交签收单。
(4) 无主尸体 DNA 鉴定物留存及遗物清单。
(5) 事故道口的有关资料。
(6) 机务事故关系报告(机调-10)。
(7) 列车本务机车司机或有关人员提供的材料。

(8)铁路设备损坏清单。
(9)诉讼资料,包括诉状、判决书、公证书,疑难事故公证书,诉讼阶段的判决书或调解书等。
(10)事故调查处理费用审批表(安监报5)。
(11)事故调查组会议记录,参会成员(受委托人参会要提交授权委托书)签到记录。
(12)其他有关材料。

附录二　铁路交通事故认定书

铁路交通事故认定书

主送单位：　　　　　　　　　　　　　　　　　　　　编号：_____

事故概况及事故性质	
事故造成的人员伤亡和直接经济损失	
事故原因	
事故责任认定	
处理决定或建议	
事故认定机关	负责人:(签字)(认定机关盖章) 　　　　　　　　　　　　年　月　日

《铁路交通事故认定书》编号原则

编号共11位,分为4个字段。

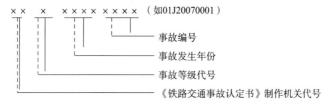

各字段具体含义如下：

一、××：《铁路交通事故认定书》制作机关代号

原铁道部：00
哈尔滨铁路安全监督管理办公室：01
沈阳铁路安全监督管理办公室：02
北京铁路安全监督管理办公室：03
呼和浩特铁路安全监督管理办公室：04
郑州铁路安全监督管理办公室：05
济南铁路安全监督管理办公室：06
上海铁路安全监督管理办公室：07
南昌铁路安全监督管理办公室：08
广州铁路安全监督管理办公室：09
柳州铁路安全监督管理办公室：10
成都铁路安全监督管理办公室：11
昆明铁路安全监督管理办公室：12
兰州铁路安全监督管理办公室：13
乌鲁木齐铁路安全监督管理办公室：14
青藏铁路安全监督管理办公室：15
太原铁路安全监督管理办公室：16
武汉铁路安全监督管理办公室：17
西安铁路安全监督管理办公室：18

二、×：事故等级代号

特别重大事故：T
重大事故：Z
较大事故：J
一般 A 类事故：A
一般 B 类事故：B
一般 C 类事故：C
一般 D 类事故：D

三、××××：事故发生年份

为事故发生时的年份，4 位数。

四、××××：事故编号

每年每个等级事故编号从 0001～9999。

附录三 安监报1——铁路交通事故(设备故障)概况表

铁路交通事故(设备故障)概况表

安监报1
(保管3年)

_____局 _____级别 _____ 线别 _____ 代码 _____

		区间 站 km ‰(+ -) R m						
年月日	车次		种类		天气		司机	
	机车		型号		补机 型号		副司机	
	所属段			牵引定数			运转车长	
	现车		辆 吨 计长				列车长	
	发生		日 时 分				值班员	
	复旧	上行(单)	日 时 分					
		下行						
	开通	上行(单)	日 时 分					
		下行						
	中断正线时间	上行(单)	日 时 分					
		下行						
原因	违章	违纪	设备不良	社会治安	自然灾害	其他		
概况								
设备破损							责任部门、单位	
救援情况								

值班调度员　　　　　　　　　　　　　　　　年 月 日 时 分

附录四 安监报2——铁路交通事故处理报告表

铁路交通事故处理报告表

安监报2
（保管3年）

报告单位:(公章)　　　　　上报时间:　　　年　月　日

《铁路交通事故认定书》编号						
事故类别			责任程度			
发生时间、地点						
事故概况						
原因						
防范措施						
承担的经济损失费用						
主要责任者 关系责任者	职务	姓名	年龄	文化	路龄	现职龄	处分情况

注：原因分析、防范措施及责任者可另附页。

附录五 安监报3——铁路交通事故基本情况表

安监报3
（保管3年）

基本情况	地点		局 省 市	线别	线 区	站至 站	站 场所	上下行		千米股道		旅客	
	列车		次		单位	配属 担当	配属					信号	
	机车		型 吨		车号	担当	速度					超限车	
	编组				辆 计长	空车 重车	列尾						
	关系人	司机	副司机	运转车长	列车长	值班员							
	发生时间 上行(单)		月	日	时	分				天气情况			
	复旧时间 上行(单)		月	日	时	分		月	日	时			分
	开通时间 上行(单)		月	日	时	分		月	日	时			分
	中断时间	动车组		下行		耽误列车时间	上行	其他	事故性质				
	脱胎情况	机车	客车	货车	设备破损		车辆		直接损失			万元	
事故后果	相撞情况	机动车	非机动车	行人	道口情况	公铁并行	公铁立交	防护栅栏		速度区段	曲线半径	坡度	
	伤亡人员情况	姓名	单位	性别	年龄	民族	工种	人员属性	伤害程度		死亡人数	重伤人数	轻伤人数
											路内	路内	路内
											路外	路外	路外
事故概况													
责任认定	责任单位		责任单位属性		责任部门		责任程度		原因类别		事故类别		
											等别级		

参考文献

[1] 中国铁路总公司.铁路技术管理规程(高速铁路部分)[M].北京:中国铁道出版社,2014.
[2] 中国铁路总公司.铁路技术管理规程(高速铁路部分)[M].北京:中国铁道出版社,2014.
[3] 韩买良.铁路行车安全管理[M].北京:中国铁道出版社,2014.
[4] 王金香.行车安全管理实务[M].成都:西南交通大学出版社,2013.
[5] 赵吉山,肖贵平.铁路运输安全管理[M].北京:中国铁道出版社,1999.
[6] 贾利民.高速铁路安全保障技术[M].北京:中国铁道出版社,2013.
[7] 赵炳昆.国家处置铁路行车事故应急预案贯彻实施及事故调查处理救援实用手册[M].北京:中国铁道出版社,2012.
[8] 北京铁路局集团公司.铁路安全风险管理培训读本[M].北京:中国铁道出版社,2012.
[9] 王富章.铁路突发事件应急管理研究[M].北京:中国铁道出版社,2010.